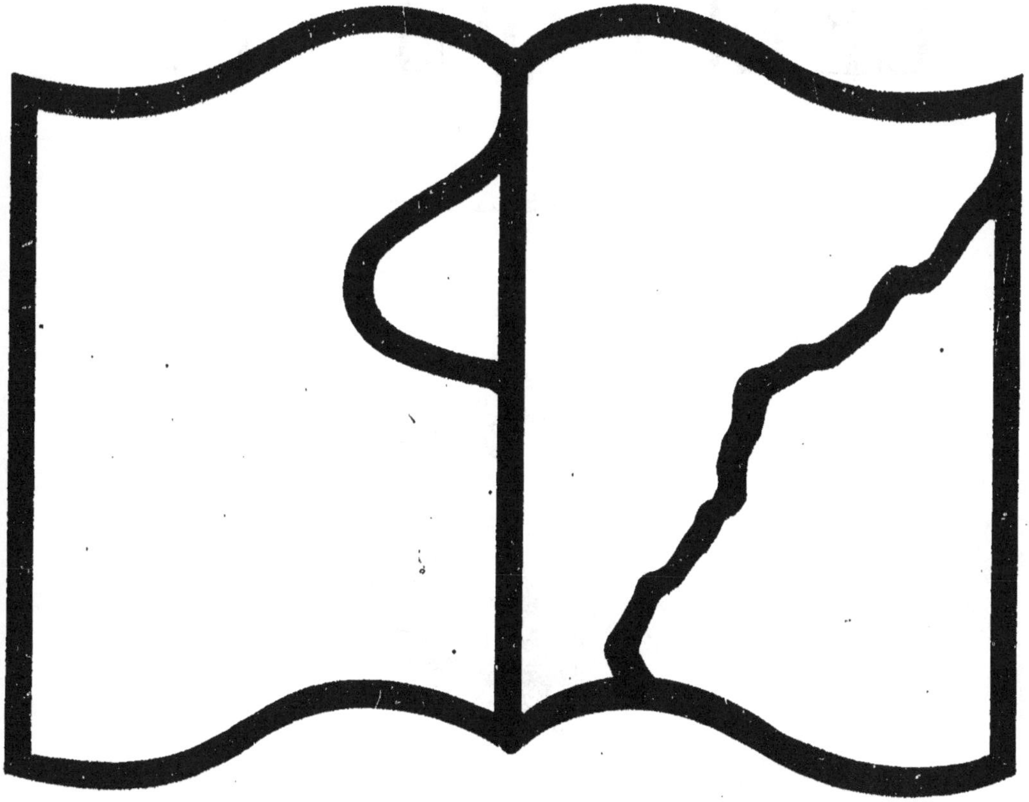

Texte détérioré — reliure défectueuse

NF Z 43-120-11

**Symbole applicable
pour tout,ou partie
des documents microfilmés**

Frédéric DE CURLEY, S. J.

CELUI QUI EST

— ESSAI —

PARIS

ANCIENNE MAISON RETAUX-BRAY

VICTOR RETAUX ET FILS, SUCCESSEURS

82, RUE BONAPARTE, 82

1891

Tous droits réservés.

VICTOR RETAUX ET FILS, LIBRAIRES-ÉDITEURS
82, Rue Bonaparte, 82

CAMPAGNE DU « CASSINI »
DANS LES MERS DE CHINE (1851-1854)
D'après les Rapports, Lettres et Notes du Commandant DE PLAS
Enrichie de plusieurs CARTES pour l'intelligence du texte
Un beau volume in-8°. . . . **7 fr. 50**

AU PAYS DES CASTES
VOYAGE A LA CÔTE DE LA PÊCHERIE
Par Stephan COUBÉ, de la Compagnie de Jésus
Un beau volume in-18 jésus : **3 fr. 50**

LA BÊTE COMPARÉE A L'HOMME
Par le R. P. DE BONNIOT
DE LA COMPAGNIE DE JÉSUS
Deuxième édition revue et augmentée. Un volume in-8°. . . . **6 fr.**

ŒUVRES CHOISIES
POÉSIE ET PROSE
Du R. P. FOUGERAY, S. J.
RECUEILLIES PAR LE R. P. DELAPORTE, DE LA MÊME COMPAGNIE
Un volume in-8°, orné d'un Portrait. . . . . **5 fr.**

SAINT GRÉGOIRE VII
ET LA RÉFORME DE L'ÉGLISE AU XI° SIÈCLE
Par l'Abbé O. DELARC
Trois forts volumes in-8° et une plaquette. . . . . **22 fr.**

DIALOGUES ENTRE FEU CARTOUCHE ET M. BRISSON
SUR L'ART D'EXTERMINER SANS BRUIT LE CLERGÉ
SES ÉCOLES ET SES CONGRÉGATIONS
Par XXX.
NOUVELLE ÉDITION — Un in-12. . . . . **0 fr. 50**

ÉMILE COLIN — IMP. DE LAGNY

CELUI QUI EST

OUVRAGES DU MÊME AUTEUR

Armée pontificale. — Marie-Louis-Edme-Pie Guérin S. J. — Les volontaires français de 1860 a 1870 (viii-160).

Descartes dans le nouveau programme des études.

Le respect de la tradition.

Les congrégations de la très sainte Vierge, a Avignon de 1572 a 1880.

Marie-Françoise de Saumaise. — Étude nouvelle sur les révélations de Paray-le-Monial (iv-288).

Le tombeau de saint Régis a La Louvesc (xxiv-342).

Le mariage et les états.

Frédéric DE CURLEY, S. J.

CELUI QUI EST

— ESSAI —

PARIS

ANCIENNE MAISON RETAUX-BRAY

VICTOR RETAUX ET FILS, SUCCESSEURS

82, RUE BONAPARTE, 82

1891

Tous droits réservés.

PRÉFACE

Platon ouvre le septième livre de ses dialogues sur l'*Etat* par un tableau qu'on est convenu d'appeler l'Allégorie de la Caverne, et qui semble avoir épuisé l'admiration des siècles. Il trouve en un seul sens, *la vue*, le symbole de toutes les connaissances naturelles à l'humanité. Nous ne saurions dire si jamais plus puissante imagination vint servir une conception intellectuelle plus élevée. La nature a conduit le philosophe par la main. L'allégorie platonicienne s'impose à tous. Avant comme après Platon, il n'est pas une langue où les actes les plus intellectuels n'aient vêtu dans leurs expressions la robe brillante de la lumière. Les derniers philosophes arrivés à ce qu'ils croient le dernier des critériums, à ce caractère distinctif de la vérité, dont la recherche demande tant de méditations et de réflexions, ont fait retour vers la *clarté visible* et le symbolisme ancien, en nommant l'Évidence (e-videri). Ce fut la gloire de Platon de développer magnifiquement ce symbolisme. Le philosophe passe par tous les degrés de la vision sensible. Il trouve ces degrés dans les différentes manières dont la lumière nous fait percevoir les objets visibles. La représentation la plus imparfaite nous est donnée par les ombres. Il faut pour cela que l'objet opaque s'interpose entre la lumière et une surface éclairée. Alors, sur le fond lumineux, nous voyons se dessiner les figures mobiles ou immobiles des êtres animés ou inanimés, les contours et les mouvements, ce qu'il y a de plus phénoménal et de plus passager, l'accident. Tantôt, ce sera l'ombre des montagnes se raccourcissant ou s'allongeant avec le progrès ou le déclin du jour.

Fecerat exiguas jam sol altissimus umbras.
(Ovide.)

Majoresque cadunt altis de montibus umbræ.
(Virgile.)

Tantôt, quelque feu allumé la nuit par des bergers projettera des ombres plus ou moins fantastiques sur les parois d'une caverne. Platon, dans un but dramatique dont nous n'avons pas à parler ici, choisit ces dernières ombres. Après les *ombres*, viennent les *reflets;* reflets diurnes des arbres placés sur le bord des eaux dormantes, reflets nocturnes des étoiles dans les plaines de la mer, reflets du soleil dans le disque de la lune, illuminant les nuits.

Puis, après les *reflets*, viennent les *rayons* du soleil.

Ombres, reflets et rayons, voilà, suivant Platon, les connaissances humaines. La vue des ombres représente la connaissance qui nous est donnée par les cinq sources de la sensation (vision, audition, olfaction, dégustation, toucher), connaissance des choses grossières, connaissance de la caverne et de la nuit, connaissance de l'animal et de l'homme en sa première enfance, alors que ses facultés intellectuelles endormies laissent agir seules les facultés animales.

La vue des reflets, des images, des choses éclairées, mais qui ne sont pas encore la chose éclairante, cette vue représente les différentes connaissances intellectuelles de l'homme arrivant à la vérité par raisonnement, déduction, induction, conclusion, en un mot, par des intermédiaires. Toutes les sciences sont des connaissances par reflets, plus parfaites certainement que la vue des ombres, moins parfaites que la vue des rayons.

La vue du soleil, contemplé dans son disque, symbolise la connaissance intuitive des essences les plus universelles et des premiers principes, connaissance lumineuse par elle-même, et engendrant par voie rationnelle toutes les autres connaissances. La vue des ombres ne demande que l'œil de la chouette, la vue des reflets demande l'œil du passereau, la vue des rayons l'œil de l'aigle. Les philosophes sont les aigles du règne humain ; eux seuls s'élèvent jusqu'à la connaissance des essences les plus universelles et des premiers principes.

Telle est la triple connaissance de l'homme : sensible, scientifique, intuitive, symbolisée par les différents spectacles que présente à nos yeux de chair la lumière de ce monde.

Platon s'est arrêté là. Enfermé dans les bornes de la nature, il ne lui a pas été possible d'aller plus loin. Franchissant ces limites qui, si éloignées qu'elles soient, ne reculent pas à l'infini, agrandissant à l'aide de la révélation le champ philosophique de Platon, nous trouvons dans les ombres, les reflets et les rayons, un symbole non plus simplement des connaissances naturelles de l'homme, mais de toutes les connaissances soit naturelles, soit surnaturelles, avec lesquelles Dieu a créé l'humanité, ou vers lesquelles il l'achemine. Nous resserrons dans la connaissance des ombres toutes les connaissances naturelles de l'humanité, sensibles, scientifiques et intuitives. Nous voyons dans la connaissance des reflets la première connaissance surnaturelle de l'homme, inconnue aux plus beaux génies de la Grèce, répandue depuis la venue du Fils de Dieu sur toute chair, la connaissance de la foi. Nous reconnaissons dans la connaissance surnaturelle dernière, dont l'homme ne peut jouir durant la première vie, la connaissance promise à l'humanité adoptée, la connaissance à laquelle s'abreuvent depuis des siècles innombrables les races angéliques, et, depuis deux mille ans, les élus de notre race, la connaissance dont nous espérons la possession éternelle et béatifique. Cette connaissance est la vision sans voiles ni emblèmes de l'Essence Divine. L'ombre de Dieu nous est donnée par la raison ; le reflet de Dieu nous est donné par la grâce ; le rayon de Dieu nous sera donné par la gloire. Saisir l'ombre de Dieu, c'est savoir ; saisir ses reflets, c'est croire ; saisir ses rayons, c'est voir. Savoir, croire et voir, tout est là.... c'est le résumé du ciel et de la terre. L'allégorie platonicienne, ainsi modifiée, gagne en majesté, et, nous espérons le démontrer, en exactitude.

Voulant analyser la nature de ces différentes connaissances, pénétrer ce qu'elles sont en elles-mêmes, et quels sont leurs rapports, nous commencerons par la connaissance la plus imparfaite, et, en même temps, la plus fondamentale, par la connaissance naturelle.

Parmi les connaissances naturelles, nous avons choisi la connaissance de Dieu.

Quelles sont les raisons de ce choix ?

D'abord, la connaissance de Dieu couronne la construction scientifique. Dieu est Seigneur des sciences, non seulement parce que son inaccessible lumière est la source de toute lumière créée, mais encore parce que l'étude du monde est un échelon pour nous élever à son auteur. Toute science qui ne monte pas jusqu'à Dieu s'arrête à la moitié de sa course. Toute science qui se détourne de Dieu commet le crime d'apostasie. Toute science qui nie Dieu se nie elle-même, parce que l'existence de Dieu seule explique l'énigme du monde.

La connaissance de Dieu est le premier préliminaire de la foi. Cette connaissance naturelle, sans être la foi, est la condition nécessaire ordinairement pour le développement de la croyance surnaturelle.

La connaissance de Dieu complète la science et inaugure la foi.

Cette connaissance, si nécessaire et à la science et à la foi, est néanmoins négligée par quelques-uns et répudiée par d'autres.

Certains philosophes spiritualistes regardent la question comme aisée; ils la savent en dehors de toute hypothèse, lui consacrent en passant quelques pages et hâtent leur marche vers des horizons plus obscurs et des terrains plus contestés.

De leur côté, les orateurs chrétiens n'ont pas coutume de traiter en chaire ce grand sujet. C'est un simple préliminaire et la révélation contient tant d'autres aperçus, qu'on comprend leur réserve. De plus, cette vérité est tellement fondamentale qu'on redoute souvent de l'ébranler, en cherchant à l'établir devant des esprits peu ou point habitués aux procédés scientifiques.

C'est donc un sujet négligé dans certaines sphères de l'orthodoxie religieuse et philosophique. En dehors de là il est violemment attaqué. Les libres penseurs dirigent toutes leurs batteries contre la divine Existence. Au point de vue de la lutte et de l'apologétique, cette question est la grande question, on peut même dire la question unique. Les libres penseurs sont même arrivés à changer la physionomie des siècles humains.

Les premiers siècles furent à peu près purs de la lèpre de l'athéisme. L'antique tradition nous montre celui qui introduisit la mort dans le monde, jetant aux vents de la terre et aux soleils naissants cette triple négation :

Non est Deus,
Non est Judicium,
Non est Providentia,
Il n'y a point de Dieu,
Point de Jugement,
Point de Providence.

Mais l'héritage de Caïn resta longtemps sans être recueilli, au moins sous cette forme brutale.

Les hommes commencèrent par s'éloigner de Dieu dans leurs œuvres, sans s'en éloigner dans leur foi. Il n'y eut pas même d'infidèles. Il n'y eut que des pécheurs. On peut l'appeler la période du *péché*. Le déluge la ferma et ouvrit l'époque qu'on peut appeler la période d'*oubli*.

Les croyances humaines s'altérèrent. La haine du Dieu véritable, que les esprits tombés cherchaient à semer dans le monde, se cacha plus ou moins aux yeux des hommes. Elle dissimula sa présence sous des apparences étrangères. Elle se couvrit de vêtements empruntés. Elle contrefit sa voix. Elle voila son visage sous la représentation d'un visage qui n'était pas le sien. Elle se *masqua*.

Le masque de l'irréligion est la religion fausse.

Ce masque dura longtemps.

Le monde vécut de longs siècles, partagé entre la religion vraie et les religions fausses. Pendant de longs siè cles, c'est-à-dire du déluge aux temps modernes, les hommes ne professant aucune religion furent rares. Ils apparaissent de temps à autre dans l'histoire du monde comme des phénomènes psychologiques, des monstruosités morales, inspirant à la fois l'horreur et la terreur. On les compte : ils sont à peine deux ou trois. On les cite : nous ne les citerons pas. Ils ne valent pas

L'honneur d'être nommés.

L'humanité les renia. Elle en rejeta plusieurs de son sein. L'athéisme sans masque révolta tellement les sociétés humaines, que le seul soupçon d'athéisme devenait un danger. Socrate but la ciguë pour avoir préféré le dieu *inconnu* aux dieux officiels d'Athènes. Ses concitoyens le crurent sans religion. Xénophon, son panégyriste, n'osa pas même avouer la vérité. Il prétendit que le philosophe sacrifiait, comme tous les Athéniens, aux démons du pays.

Il n'y eut point d'école philosophique athée. Le panthéisme ancien n'avouait pas le terme auquel il aboutissait. Les Epicuriens, bien que matérialistes, reconnaissaient l'existence des dieux.

Aujourd'hui, ce ne sont plus seulement des individualités isolées au milieu des peuples, qui lèvent le masque. Il n'y a pas encore foule, mais il y a déjà nombre.

A quoi servirait de dissimuler ce qui éclate au grand jour ? Les formes anciennes de l'impiété sont vieillies et mises au rebut. Ceux qui aujourd'hui sont impies ne le sont pas à demi. L'impiété attaque les racines mêmes de la piété. Elle est radicale et elle déborde. Elle donne à ses adeptes le nom de libres penseurs. En un mot, l'impiété est devenue publique. Elle a passé de l'hypocrisie au cynisme.

La haine de Dieu est la contagion particulière de notre époque. Cette haine constitue le crime favori du siècle ; et ce siècle, dans les âges futurs, si ces âges se prolongent encore, ce siècle portera au front comme un stigmate, cette inscription : *Athée.*

C'est le *signe* de Caïn. Le monde, en sa décrépitude, revient aux fables de son enfance.

Tels sont les motifs pour lesquels nous avons entrepris cet essai sur l'existence de *Celui qui Est.*

Quel sera notre plan ?

L'homme à la recherche de la vérité est un voyageur qui s'achemine vers une cité antique, patrie des héros, décorée de hauts monuments et favorisée du ciel, par exemple vers Rome l'Éternelle, l'Illustre, la Grande, la Sainte. Le voyageur, selon la position de son pays, traverse un certain espace de mers ou de continents plus ou moins long, dans la direction la meilleure et la plus droite possible, pour apercevoir enfin les sept collines. Il y a le point de départ, la voie et le terme. La lumière doit éclairer et le toit que le voyageur quitte et la route qu'il prend et la ville où il va. Sans cette lumière, le voyage manquera de sécurité. Cette nécessité de la sécurité sur toute la ligne est plus pressante encore pour celui qui tend vers la cité intellectuelle. La certitude doit signaler le point de départ. Car, dans la recherche de la vérité, le point de départ est aussi le point d'appui. Cela ne suffit pas. La certitude doit encore affermir les chemins que nous prendrons pour arriver aux vérités subséquentes. Ces chemins, avant d'être pris, doivent être reconnus pour vrais chemins. Enfin la certitude doit entourer la vérité finale, but de la recherche, pour qu'on puisse reconnaître le but, aller jusqu'à lui et ne point le dépasser. En trois mots, que la certitude affermisse les points de départ, les points intermédiaires et les points d'arrivée. Il faut qu'il se passe dans ces régions inférieures de la raison quelque chose de semblable à ce que virent nos pères à l'aurore de notre foi. Une étoile se leva pour eux en Orient. Ses rayons dorèrent leurs palais. Elle précéda leur caravane. Elle s'arrêta au-dessus du Berceau divin.....

Dans notre démonstration de l'Existence de Dieu, nous avons à déterminer d'abord les points de départ, c'est-à-dire les vérités qu'il faut présupposer avant de commencer la démonstration proprement dite. Ensuite nous démontrerons, ce sera le voyage. Notre conclusion sera le point d'arrivée. Deux parties :

1° Les points de départ.
2° La démonstration.

CELUI QUI EST

PREMIÈRE PARTIE

LES POINTS DE DÉPART

Les deux états intellectuels, diamétralement opposés l'un à l'autre, dans lesquels peut se trouver l'âme, sont l'erreur et la certitude, l'adhésion de l'esprit à ce qui n'est pas et l'adhésion de l'esprit à ce qui est; pôles extrêmes que nous ne pouvons dépasser.

Entre ces deux pôles, s'éloignant peu à peu de l'erreur, se rapprochant peu à peu de la certitude, s'échelonnent l'ignorance, le doute, le soupçon, l'opinion, états psychologiques d'inactivité, d'agitation, de perplexité, de transition.

Les différentes évolutions d'une aiguille aimantée nous en donnent une idée nette. Si l'aiguille refuse de regarder le nord, c'est l'*erreur*. Si elle conserve indifféremment toutes les positions, c'est l'*ignorance*. Si elle reprend et rejette tour à tour sa direction normale, si elle entre dans un mouvement perpétuel, elle représentera un esprit dans les agitations du *doute*. Que, peu à peu, les attractions l'emportent sur les répulsions, le mouvement circulaire se ralentira lorsque l'extrémité de l'aiguille sera tournée vers le nord et nous aurons un esprit dans le *soupçon*. — Que l'aiguille redevienne ce qu'elle doit être et qu'elle se fixe, après quelques oscillations, dans la ligne australe, l'esprit aura enfin porté un jugement. Seulement, de deux choses l'une : ou l'aiguille, quoique dans sa direction normale, pourra encore dévier (comme il arrive à toute aiguille de ce genre), et alors ce ne sera jamais que la figure de l'*opinion*, il y aura crainte d'erreur ; ou l'aiguille sera tellement fixée dans sa ligne qu'aucune force humaine ne pourra l'en écarter : alors la crainte de l'erreur aura disparu. Ce sera la vie dans le repos. Ce sera la *certitude*.

Il n'est pas une âme d'homme qui n'ait traversé ces six états psychologiques. Toute intelligence créée *ignore* beaucoup, se *trompe* souvent, souvent aussi reconnaît son erreur, et souvent y persévère. L'*opinion* se trouve à chaque pas dans la pratique de l'existence. La *certitude*, enfin, vient nous empêcher de désespérer du vrai.

Le scepticisme.

Est-il possible de désespérer du vrai ?
Ce serait une nécessité, selon les sceptiques. Le scepticisme flotte comme un fantôme vaporeux, à l'entrée de toute recherche philosophique, pour arrêter le chercheur sur le seuil.

L'essence de ce système consiste, abstraction faite des nuances, à *ne rien affirmer*.

Deux voies peuvent conduire au scepticisme : la considération des erreurs qui enchaînent l'esprit humain, et l'aspect des vérités qui l'illuminent.

Rien n'est sombre comme le spectacle des erreurs humaines. La liste ne saurait s'en dresser. Elle est, pour ainsi parler, interminable.

Il y a, d'abord, autant d'erreurs capitales que de religions fausses. Nombrez les différentes espèces de polythéismes, antropolâtrie, sidérolâtrie, idolâtrie, fétichisme ; ajoutez-y l'apostasie judaïque et musulmane ; énumérez par leurs noms plus ou moins impurs, les hérésies proprement dites, feuilles mortes détachées de l'Église et pourrissant sur le sol, autour du tronc immortel ; et vous aurez le commencement des erreurs. Chacun de ces cultes faux, outre l'erreur qui en est la source, contient une multitude d'autres erreurs qui en sont comme les dérivés. Une pluie de faussetés, des faussetés les plus incompréhensibles et les plus immondes, macule les pages des livres mythologiques, brahmaniques, islamiques et talmudiques.

Ces erreurs ont enténébré et enténèbrent encore des millions d'intelligences. Durant vingt siècles, du déluge à l'Incarnation, le polythéisme a ravagé la terre et n'a épargné qu'un seul peuple, le plus petit de tous. Vingt siècles après l'Incarnation, sur un milliard d'hommes qui peuplent le monde, 250 millions à peine sont purs de toute erreur religieuse.

Ces erreurs ne se sont pas confinées dans la théorie ; elles ont influé sur la pratique ; elles ont tué des hommes ; elles ont moissonné l'enfance ; elles ont souillé les mœurs ; elles ont dégradé, du haut en bas, les civilisations les plus connues.

Ces erreurs ne sont pas les seules.

Il faut y joindre les erreurs sur les origines des nations. Toute nation un peu ancienne a eu sa fable à laquelle elle a cru. L'histoire, même la plus sûre dans les grandes lignes, bronche dans les détails. Quand elle se mêle aux passions politiques, elle devient un roman.

Les philosophes ont ajouté, à cet amas énorme d'erreurs, un appoint tel qu'il déplace peut-être le centre des aberrations humaines. Les philosophes ont accumulé froidement, méthodiquement, par voie syllogistique, tout ce qui s'éloigne le plus du syllogisme, c'est-à-dire *l'absurdité.* Le procédé scientifique les a empêchés de rougir. Ils n'ont reculé devant aucune ineptie intellectuelle et on a pu dire qu'il n'y a aucune absurdité qui n'ait été soutenue par quelque philosophe.

L'homme est trompé par ses propres puissances. Il est

trompé par son cœur ; il est trompé par ses sens. Il est trompé par les autres hommes, voire par ses proches, par ses amis, par ses pères et par sa postérité.

La vue d'ensemble des erreurs humaines a quelque chose d'effrayant. C'est un gouffre, sur le bord duquel il n'est pas sûr de marcher. Beaucoup, pour avoir voulu le côtoyer longtemps, ont été pris de vertige. Ils ont fini par se demander si la vérité existait quelque part ici-bas. Épouvantés de découvrir tant d'erreurs, ils en sont venus à douter si cette découverte n'était pas elle-même une erreur. Une fois descendus dans le doute, à ces profondeurs, ils y sont demeurés, et ils ont formulé le *doute*, comme la dernière loi de l'esprit.

Ce sont les sceptiques, qu'on peut appeler de l'*ancien genre*.

Car il y a un genre nouveau. Les espèces nouvelles, impossibles dans l'ordre physique, pullulent dans l'ordre intellectuel et moral. Le genre nouveau se distingue de l'ancien, par la manière dont il arrive au doute universel. Ce n'est pas la considération de l'erreur qui l'y amène, c'est l'aspect même de la vérité.

Il y a une vérité dont quelques-uns ne veulent pas. C'est la vérité révélée. Sa clarté humilie la raison et ses conséquences gênent le cœur. La vérité catholique est la vérité révélée, dans sa pureté et sa totalité. C'est pourquoi elle a des adversaires, et voici la marche qui conduit ses adversaires, de la haine d'une vérité, à la négation de toutes les vérités.

Il est très difficile, il est même logiquement impossible, quand on admet l'existence de Dieu, de ne pas admettre la divinité du christianisme. Le lien entre ces deux vérités, est le *prodige*. Le prodige entoure la religion du Christ, d'une auréole que rien ne peut effacer. Le prodige *est*. Puisque le prodige *est*, si *Dieu* est, le prodige est l'œuvre de Dieu. Mais si Dieu n'est pas, le prodige perd évidemment toute signification divine.

Donc, pour que le prodige n'ait aucune signification divine, *que Dieu ne soit pas.*

Mais il est impossible que Dieu ne soit pas, si la raison de l'homme est capable d'atteindre quelque vérité. Car les premières vérités, une fois admises, nous conduisent fatalement à l'affirmation de la vérité substantielle.

Donc, pour que Dieu ne soit pas, *que rien ne soit.*

Tels sont les deux scepticismes.

Donc : n'admettre aucune espèce de vérités; se tenir en dehors de toute affirmation et de toute négation; renoncer à toutes les connaissances déjà acquises comme à tout espoir de connaissances futures; douter universellement et perpétuellement, se plonger dans les hésitations sans fin et sans limites, voilà ce que certains philosophes regardent comme un port assuré contre toute vérité et contre toute erreur.

> La certitude — (hélas! insensés que nous sommes,
> De croire à l'œil humain!)
> Ne séjourne pas plus dans la raison des hommes,
> Que l'onde dans leur main.
> Elle mouille un instant, puis s'écoule, infidèle,
> Sans que l'homme, ô douleur!
> Puisse désaltérer à ce qui reste d'elle,
> Ses lèvres ou son cœur!
> L'*apparence* de tout nous trompe et nous fascine.
> Est-il jour, est-il nuit?
> *Rien d'absolu...*
>
> Victor Hugo.

II

La certitude.

Ces vers du poète, sont le contrepied de la vérité. La certitude n'est pas une onde qui coule. Elle imprégne si bien la raison de l'homme, qu'on peut la comparer au sang qui anime son cœur. Elle ne disparaît qu'avec la raison, comme le sang ne disparaît qu'avec la vie. Elle résiste à toutes les atteintes ; elle gît au fond de tous les systèmes ; elle vient à bout de tous les scepticismes.

Hors l'universalité du doute, il n'y a pas, nous l'avons vu, de scepticisme proprement dit. Un seul oui, un seul non, anéantit le système. Le balancement éternel entre le oui et le non est le sel de cette pseudo-philosophie. C'en est aussi le point faible. Car l'esprit humain ne peut rester dans cette étrange position.

L'*ignorance* totale ressemble à un sommeil complet, sans rêve ; à une sorte de prostration universelle, d'inactivité absolue ; à la vie, en un mot, comme elle se trouve dans les plantes, qui verdoient silencieusement et *insciemment*, au fond des mers. Les plantes cependant n'ignorent pas. Car l'ignorance est le fait d'un être capable de savoir. L'ignorance totale se réalise dans les âmes humaines, aux premiers instants de la vie *embryonnaire*. Plongées alors dans le sein maternel, elles emploient toutes leurs forces à végéter.

L'ignorance totale existe. C'est un état de ténèbres sans aucune lumière.

Mais la moindre lumière perçant ces ténèbres, entame la totalité de l'ignorance. Comme toute activité intellectuelle est une connaissance réelle, que toute connaissance est une vérité, il suit, que toute intelligence en pleine activité, se trouve nécessairement en possession d'une foule de vérités plus ou moins claires, si l'on veut, mais réelles néanmoins. Par conséquent, toute ignorance connue est une ignorance nécessairement partielle, supposant une science partielle aussi. — Il ne saurait y avoir de discussion sur ce point.

L'intelligence, en possession d'un certain nombre de vérités, doit-elle se tenir en face de ces vérités, dans un état de suspension qu'on appelle le scepticisme total?... Doit-elle perpétuellement refuser d'adhérer à ses perceptions !

Cet état n'a pas sa raison d'être. Il ne tiendrait à rien moins qu'à plonger l'humanité dans une demi-immobilité incompatible avec sa nature, ou à la lancer dans une agitation stérile. La première tendance s'accuse dans Pyrrhon. Celui qui a donné son nom à toute l'école, enseigne qu'il faut examiner (σκεψις), qu'il faut toujours suspendre son jugement (εποχη), qu'il ne faut rien affirmer jamais (αφασις) et qu'il ne faut se troubler de rien (αταραξια). L'humanité qui en serait là, serait devenue un grand cadavre auquel on n'aurait pas encore fermé les yeux. Elle examinerait sans jamais rien apercevoir.

Insensé le mortel qui pense.

Elle se résignerait au silence de la tombe.

Vivez et mourez en silence.

Elle se bercerait enfin d'une vaine insensibilité.

Si l'humanité, repoussant l'immobilité de la mort, veut, en gardant le scepticisme, exécuter les mouvements de la vie, elle se livrera à une agitation sans but. Elle cherchera sans espoir de trouver ; elle courra sans espoir d'atteindre. On se souvient de la chasse décrite par Ovide :

> *Ut canis in vacuo leporem cum Gallicus arvo...*

» Lorsqu'un chien des Gaules voit un lièvre dans une plaine, il se précipite... il semble sur le point d'atteindre sa proie ; il croit la tenir, et ses narines touchent les pieds du lièvre. Celui-ci ne sait s'il est pris ; il échappe aux morsures et abandonne la gueule qui se refermait sur lui. »

Le lièvre échappe au chien des Gaules, comme Daphné à Apollon, comme la vérité au sceptique. — Mais le chien des Gaules est plus sage que le sceptique. Il commence à courir, parce qu'il a vu. Il continue, parce qu'il compte saisir sa proie. Le sceptique cherche une vérité qu'il n'a pas même aperçue, qu'il dit ne devoir jamais apercevoir. C'est une chasse éternelle et insensée, pareille aux courses qui se passaient chez les Ombres, au dire des anciens.

> *..... currus ..... miratur inanes.*

Cet état ressemble singulièrement au rêve.

L'état de scepticisme perpétuel est donc absurde en soi. On ne cherche que pour trouver.

C'est un état nécessairement instable. Puisque toute intelligence en activité se trouve en présence de quelques vérités, pourquoi ne les affirmerait-elle pas ? Toute vérité perçue est *affirmable*.

Du reste, cet état est un état *conscient*. Car, un scepticisme dont on n'aurait pas conscience ne saurait nous occuper. Il est, pour nous, comme s'il n'était pas.

Mais la simple conscience de cet état suppose une foule de vérités clairement perçues. Savoir qu'on ne porte pas de jugement, qu'on se trouve en face de pures vraisemblances, qu'on se trompe quelquefois, qu'on ignore beaucoup, suppose la connaissance claire, de la certitude, du jugement et de la vérité. Encore une fois, l'activité intellectuelle suppose la vérité. La vérité perçue peut s'affirmer. La vérité affirmée est la certitude.

On peut établir, dès à présent, à propos de ces vérités, nourriture de l'intelligence et objet de toute activité intellectuelle, deux propositions :

Ce sont des propositions *axiomatiques*, et nous les donnons dans toute la rigueur des termes.

PREMIÈRE PROPOSITION

Il faut admettre certaines vérités particulières, car la certitude n'existe pas d'une façon abstraite, mais concrète. Toutes les fois que nous sommes certains, nous sommes certains de quelque chose en particulier.

SECONDE PROPOSITION

Il faut admettre certaines vérités particulières, sans les démontrer. S'il fallait démontrer toute vérité, ou on démontrerait toute vérité, par elle-même ; ou on démontrerait les vérités les unes par les autres, en ce sens que les secondes vérités, une fois démontrées par les premières, démontreraient à leur tour les premières ; ou on démontrerait les vérités les unes par les autres, sans revenir sur ses pas et sans s'arrêter, c'est-à-dire à l'infini.

Mais une vérité ne se démontre pas par elle-même ; car une vérité à démontrer est une vérité qui, n'étant pas assez claire par elle-même, doit être éclairée par une autre. Si une vérité n'est pas par elle-même assez claire, elle ne peut trouver en elle-même la clarté qui lui manque.

On ne peut démontrer deux vérités l'une par l'autre; car, si la première vérité démontre la seconde, et si la seconde démontre la première, la première se démontre par elle-même, ce qui ne se peut.

Enfin on ne peut procéder à l'infini, car alors la série infinie de démonstrations étant nécessaire pour établir la première vérité, et cette série infinie n'étant jamais parcourue totalement, la première vérité ne serait jamais démontrée.

Donc, puisque nous devons admettre certaines vérités particulières, il faut en admettre quelques-unes sans démonstration.

Nous prions le lecteur de retenir ces évolutions de la pensée... Qu'il les pèse, qu'il cherche leur point faible, s'il en est; qu'il les scrute. Car elles reviendront au moment décisif, à la conclusion de ce travail.

Enfin, ces vérités l'esprit humain les affirmera-t-il ou ne les affirmera-t-il pas?

Il les affirmera. Rien n'est puissant, pour faire évanouir jusqu'aux dernières ombres du scepticisme, comme de considérer, dans leur ensemble, ces vérités premières, qui ne peuvent se démontrer, qui brillent de leur propre éclat, dont nous avons l'évidence immédiate, et auxquelles il nous est impossible de ne pas adhérer.

L'explication de ces vérités, prise par les grandes lignes, ne sera pas longue. Ce sont les seules vérités nécessaires pour établir l'existence de Dieu, but de cet essai.

III

Le monde des essences.

Commençons par les vérités du genre le plus haut, les vérités indépendantes de notre propre existence, et *jusqu'à un certain point*, de nos propres perceptions. Ces vérités embrassent le monde des essences.

Mon esprit, par une activité dont je n'ai pas à rechercher les lois, conçoit une foule d'êtres doués de différentes propriétés. Il les conçoit comme autant de *réalités*, en ce sens que ce ne sont pas des *riens*.

Ces réalités, sont les essences. Ces essences, en tant que réalisables, revêtent la solidité indestructible de la nécessité. Considérées en elles-mêmes, elles sont sans commencement ni fin, et remplissent l'éternité comme elles peuplent l'immensité. Un triangle a essentiellement, nécessairement et éternellement trois angles et trois côtés.

Ces essences, nécessairement et éternellement possibles, nous apparaissent d'abord comme nécessairement et éternellement identiques avec elles-mêmes, ensuite comme rapprochées ou éloignées les unes des autres, par des rapports d'une semblable solidité et d'une durée égale, c'est-à-dire, par des rapports nécessaires et éternels.

Deux essences semblables ne peuvent pas diverger, comme essences, quelque éloignés que soient les uns des autres les points de l'univers visible dans lesquels se réaliseraient ces essences. Deux essences, distinctes comme essences, sont séparées comme essences, par un infranchissable abîme, quelque rapprochés que puissent être les centres de leur réalisation. Se compénétreraient-elles matériellement comme existences, qu'elles resteraient, comme essences, absolument distinctes. Ainsi nous apparaissent, différents essentiellement, nécessairement et éternellement, le moi, le non-moi, l'esprit, la matière, le fini, l'infini, etc., etc. De là naît la vérité nécessaire et éternelle de tous les principes analytiques qui ne sont que l'identité ou les rapports des essences perçus par l'esprit.

Les *principes*, voilà les vérités premières et éternelles.

Ces principes nous montrent que *tout être a sa raison d'être*, que *tout effet a une cause*, que *le tout l'emporte sur la partie*, etc., etc.

Des philosophes se sont demandé si ces vérités n'étaient pas de simples formes de l'esprit, sans correspondance avec la réalité ; en d'autres termes si ces vérités étaient des vérités. Kant, tout entier, est dans cette interrogation.

La réponse à ce doute se trouve dans les vérités mêmes, dont on cherche à sonder la valeur.

L'évidence de ces vérités est, avant tout, *objective*.

Elles sont évidentes *en elles-mêmes*.

Je vois clairement que les possibles sont possibles indépendamment de mes conceptions, que les rapports entre les possibles ne sont pas l'œuvre de mon esprit, qu'ils restent ce qu'ils sont alors même que mon attention se détourne d'eux pour se porter ailleurs, et qu'ils seraient ce qu'ils sont, alors même que je ne les eusse jamais soupçonnés.

Ce n'est pas seulement ma perception qui m'est évidente, c'est la chose perçue elle-même.

La question de Kant ne peut se poser.

Demander si la différence entre l'être raisonnable et l'être sans raison, si l'identité entre 2 et 2 d'une part et 4 de l'autre, sont de simples formes de l'esprit, c'est demander si la présence et l'absence de la raison sont réellement distinctes, si 4 égale véritablement 4. C'est demander ce dont il est impossible de douter.

Ces vérités sont donc des vérités premières. Elles sont multiples. — Elles gardent entre elles un certain ordre. Quelle est la première entre les premières ?

LE PREMIER PRINCIPE

Le premier principe naît des essences, considérées sous leur aspect le plus général.

Toutes les essences sont des *êtres*.

L'être, voilà le caractère aux contours immenses, qui réunit toutes les essences finies, qu'elles existent ou qu'elles puissent seulement exister.

Cette notion de l'être, si abstraite qu'il n'y a rien de plus abstrait, si vaste qu'on ne saurait en concevoir de plus vaste, est la première de toutes les notions.

Elle donne naissance au premier de tous les principes.

L'être comparé à lui-même nous paraît identique avec lui-même.

Ce qui est, est.

Ce qui n'est pas, n'est pas.

Ce qui est, n'est point ce qui n'est pas.

Ce qui n'est point, n'est pas ce qui est.

En définitive, *il est impossible qu'une même chose soit et ne soit pas, en même temps, sous le même rapport.*

Voilà le premier principe.

Balmès a dit élégamment :

« Si l'on admet qu'une chose peut simultanément être et n'être pas, il faut admettre qu'avoir et n'avoir pas la certitude, connaître et ne pas connaître, exister et n'exister pas, affirmer et nier sont une même chose. Dans cette hypothèse, les contradictions s'allient; les semblables se repoussent; l'intelligence est un chaos ; la raison se trouble; le langage devient absurde ; le sujet et l'objet se heurtent au sein des ténèbres; toute lumière intellectuelle est pour jamais éteinte... et seule désormais dans l'intelligence dévastée, la contradiction règne, broyant sous son sceptre de fer, tout ce qui veut y germer. »

Cette éventualité n'est pas à craindre. Car le principe de contradiction est comme la loi de l'intelligence. Aucune intelligence humaine ne peut fonctionner sans lui ; aucune ne peut renoncer à lui.

LES AUTRES PRINCIPES

Nous ne voulons point passer en revue ici tous les autres principes, car notre but, dans cette première partie, est un coup d'œil d'ensemble sur la certitude. Citons seulement ce qu'on peut appeler les principes générateurs.

En premier lieu, se présente le principe de raison suffisante : « *Il n'y a rien sans raison suffisante.* »

« *Tout ce qui est a un motif pour être.* »

Ces différentes formes sont équivalentes.

La raison d'une chose est, tout ce par quoi une chose est comprise, ou peut être comprise, tout ce par quoi une chose est intelligible.

Ce qui est inintelligible, n'est pas.

Ce principe absolument incontestable, est absolument universel.

Toute essence a sa raison d'être ce qu'elle est.

Tout ce qui existe, existe pour un motif.

En conséquence si un être n'a pas la raison de son être, en lui, il l'a en un autre.

Si un être n'a pas sa raison d'être ni en lui, ni en un autre, cet être n'est pas un être; ce n'est rien.

Sa raison, pour être suffisante, doit être complète. En d'autres termes, elle doit pouvoir expliquer tout ce qui est dans l'être.

Au-dessous du principe de la raison suffisante plane le principe de causalité.

« *Il n'y a pas d'effet sans cause.*

« *Tout ce qui est produit, est produit par une cause.* »

La cause d'un effet doit être suffisante, c'est-à-dire complète, c'est-à-dire expliquer la totalité de l'effet. Ce principe est aussi incontestable que le précédent.

Du moment qu'une chose est produite, elle est produite par une autre, puisqu'elle ne peut être produite par elle-même. Elle a en un autre sa raison d'être, puisqu'elle ne l'a pas en soi.

Les attaques dirigées par Hume, contre ce principe, sont vaines ; elles se réduisent à nier qu'il y ait des causes. Elles concluent, par conséquent, à nier les effets.

Quand même les assertions de Hume seraient vraies, la valeur du principe n'en serait pas entamée. Car si l'on suppose un effet, un être produit, il faut nécessairement conclure à la cause et au producteur.

Ces principes sont vraiment les générateurs de la métaphysique.

Ils sont aidés par deux autres principes, dont on ne peut nier l'importance et les évolutions merveilleuses. Ce sont les principes d'*identité* et de *divergence*.

Identité. — Deux choses sont égales entre elles, quand elles sont égales à une troisième.

Divergence. — Deux choses sont inégales entre elles, quand une des deux est égale et que l'autre n'est pas égale à une troisième.

De là tout le raisonnement, toute la dialectique, toutes les déductions métaphysiques, morales, théologiques, mathématiques, etc., etc.

Telles sont les vérités qui embrassent le monde des essences. Elles brillent pour nous d'une certitude absolue. Elles sont en dehors de toute hypothèse. Elles survivraient par leurs objets à la destruction de l'univers pensant. Elles constituent la certitude la plus haute qu'il soit possible d'atteindre, dans l'ordre de la nature.

IV

Le monde des existences.

Cette certitude si absolue des premiers principes subsiste-t-elle seule et par elle-même ?
Évidemment non.
Cette certitude n'est pas une abstraction. C'est une certitude qui est *en nous*, et qui est, en partie, *par nous*, puisque c'est *notre* certitude.
Non seulement les premiers principes sont certains ; mais, nous *sommes* certains des premiers principes.
Cette certitude si réellement *objective*, a donc besoin d'un élément *subjectif*. Cet élément subjectif, c'est le *premier fait*, c'est l'*existence personnelle*.

L'EXISTENCE PERSONNELLE (1)

Je suis. — Voilà une de ces vérités fondamentales que nous cherchons. Elle est l'expression d'un fait qui, révoqué en doute, entraînerait avec lui les autres faits, y compris le fait même de la certitude. Je ne puis

(1) Voir le premier appendice.

rien dire, sans dire ou sans supposer que je suis. Je puis, sans doute, penser au monde extérieur, sans penser à moi-même. Mais, dès que je veux m'affirmer la certitude que j'ai du monde extérieur, je suis obligé de m'affirmer moi-même. Il n'est pas jusqu'à l'existence de l'être nécessaire qui ne deviendrait incertaine pour moi, si je venais à mettre en question mon existence si peu nécessaire. En un mot, aucune certitude réflexe ne peut se passer de l'affirmation subjective : *Je suis*. Comment puis-je savoir que *je suis certain* de quoi que ce soit, si je ne *sais* pas que *je suis*. Je ne puis jamais ni penser ni dire que je ne suis pas. Il y aurait contradiction et dans la pensée et dans les termes.

Mais comment faire reposer la connaissance certaine de tout ce qui est, la connaissance de l'être nécessaire lui-même, sur un être qui n'est pas nécessaire et sur une conscience de cet être qui ne l'est pas davantage? Si j'étais un être nécessaire, je verrais, en me voyant, l'existence contenue dans ma nécessité; et j'affirmerais ainsi mon existence. Mais je ne suis pas nécessaire. Je n'ai pas été toujours, et la conscience que j'ai de moi-même, paraît encore moins nécessaire que moi-même. J'ai été, j'ai senti, j'ai pensé, avant de dire : Je suis. Cette conscience qui n'a pas commencé avec mon existence, ne se continue pas avec elle. J'interromps cette conscience, sans interrompre mon existence. Je la perds durant les sommeils profonds. Il me semble même la perdre quand je m'attache fortement à la contemplation des principes éternels. Comment puis-je donc appuyer tout l'édifice de mes certitudes, sur la conscience non nécessaire d'un être non nécessaire?

Il est vrai, je n'ai pas nécessairement conscience de moi-même ; mais, au moment où j'ai conscience de moi-même, il est impossible, qu'en ce moment, je ne l'aie pas. Il est vrai encore, je ne suis pas nécessairement; mais il est impossible, qu'au temps où je suis, en ce même temps, je ne sois pas. Je ne suis pas absolument nécessaire, je ne suis pas nécessaire par moi-même ; mais je suis hypothétiquement nécessaire. Mon existence étant supposée de fait, ne peut pas, de fait, coïncider avec ma non existence.

Nous voyons ici réapparaître le premier principe. C'est lui qui donne la fermeté non seulement à tous les autres principes, mais encore au premier fait lui-même. Le principe de contradiction est le grand élément objectif de toute certitude ; l'existence personnelle en est le grand élément subjectif. Le lien qui unit la certitude de ces deux propositions :

Je suis,
et
Il est impossible que je ne sois pas au moment où je suis ;

ce lien est indissoluble. Ces deux propositions sont certaines pour moi, simultanément.

Non seulement le premier principe affirme le premier fait, mais il affirme encore les évolutions ou dépendances de ce premier fait. Car ce premier fait *de l'existence personnelle* ne se présente pas à moi, si je puis ainsi parler, dans cette nudité abstractive. Il se concrète immédiatement en une foule d'autres faits que nous appellerons les *faits personnels*.

FAITS PERSONNELS

Cette première, double et inséparable certitude que j'ai de mon existence et du principe de contradiction, étudiée dans ses moyens, s'étend déjà et par sa seule force, très loin.

Cette certitude m'arrive évidemment par le sentiment que j'ai de la présence de moi-même à moi-même. J'ai conscience de moi-même et je ne saurais jamais dire que je n'ai pas conscience de moi-même, sans mentir à ma propre conscience. Comment ai-je conscience de moi? En me saisissant tout à la fois et comme *substance* et comme *vie*.

Je constate que je suis une substance.

Je suis en moi-même. Je ne suis pas en un autre. Je suis un sujet. Il y a en moi un fond immobile, au-dessus duquel s'agitent les ondes mobiles de la pensée, de la volonté, du sentiment, des jouissances, des déboires, de tous les phénomènes qui me sont intérieurs. Ces phénomènes intérieurs sont extérieurs par rapport à ce fond intime et imperturbable qui est moi. Je suis le contraire d'un fleuve. J'ai autant de consistance qu'il a de fluidité. Tandis qu'il est impossible de se baigner deux fois dans ses eaux, qu'il a même totalement changé pour celui qui s'y baigne, au moment où il en remonte ; le tourbillon de ma vie provient d'une source dont l'eau est toujours et essentiellement la même, qui se retrouve alors que tout se perd, opinions, sciences, croyances, amours et haines, et qui est moi.

En un mot, je suis une substance. Dire que je suis une substance, c'est dire que je suis moi-même ; dire que je suis moi, c'est dire que je suis : *Ego sum substantia.* — *Ego sum ego.* — *Ego sum.*

Le moi, voilà la source où je puise la première notion, l'incontestable notion de l'incontestable substance. C'est pourquoi le premier fait est l'écueil sur lequel se brisera immanquablement toute barque positiviste. Les positivistes, en effet, se maintenant dans leur point de départ, qui est uniquement la réalité extérieure, ne détruisent, dans ce domaine du dehors, le fait de la substance qu'à force de paralogismes ; mais ramenés au vrai point de départ, qui est le sujet, l'existence personnelle, ils ne peuvent plus rien : la théorie positiviste, la toile positiviste placée à la fenêtre, peut bien prendre quelques insectes; placée dans l'appartement, elle est emportée par le balai de la première chambrière venue. Pourquoi ? — Parce que le fait primordial de l'existence personnelle, se confond avec le fait primordial de la substance personnelle. Ce premier pas de la philosophie est un pas vers l'avenir. Il sera fécond. Constater la substance, c'est bien commencer. Sur la substance, reposent tous les phénomènes; sur la notion de substance, se superposent toutes les autres notions; sur l'affirmation de la substance, s'étagent toutes les autres affirmations : en sorte que toute la philosophie est appuyée sur la théorie de la substance. — Tout est fondé sur la substance, les mondes et les systèmes, *quæ sunt, quæ fuerunt, quæ mox ventura trahuntur.*

Il faut donc s'en tenir à la substance, il faut la suivre à travers les évolutions infinies des phénomènes, il faut s'enchaîner à elle et l'enchaîner à soi. — On ne peut sans doute se borner à la substance, mais on ne peut l'abandonner. Si on l'abandonnait, un seul instant, toutes les apparences les plus manifestes disparaîtraient avec elle. La substance est l'antique Protée : « Dès que tu l'auras saisi dans tes mains et enlacé dans tes liens, alors différentes apparences se joueront de tes yeux... il deviendra tout à coup sanglier hérissé, tigresse féroce, dragon écailleux, lionne à la tête fauve; il fera entendre le son âcre de la flamme... il s'écoulera en eaux ténues : mais plus les changements sont fréquents, plus aussi, mon fils, que tes liens se resserrent... » — Là aussi est le salut de la philosophie ; la philosophie qui ne laisse pas périr la notion de la substance, revient toujours à elle-même, *in sese redit.* — L'autre s'évanouit dans le vide. Rien de si facile du reste, que de découvrir la substance au fond de notre être : on ne peut point ne pas l'y voir, puisque l'affirmation de l'existence personnelle inclut l'affirmation de notre propre substance.

J'ai donc conscience que je suis une substance.

En prenant conscience de ma substantialité, je prends la conscience simultanée de mon activité, de ma vitalité, de ma pensée. — Si je n'étais pas actif, je ne pourrais être saisi ; si je n'étais pas vivant, je ne pourrais être saisi par moi-même ; si je ne pensais pas, je ne pourrais me saisir intellectuellement. — Ainsi je suis certain que je pense. — Je ne puis jamais ni penser que je ne pense pas, ni le dire. — Par un même regard intellectuel j'atteins nécessairement ma substance et ma pensée. — Je puis ensuite faire abstraction de l'une ou de l'autre, pour les étudier séparément ; mais dans l'acte primitif qui me les révèle, je les appréhende simultanément et je perçois que l'une est dans l'autre : que ma pensée est dans ma substance et ma substance en elle-même ; que ma pensée vient de ma substance et que ma substance produit ma pensée ; que *je suis pensant*.

Non seulement je suis certain que *je pense*, mais encore je suis certain *que je veux*. Ce n'est pas, à la vérité, comme pour la pensée, par le même acte. Une volition n'est pas une pensée. — Aussi n'y a-t-il pas contradiction à dire *je ne veux pas :* car si on ne peut penser sans penser, on peut penser sans vouloir. Si on ne peut pas penser qu'on ne pense pas, on peut penser qu'on ne veut pas. Mais quand nous avons conscience que nous voulons, nous ne pouvons pas dire que nous n'avons pas conscience de vouloir, ni même que nous ne voulons pas. — D'où vient que nous sommes certains de notre volition par la conscience que nous avons de vouloir ? — Ici apparaît la divergence réelle et l'unité radicale de nos facultés. Bien que la pensée et la volition n'appartiennent pas aux mêmes puissances de l'âme, cependant nous sommes certains de notre volition par la conscience que nous en avons, parce que notre intelligence et notre volonté émergent en définitive d'une substance unique, le moi. — Nous avons conscience que c'est le même moi qui pense et qui veut.

Enfin, j'ai conscience de sentir, c'est-à-dire de percevoir l'étendue extérieure, par la vue, l'ouïe, le tact; d'imaginer les objets visibles ; d'éprouver du plaisir, de la douleur, etc., etc.

Ces sensations par lesquelles je perçois des objets qui me paraissent extérieurs, et à la suite desquelles j'éprouve de la douleur ou du plaisir, se font dans des conditions qui me donnent la conscience de ma propre étendue. Sans examiner si le sentiment de ma propre étendue précède ou non la sensation que j'ai d'une étendue extérieure, je constate que ce sentiment accompagne certainement cette sensation.

J'ai la conscience de voir, par une partie de moi-même différente de la partie par laquelle je perçois la résistance du sol, de palper à droite par une partie différente de celle par laquelle je palpe à gauche. J'ai la conscience d'éprouver des plaisirs distincts et des douleurs différentes, dans différentes parties de moi-même. J'ai la conscience de mon étendue, autrement dit, de sentir mon corps.

Ce sentiment est très confus ; mais il est très clair ; et il ne saurait me tromper. Car il y a identité du sujet et de l'objet. *Je me sens étendu.*

Je n'ai pas la conscience perpétuelle de tous ces actes, mais quand j'en ai la conscience, il est certain que j'en suis vraiment le sujet, parce que j'ai la conscience de sentir par le même moi qui veut et par le même moi qui pense. C'est ainsi que je ressemble à un polype. De ma substance sortent mes facultés, pareilles à des tentacules. Par elles je me saisis moi-même, et je saisis ce qui est en dehors de moi.

C'est ainsi que je prends possession de moi-même dans le sens, pour ainsi dire, de l'extension en largeur ; c'est ainsi que je prends possession de toutes mes facultés, grâce à l'unité du moi. Je prends aussi possession de moi-même dans le sens de l'extension en longueur, dans le sens de la durée ; je constate mon identité dans le passé et dans le présent.

. . . .

Tels sont les points de départ, pour toute recherche scientifique. Ils s'appellent les Premiers Principes et les Faits Personnels. — Ces vérités sont d'une nature telle, qu'on ne peut les ébranler, sans que s'écroule incontinent toute autre certitude. Elles se résument en deux propositions, dont l'une est absolument singulière : *Je suis*, et l'autre absolument universelle : *Tout être est*. Par la première, je me concentre en moi-même. Par la seconde, je rayonne ; et les confins de mes connaissances reculent indéfiniment par delà les temps et les espaces. Par la première, je contemple un point de ce qui existe, un atome perdu dans l'atmosphère terrestre ; par la seconde, je vois s'ouvrir devant moi les plaines immenses et jamais complètement explorées des êtres possibles.

Donc le vaisseau est prêt ; c'est le sentiment intime. Les voiles sont déployées ; ce sont les conceptions rationnelles, avec leur objectivité ; l'objectivité des idées, des principes et des déductions. Nous pouvons nous lancer en pleine mer et en voyage de découvertes.

Quelle sera ma première découverte ?

Cette première découverte peut être l'existence de Dieu. L'existence personnelle et les premiers principes de la raison suffisent, en effet, pour établir la Divine Existence. Mais, comme l'existence du monde extérieur ajoute, sinon à la *profondeur*, du moins à l'*ampleur* de la démonstration, nous ferons une étape dans l'Univers visible.

V

Le monde des existences extérieures.

Puisque je suis en pleine possession de moi-même, de mon existence, de ma substantialité, de mes facultés, de ma liberté, en un mot de ma personnalité, il faut prendre possession de ce qui m'entoure.

Certes, ce n'est pas la première fois que je vois le beau soleil, que je marche sur la grande terre, que je respire l'air vivifiant, que je m'entretiens avec les hommes. Ces hommes sont le plus grand plaisir de mon âme ; ils ont été le premier soutien de mon enfance, car au moment où je vis le jour pour la première fois, je ne tombai pas, comme un enfant d'Homère, sur le sol ; je fus reçu dans des bras amis. Ils sont, enfin, la véritable source de ma vie. « Ce temps est loin ; je ne me souviens même pas de cet instant plein de joie et de trouble où je sentis ma singulière existence... », où la lumière, la voûte céleste, la verdure de la terre, le cristal des eaux m'occupa, m'anima et me donna un sentiment inexprimable de plaisir. Malgré ces lacunes dans mes souvenirs, j'ai acquis la certitude, l'incontestable certitude que ce monde au milieu duquel je suis plongé est une réalité, profondément distincte de moi. Le procédé par lequel je suis arrivé à ce résultat, pour une raison ou pour une autre, m'échappe en ce moment et je veux le découvrir à nouveau. Je ne veux pas me convaincre que le non-moi existe ; c'est fait depuis longtemps et cela ne peut ni se défaire ni se refaire ; mais je veux savoir *comment* naît en moi cette conviction.

Telle est la question qui se présente à nous, dès les premiers pas, dans la recherche de la vérité. Elle est délicate, difficile, débattue d'école à école. Elle est la transition naturelle entre l'existence personnelle et l'existence de Dieu. Personne peut-être n'en a mieux fait ressortir l'importance que Victor Cousin, dans son discours d'ouverture.

« S'il y avait en métaphysique une question circonscrite dans ses limites précises, et cependant d'une assez grande portée ; une question que tous les philosophes s'accordassent à regarder comme principale et sur laquelle ils fussent divisés ; une question qui, placée à l'origine de toutes les autres, influât puissamment sur elles, et dont les différentes solutions servissent à caractériser les différentes écoles ; une question qui eût eu le singulier et malheureux privilège d'avoir égaré les plus grands hommes, et donné naissance aux erreurs les plus graves et les plus célèbres ; qui, après avoir tourmenté longtemps les philosophes et agité l'Europe savante, réduite enfin à ses difficultés élémentaires, commençât à s'éclaircir, et pût réunir bientôt tous les bons esprits sur une théorie importante et sur l'adoption d'une méthode meilleure ; une telle question, qui présenterait un concours de circonstances aussi intéressantes, de grandes difficultés, de grands dissentiments, et l'espérance d'une conciliation prochaine, ne devrait-elle pas être préférée à toutes les autres et saisie avec empressement ? Cette question est celle de l'extériorité, c'est-à-dire de l'existence réelle d'un monde extérieur, différent de nous-mêmes et de nos pensées. »

Nous la traiterons complètement.

Pour le faire avec plus de clarté, nous suivrons la marche de l'esprit, dans son affirmation du monde extérieur. Il y a quatre points à distinguer dans cette marche : la croyance, le doute, l'arrêt et le fondement.

LA CROYANCE

Mettons d'abord en lumière et hors de toute discussion, une condition manifeste et aussi importante qu'elle est manifeste, de notre perception extérieure.

Le monde nous apparaît comme présent.

C'est là un fait attesté par le sens intime.

C'est de plus, un fait basé sur l'essence même de notre perception.

Les sens extérieurs ne font aucune sorte d'abstraction; ils n'atteignent pas l'objet indépendamment de sa présence, ni la présence de l'objet sans l'objet; mais ils atteignent et l'objet et sa présence, l'objet comme présent. Les professeurs de Coïmbre ont parfaitement décrit cette propriété intrinsèque et essentielle de la perception externe. Ils déclarent *intuitive* la perception des sens. Ils *définissent* la connaissance intuitive, la connaissance d'une chose présente en tant qu'elle est présente, une connaissance atteignant la chose de telle sorte, que par cette connaissance, on voit la présence de l'objet en lui-même et par la force de la connaissance elle-même. *Notitia rei præsentis ut præsens est, id est, cognitio quâ itâ rem attingimus ut per eam cernatur præsentia objecti in se et ex vi ipsius cognitionis.* Ils appliquent ensuite cette définition à la connaissance acquise par les organes externes. Les sens externes sont de telle nature qu'ils tendent vers leurs objets en tant que présents, ou au moins en tant que représentés comme présents. Aussi ne pourront-ils se porter en aucune manière vers une chose absente en tant qu'absente. *Sensus externi talis naturæ sunt ut tendant in objecta... ut in præsentia... vel saltem repræsentata ut præsentia... quare non poterunt... ullo modo versari circâ rem absentem quâ talis est.* Ils remarquent très bien que cette condition des sens les sépare de l'intelligence et de l'imagination. L'intelligence, disent-ils, se porte vers les objets présents et absents, singuliers et universels. L'imagination se porte de même vers les objets présents et absents pourvu qu'ils soient singuliers. Les sens extérieurs, placés au degré infime des facultés cognoscitives, ne se portent que vers les choses singulières et présentes, ou exhibées en apparence comme présentes. Ils concluent, en rigueur, que les sens ne peuvent avoir aucune connaissance abstraite, même de par la Divine Puissance. *In sensibus externis non potest dari, etiam divinâ Virtute, notitia abstractiva.*

Donc, sans nous préoccuper encore de la présence des objets, restons en possession de cette première vérité : que les sens ne peuvent agir sans se représenter les objets comme présents. Quelle que soit la cause qui provoque leur activité, leur activité ne peut sortir du cercle des représentations *présentielles*. Il faut ou qu'ils n'agissent pas, ou qu'ils se représentent les objets comme présents. En un mot, c'est là leur *essence*. Elle est et elle est telle. Elle est, nous le sentons. Elle est telle, nous le comprenons. Tous les objets qui nous apparaîtront par les sens, nous apparaîtront donc toujours et également présents. Le soleil paraît aussi présent à nos yeux que la couleur et la figure de notre propre corps. Nous percevons comme présent le chant du rossignol, autant que notre propre voix.

Ce fait a des conséquences. L'affirmation perpétuelle de la présence du monde, retentissant dans la partie inférieure de notre âme, éveille un écho dans la partie supérieure. Nous croyons à la présence du monde, comme nous la sentons.

Au commencement de la vie, notre croyance à la véracité des sens est totale, sans hésitation, sans restriction, sans précaution. Elle est excessive.

Nous croyons que les choses sont absolument comme elles paraissent être. Le soleil est un disque plat et brillant. Il est bien plus petit que la Terre. Les Grecs ne regardèrent-ils pas comme une imagination monstrueuse l'assertion du philosophe qui le faisait plus étendu que le Péloponèse ? C'est en même temps le plus grand des astres. Il marche, c'est évident, et nous sommes immobiles. Du reste quelle majesté et quelle lenteur dans sa course ! L'aiguille d'une montre va plus vite que lui. Il se meut sur une route bleue et il y rencontre différentes constellations. Voilà la première croyance.

Cette croyance primitive, affirmant toute apparence comme réelle, *objective* en même temps cette apparence autant qu'elle peut l'objectiver. Pour elle, les couleurs sont dans les objets aussi bien que les formes. La neige est blanche ; les fleurs sont peintes ; la lumière distincte des couleurs est tout entière dans le feu. Quand le poète fait enlever les couleurs par la nuit : *Nox abstulit atra colores*, la parole est élégante parce qu'elle est *métaphorique*. Au fond les couleurs subsistent dans la nuit la plus noire. Seulement nous ne les voyons pas. Voilà la foi aux sens dans sa première période.

Tout est incontestablement vrai, tout est réellement objectif dans le témoignage de la sensibilité. Nul doute d'abord dans ce mélange d'erreurs et de vérités.

LE DOUTE

Il ne tarde pas à venir.

Peu à peu, nous constatons que les apparences sont souvent trompeuses ; qu'il faut rectifier le témoignage d'un sens, par celui d'un autre ; qu'il faut tenir compte des distances et des milieux. Les instruments d'optique renversent nos naïves impressions. Le raisonnement intervient à son tour. Le disque solaire devient une sphère. Il grandit tellement que la Terre est petite devant lui. Il s'arrête et la Terre tourne sur elle-même et autour du soleil avec une rapidité foudroyante.

La route bleue du soleil n'est plus que la ceinture aérienne du globe terrestre ; et les constellations, au lieu d'être traversées par l'astre du jour, s'éloignent de lui à d'incommensurables distances.

Dès lors, nous n'ajoutons plus foi aux apparences qu'avec la plus extrême réserve.

L'*objectivité* elle-même s'entame.

Les couleurs se confondent avec la lumière, dont elles sont une pure modification, ou si l'on veut, une émanation partielle. Puis la lumière, comme le son, se partage entre l'œil et l'objet. Elle n'est ni totalement objective, ni totalement subjective. Son éclat est la résultante des forces élémentaires et des forces vitales. Point de lumière sans objet lumineux. Mais point de lumière, non plus, sans nerf optique. L'hémistiche virgilien cesse d'être figuré. C'est l'expression scientifique de ce qui est.

Puisque la sensation n'est pas totalement objective, est-il sûr que toute sensation ait un objet ?

Il est sûr que toute sensation n'a pas d'objet. Bien des faits le démontrent, et en premier lieu l'*hallucination*.

L'hallucination se produit dans la veille et souvent laisse subsister l'usage de l'intelligence. Elle consiste à voir et à entendre comme présents des objets qui ne le sont pas. L'imagination n'est pas seule à agir dans cet état singulier et les sens extérieurs y jouissent d'une activité véritable.

Certains rêves sont tellement nets, les objets nous y apparaissent dans un tel relief, et il nous paraît si puissamment entendre nos paroles qu'il semble difficile d'attribuer tous ces phénomènes à l'imagination. Averroès pense que, dans le sommeil, il nous arrive de *sentir* par les sens externes, bien que les objets extérieurs soient absents ; qu'alors les images des objets absents viennent des sens intérieurs aux sens extérieurs. « Comme dans la veille, les objets extérieurs mettent en mouvement les sens externes, ceux-ci le sens commun et celui-ci l'imagination, ainsi dans le sommeil l'ordre est renversé ; l'imagination met en mouvement le sens commun et celui-ci les sens externes. »

Ainsi dans le rêve nous voyons et entendons véritablement. Ce n'est pas fréquent ; cela est quelquefois. Ce fait ne nous préoccuperait pas ici s'il se bornait au rêve. Mais l'hallucination peut se produire et se produit de fait dans la veille. Elle réalise alors la théorie d'Averroès. Nous voyons et nous entendons. La vue et l'ouïe agissent comme si elles étaient impressionnées par les objets extérieurs ; mais elles sont mues par une puissance intérieure, l'imagination.

L'imagination agit par l'aide d'une puissance intermédiaire, le sens commun, sur les sens extérieurs, et alors nous voyons, nous entendons, parfois nous palpons, ce qui n'est ni coloré, ni sonore, ni tangible, ce qui n'est pas.

Plusieurs causes peuvent donner cette puissance à l'imagination : il y en a trois principales, le sentiment esthétique, la passion, la maladie.

Le génie est souvent si prédominant qu'il force les sens à agir seuls, c'est-à-dire sans objet extérieur :

« Phidias voyait devant lui le Jupiter d'Homère qu'il sculptait dans l'ivoire. Raphaël contemplait cette Galatée dont aucune beauté vivante n'avait pu lui offrir le modèle. Beethoven, devenu sourd, entendait, à la lettre, les sonates qu'il composait. »

La passion n'est pas, sous ce rapport, inférieure au génie, surtout quand elle s'allie à celui-ci. Pétrarque nous paraît un halluciné.

Ces vers ne ressemblent-ils pas à une hallucination? Il voit Laure où elle n'est pas.

« Bien des fois dans l'eau transparente, sur l'herbe verte, dans le tronc d'un hêtre, je l'ai vue vivante, et aussi dans la nuée blanche.... Plus je me trouve dans un lieu sauvage, sur un rivage désert, plus ma pensée se la représente. » (Cant. 13.)

Voici qui est plus clair :

Insequitur tamen illa iterùm, et sua jura retentat ;
Nunc vigilantis adest oculis, nunc fronte minaci
Instabilem vano ludit terrore soporem.
Sæpè etiam (mirum dictu) ter limine clauso,
Irrumpit thalamos media sub nocte reposcens
Mancipium secura suum : mihi membra gelari,
Et circumfusus subito concurrere sanguis,
Omnibus ex venis, tutandam cordis adarcem,
Nec dubium si quis radiantem forté lucernam
Inferat, horrendus quin palor in ore jacentis
Emineat.

(*Epist.* Jacobo de Columna).

M. Mézières traduit :

« Elle me suit cependant et réclame ses droits.

» Tantôt elle se présente à mes yeux pendant que je veille, tantôt d'un front menaçant elle trompe par une vaine terreur mon sommeil léger. Souvent aussi (chose merveilleuse !) à travers ma porte trois fois fermée, elle fait invasion dans ma chambre à coucher, réclamant tranquillement son esclave. Mes membres se glacent et tout à coup le sang répandu dans mon corps accourt de toutes mes veines pour protéger la forteresse de mon cœur. Sans doute si quelqu'un apportait par hasard une lumière rayonnante, une horrible pâleur apparaîtrait sur mon visage. »

Un désordre organique peut produire aussi l'hallucination. Les névroses aux mille formes aboutissent souvent à faire vivre le malade au milieu d'un monde de fantômes. Les hystériques *voient* des chats. Les alcooliques des rats.

A ces trois causes, quelques-uns joignent la volonté et la mêlent aux hallucinations du génie.

Bref, il est acquis que, sous diverses influences, nos puissances intérieures nous font *sentir* un monde qui nous paraît distinct de nous-mêmes, mais qui en est une sorte de réverbération.

Ce que peuvent nos puissances intérieures, des puissances extérieures, distinctes de nous-mêmes, et distinctes aussi du monde perçu naturellement par nos sens, ne le pourraient-elles pas?

Sans aucun doute, elles le peuvent; car elles le font.

Nous ne parlerons que pour mémoire des prestidigitateurs. Leurs prestiges sont acceptés pour ce qu'ils sont; ils ne trompent personne. Ils ne sont point dus à une action directe sur nos sens. C'est la substitution d'un objet à un autre ou d'une image à son objet, opérée sans que l'*œil* puisse la saisir. Mais quelques-uns de ces prestiges sont très parfaits et si parfaits qu'on se demande parfois s'ils ne sont pas l'effet d'une action supérieure à l'action de l'art humain.

Que peuvent les esprits purs sur l'organisme de l'homme?

L'histoire du paganisme est pleine d'apparitions illusoires dues aux démons. Les Dioscures se montrent sur les flots. Les poèmes homériques décrivant les divinités aux formes humaines : Minerve s'envolant sous la figure d'une chouette, etc... ne sont que le reflet des croyances antiques. Il est difficile d'admettre que toutes ces croyances furent sans objet.

L'Écriture affirme l'opération des anges sur les sens de l'homme.

Enfin, nous savons tous que, depuis dix-neuf siècles, les apparences du pain et du vin subsistent après les paroles du sacrifice, sans qu'il reste absolument rien des substances qui les soutenaient avant la consécration du prêtre.

Il est à croire, il est vrai, que les actions démoniaques et angéliques ne furent pas des actions exercées *directement* sur le nerf optique. Ces apparitions furent extérieures. Dans la divine Eucharistie elle-même, ce qui se voit, ce qui se touche, n'est pas un pur néant. Mais, quoi qu'il en soit des faits, il est certain que tout Esprit peut avoir sur nous une action immédiate, et impressionner le sens, sans aucun objet distinct du sens. Personne ne peut refuser cette puissance à l'Esprit suprême.

Voilà donc des faits nombreux et incontestables, attestés par l'histoire et même par la foi, dont il faut tenir compte dans le jugement porté sur nos sensations. Voilà un pouvoir qui nous est supérieur, et dont la conséquence doit être pour nous le *doute*.

Nous ne pouvons pas, nous ne devons pas croire à l'*objectivité* de toutes nos sensations.

L'ARRÊT

Où s'arrête ce doute?... S'arrête-t-il quelque part?... N'emporte-t-il pas logiquement toute croyance au témoignage de nos yeux?... Ne fait-il pas évanouir, comme dans un rêve, toute certitude de la présence du monde?... Puisque l'hallucination nous présente quelquefois un mirage, qui nous répond que toute sensation ne nous hallucine pas?... Puisque les Esprits peuvent produire sur nous l'impression que nous attribuons au monde extérieur, pourquoi n'en serait-il pas ainsi?... Qui peut sonder les décrets divins, ou limiter la divine opération?...

Il s'est rencontré des philosophes pour tirer ces conclusions.

La difficulté a étonné Descartes : il écrit :

« Je supposerai donc, non pas que Dieu, qui est très bon et qui est la souveraine source de vérité, mais qu'un certain mauvais génie, non moins rusé et trompeur que puissant, a employé toute son industrie à me tromper ; je penserai que le ciel, l'air, la terre, les couleurs, les figures, les sons et toutes les autres choses extérieures ne sont rien que des illusions et rêveries dont il s'est servi pour tendre des pièges à ma crédulité ; je me considérerai moi-même comme n'ayant point de mains, point d'yeux, point de chair, point de sang, comme n'ayant aucun sens, mais croyant faussement avoir toutes ces choses ; je demeurerai obstinément attaché à cette pensée ; et si, par ce moyen, il n'est pas en mon pouvoir de parvenir à la connaissance d'aucune vérité, à tout le moins, il est en ma puissance de suspendre mon jugement. C'est pourquoi je prendrai garde soigneusement de ne recevoir en ma croyance aucune fausseté et préparerai si bien mon esprit à toutes les ruses de ce grand trompeur, que, pour puissant et rusé qu'il soit, il ne me pourra jamais rien imposer. » — (Descartes. *Deuxième méditation.*)

« Je vois si manifestement qu'il n'y a pas d'indices certains par où l'on puisse distinguer nettement la veille d'avec le sommeil que j'en suis tout étonné et mon étonnement est tel qu'il est presque capable de me persuader que je dors. » — Pascal dépasse les étonnements de Descartes ; outre ces doutes il affirme que personne n'a d'assurance, « hors la foi », s'il veille ou s'il dort. Il nous montre notre vie comme composée de deux sommeils différents, dont l'un s'appelle sommeil, de son vrai nom, et l'autre réveil, d'un nom usurpé. — Lamennais revêt tout cela de l'emphase moderne et nous déclare « que qui démontrerait que la vie entière n'est pas un rêve, une chimère indéfinissable, ferait plus que n'ont pu faire tous les philosophes jusqu'à ce jour. »

Ces choses s'écrivent, mais ne se pensent pas. Elles peuvent faire un certain effet sur l'esprit, pendant qu'on les lit. Le livre n'est pas encore fermé qu'on donne un démenti au livre, en recommençant à vivre avec les hommes. Car la croyance au monde extérieur et la vie, c'est tout un.

Nous doutons de quelques-unes de nos sensations, sans qu'il nous soit possible de douter sur toutes. Quelque effort que nous fassions pour universaliser notre doute, cet effort demeure vain : la nature reste la maîtresse, et la présence du monde extérieur s'impose à nous.

LE FONDEMENT

Sur quel fondement repose cette certitude ?... — Là gît le mystère.

Bien des philosophes regardent la certitude du monde extérieur comme une *évidence sui generis*, une évidence immédiate et occupant le troisième rang dans les évidences primitives, à la suite des premiers principes et de l'existence personnelle.

L'explication serait très simple, si c'était une explication. Ce n'en est pas une ; et nous sommes obligés, pour résoudre la question d'extériorité, d'employer un procédé nouveau.

La *nécessité* des premiers principes force notre adhésion.

L'*identité* du sujet pensant et de l'objet pensé nous manifeste notre existence personnelle.

La nécessité et l'identité nous font défaut quand il s'agit du monde extérieur. Le monde ne nous apparaît pas comme nécessaire. Ce n'est pas un principe. C'est une réalité, qui, à la rigueur, pourrait ne pas être. De plus il ne se confond pas avec nous-mêmes. Par quel moyen acquerrons-nous donc la certitude de son existence ?

Ce moyen est unique. C'est l'impression produite en nous par ce monde. Ce sont les effets causés en nous par les êtres extérieurs à nous. Ce sont, quand il s'agit du monde des corps, les représentations que nous apportent nos sens des objets sensibles, distincts de nous et de nos sens. Il faut donc, pour que nous soyons certains de l'existence du monde extérieur, qu'il y ait un lien nécessaire et perçu comme tel par nous, entre l'existence de ce monde et les impressions de nos sens. Si la *nécessité* de ce lien n'apparaît pas, ne parlons plus de certitude. Car, si le monde n'est pas nécessaire, et, si son apparition ne suppose pas nécessairement son existence, cette apparition peut être un simulacre. Il faut que l'apparition du monde soit impossible sans son existence.

Cette apparition n'étant autre chose que la représentation du monde par nos sens, cherchons dans cette représentation la nécessité entraînant l'existence du monde.

Nous l'avons dit, beaucoup s'arrêtant à la représentation elle-même veulent y voir une évidence immédiate de la chose représentée. Ils ne vont pas assez loin. Car, si l'existence de la chose représentée ressortait par le fait même et sans autre considération de la représentation de cette chose, toute représentation indiquerait un objet. Cela n'est pas ; donc l'évidence n'est pas immédiate.

D'autres philosophes, frappés par cette insuffisance de

la représentation, montent, pour asseoir la certitude du monde, jusqu'à la révélation divine.

Ils montent trop haut ; et, chose singulière, ils n'atteignent pas le but ; ils passent à côté.

D'abord, il est difficile d'admettre que le Grand Inspiré qui a consigné la création des cieux et de la terre, *in principio, creavit Deus cœlum et terram*, ait voulu nous instruire *directement* de ces existences célestes et terrestres. Sans doute sa révélation nous impose la croyance à ces existences. Mais elle nous l'impose *indirectement*.

Il a voulu nous instruire directement de leur *création*. Par la révélation donc, nous sommes avertis *indirectement*, et pas plus qu'indirectement, de l'existence du monde.

« Qu'importe, répondent les Platoniciens français, que l'avertissement soit direct ou indirect ? Il est, cela suffit. »

Cela ne suffit pas autant qu'on semble le croire. La révélation n'affirme que certaines existences ; et celles qu'elle n'affirme pas, sont précisément celles qui nous importent le plus. La révélation affirme l'existence passée d'*Adam*, mais elle n'affirme pas l'existence *de nos contemporains*. Nous voilà bien avancés, de savoir qu'il y a eu des hommes avant nous, si nous ne savons qu'il s'en trouve avec nous !

Si la révélation était le moyen nécessaire pour nous d'affirmer l'existence des autres hommes, cette révélation devrait se renouveler à chaque génération humaine, sous peine de laisser dans nos connaissances une énorme lacune.

Si la révélation était le moyen nécessaire, nous aurions pu être créés dans l'impossibilité de nous connaître les uns les autres, puisque la révélation n'est pas due à la nature. Bien que la certitude de l'existence des autres hommes soit indépendante en partie, comme nous le verrons dans la suite, de la certitude des existences purement corporelles, nous en parlons ici, parce que cette certitude est englobée dans le système des néo-platoniciens.

Enfin, cette révélation dont on voudrait faire le moyen nécessaire pour la connaissance des autres hommes, contient précisément la preuve qu'elle n'est pas ce que l'a voulue Malebranche. La révélation nous ordonne d'honorer notre père et notre mère. Elle ne nous indique pas quels sont, pour chacun de nous, ce père et cette mère. Elle suppose donc que nous les connaissons sans révélation.

La vérité est entre ces deux extrêmes : entre l'évidence immédiate et le témoignage de la foi. Elle est dans l'évidence médiate.

La certitude du monde extérieur est le fruit d'un raisonnement.

Le terrain de la recherche, comme on le voit, se circonscrit. Nous sommes assurés que l'existence du monde sort, comme certitude, d'un *syllogisme*. Reste à le trouver.

Descartes pensa l'avoir découvert, et son argument est resté fameux. La plupart des philosophes le donnent. Beaucoup prétendent, après l'avoir loué sans réserve, qu'on peut s'en passer.

Descartes a recours, pour vérifier le témoignage de nos sens, à la véracité divine. Descartes ne monte pas du monde extérieur à Dieu ; mais il descend de Dieu au monde. Dans cette hypothèse, l'existence de Dieu ne peut se prouver que par l'existence personnelle. La série des grandes vérités se trouve être le moi, Dieu et le non-moi.

L'argument cartésien commence par constater notre propension invincible à croire au témoignage des sens.

Il établit ensuite que nous sommes l'œuvre de Dieu, nous, avec notre invincible propension.

Il conclut que, si les sens nous trompaient, Dieu lui-même nous tromperait, ce qui ne se peut.

Voilà l'argument de Descartes, tel au moins que l'ont popularisé les partisans de sa méthode.

La rigueur logique de cette argumentation est incontestable. Mais nous devons faire des réserves pour le reste.

Le nerf de la preuve est dans notre propension invincible à croire au témoignage des sens.

Cette propension est supposée *invincible*. Car une propension qui laisserait à l'esprit sa liberté, ne paraîtrait guère suffisante, pour engager la Véracité Divine. Du reste cette propension invincible est un fait qu'il est impossible de nier, et c'est de ce fait que partent les cartésiens dont nous parlons.

Cette propension invincible n'est pas *aveugle;* elle est *éclairée* par l'*évidence*. Car la seule évidence peut nécessiter l'esprit dans l'ordre naturel.

Dès lors, cette propension n'est plus engendrée en nous par l'argument cartésien, puisque cette propension est un des deux générateurs de l'argument. L'argument, s'appuyant sur cette propension, ne saurait avoir la prétention de la faire naître. C'est un argument très fort, pour nous donner une *seconde* conviction, basée sur la *première*, comme sur un fait irrécusable, quoique inexpliqué. Mais il est impuissant à expliquer la *première* conviction.

Or, c'est précisément cette première conviction dont nous cherchons à percer le mystère.

N'oublions pas qu'il s'agit surtout, pour le moment, des existences purement corporelles ou considérées comme corporelles.

LE RAISONNEMENT

Remarquons d'abord que nous ne cherchons pas un argument quelconque pour établir l'existence du monde, mais l'argument dont se servent absolument tous les hommes pour établir cette existence. C'est là le seul but digne d'un philosophe. Découvrir par la réflexion et perfectionner par l'analyse ce qui se trouve au fond des intelligences, constitue la philosophie elle-même.

L'argument cherché sera donc un argument facile, commun à tous, catégorique, établissant la conséquence sur les prémisses les plus claires et les plus solides, laissant une place dans sa conclusion pour les nombreuses exceptions inséparables du témoignage des sens, et contenant en ses principes la réponse aux objections de tous les ordres.

FORME TRÈS GÉNÉRALE DU RAISONNEMENT

L'argument sous sa forme la plus générale, n'est pas autre chose que l'argument sous sa forme primitive, tel qu'il se trouve dans l'intelligence avant toute analyse, tel qu'il se maintient chez la plupart des hommes.

Pourquoi croyons-nous à la présence du monde extérieur? Quel est le motif de cette croyance, son premier motif, son motif immédiat, le motif qui se présente incontinent sur les lèvres de celui qui est interrogé?

Ce motif résulte d'un fait et d'un principe.

Le fait est le point de départ.

C'est la vue du monde comme présent; c'est l'apparence de la présence du monde. Cette apparence s'impose à tous, aux simples comme aux penseurs. Nous voyons le monde, comme si le monde était présent. Cette vue est perpétuelle. Rien ne vient la contredire dans son ensemble, et nous ne pouvons pas vivre, si nous ne lui conformons pas notre vie.

Vient ensuite le principe.

Toute chose a sa raison d'être, son intelligibilité. Ce qui n'est pas intelligible n'est pas.

L'apparence a donc sa raison d'être.

L'apparence n'a pas sa raison d'être en elle-même. Une chose n'apparaît pas uniquement pour apparaître. L'apparence n'est pas voulue pour l'apparence. Il y a dans l'apparence un vide qui doit être comblé.

Quelle est la raison d'être de l'apparence?

En considérant les choses dans leur fond, nous comprenons immédiatement que la raison d'être la plus directe, la plus naturelle, la plus complète, la plus satisfaisante de l'apparence, est une *réalité* qui lui correspond. C'est là la raison d'être qui répond *par soi* à la nature de l'apparence. Il résulte de cette proposition évidente que, si la réalité correspond à l'apparence, l'apparence aura une raison d'*être directe*, une raison d'être *en soi*. Il en résulte aussi que si la réalité ne correspond pas à l'apparence, l'apparence aura une raison d'être indirecte, une raison d'être accidentelle.

Nous comprenons, en outre, qu'entre deux raisons d'être, une raison d'être *directe* et une raison d'être *accidentelle*, il n'y a pas égalité. La raison d'être directe est la plus puissante. Elle est donc aussi la plus fréquente. Ce qui est plus naturel, plus conforme à la nature des choses, se reproduit plus souvent que ce qui l'est moins.

L'application de ces vérités très abstraites, aux apparences cosmiques, est nécessaire et en même temps des plus faciles.

Le monde nous apparaît perpétuellement comme présent. Les apparitions du monde se multiplient avec chacune de nos sensations. Elles forment un ensemble d'apparences, dont la plupart ont une raison d'être directe, c'est-à-dire dont la plupart correspondent avec la réalité. Voilà pourquoi nous ne pouvons pas douter de la présence du monde.

Certaines apparences, sans doute, peuvent avoir une raison d'être accidentelle; mais il est impossible que toutes soient dues à un accident.

L'apparence révèle, la plupart du temps, la réalité.

Quiconque nie ce principe tombe dans le scepticisme, et refuse de croire ce qui est, ou plutôt, prétend ne pas croire ce qu'il croit.

Voilà l'argument sous sa forme confuse et primitive. Il est aussi vague que possible. Il est aussi irrésistible qu'il est vague.

Nous allons maintenant le développer en le précisant.

DÉVELOPPEMENT DU RAISONNEMENT

Nous préciserons l'argumentation, en approfondissant les conditions du fait, et en montrant comment le principe s'adapte à ces conditions.

Le fait, nous l'avons dit, c'est la sensation du monde comme présent. Le principe, c'est qu'il est impossible de trouver une raison suffisante de cette sensation en dehors de la présence du monde. Ces deux vérités, analysées, se résolvent en ces deux affirmations : 1° Les sensations que nous avons de la présence du monde servent à notre vie. 2° Ces sensations, pour servir à notre vie, supposent la présence du monde.

PREMIÈRE AFFIRMATION

Les sensations que nous avons de la présence du monde servent à notre vie.

Il s'agit évidemment des sensations qui nous montrent le monde comme présent, sans qu'aucun signe intrinsèque ou annexé à ces sensations vienne nous avertir que l'objet de la sensation n'est pas présent ; il s'agit des sensations pures et proprement dites.

Ces sensations sont multiples.

Néanmoins, il en est qui reviennent toujours ou à peu

près toujours. Elles sont comme des faisceaux, dont la réunion forme l'exercice de la faculté de sentir. S'il est des sensations isolées, ou se produisant à de longs intervalles et d'une manière absolument irrésistible ; et, si nous ne pouvons arriver, par la suite des temps et le soin des observations, à constater qu'elles rentrent dans la catégorie des premières sensations, nous ne nous en occuperons pas pour le moment. Nous considérons seulement les sensations ordinaires, c'est-à-dire les sensations constantes ou uniformes.

Tout est régulier dans ces sensations.

Elles durent un temps déterminé. Tant que je reste immobile, je vois les mêmes montagnes, les mêmes plaines, les mêmes fleurs. Si je change de place, je vois d'autres paysages, et la vue en dure aussi longtemps que j'arrête mes pas. Il en est qui finissent, sans que je contribue en rien à leur fin. Je vois les blés pendant une saison, les soleils pendant un jour, les nuages pendant une heure. La durée est toujours la même.

Elles se succèdent d'une façon régulière. Je commence par voir le bas de la montagne, puis le sommet, puis l'azur du ciel. Je puis, si je le veux, suivre toujours cet ordre. Que je le veuille ou non, je vois les fruits après les fleurs, et la neige après les fruits.

Elles coïncident dans un parallélisme inévitable. J'entends le rugissement en même temps que je vois la figure du lion. La vue de la rose est toujours accompagnée d'un parfum caractéristique. En certains cas parfaitement déterminés, je puis toujours palper ce que je vois.

Leur retour est également périodique. Ce sont les mêmes étoiles que je revois au retour de la nuit, et le même soleil qui m'éclaire le lendemain, je ne puis même exercer ma liberté sans retrouver des sensations identiques. Après un voyage, je retrouve les mêmes objets à la même place, les mêmes routes, les mêmes arbres, les mêmes édifices.

Tout est donc semblable dans ces sensations : durée, succession, coïncidence et retour.

Voilà les sensations dont nous nous occupons maintenant. Ne voulant avancer que pas à pas et sûrement, nous partons de faits incontestables.

Quel est le rôle de ces sensations dans la vie ?

Nous nous bornerons à deux points de vue.

Les sensations sont un des éléments constitutifs de la vie animale, et elles président à la vie végétative.

La sensation est l'exercice initial, l'exercice par excellence de la vie animale. Par la sensation nous contemplons les objets. La contemplation des objets donne naissance aux images. Nous n'imaginons rien que nous ne l'ayons d'abord senti, soit en lui-même soit dans ses éléments. De là aussi les plaisirs de la vue et de l'ouïe. De là les attraits pour ce qui nous plaît, les répulsions pour ce qui nous choque. A la suite des sensations naissent en nous des passions correspondantes.

Telle est la vie animale, telle que la constitue et l'inaugure la sensation.

Nous ne pouvons douter que ce ne soit là le but intrinsèque des sensations constantes, puisque ces sensations ne sont pas infinies, qu'elles sont limitées, qu'elles reviennent toujours les mêmes, et qu'elles forment assez vite un réseau complet.

Mais nous ne vivons pas seulement de la vie animale. Notre vie animale est liée à la vie végétative par des liens qu'il est impossible de nier.

La sensation préside à la vie inférieure et y préside impérieusement.

Si nous voulons vivre, il faut agir conformément au témoignage de nos sens, comme si les objets étaient réellement présents : quand une sensation nous représente un précipice, une pierre croulante, un cheval emporté, un flot envahissant, il faut nous arrêter, ou nous détourner, ou reculer, ou fuir, absolument comme si le précipice était là, comme si la pierre tombait, comme si le cheval courait, comme si le flot grondait; il le faut sous peine de la vie !

Quand la faim nous presse, il faut nous transporter où nous voyons de la nourriture, absolument comme si elle y était ; quand la maladie nous saisit, il faut chercher le remède absolument comme s'il y avait un vrai remède, et non une ombre de remède.

Il faut agir comme si nous avions une tête, des mains, des pieds ; cette tête, ces mains, ces pieds, dont les sens extérieurs nous montrent la forme et la place, absolument comme ils nous montrent la forme et la place de ce qui est nécessaire à notre vie.

En un mot si l'on veut vivre, il faut se conduire comme si le monde était présent.

« Ne pas croire aux sens, c'est violer la foi primitive, c'est ébranler tous les fondements sur lesquels s'appuyent la vie et le salut. Non seulement toute raison croulerait, mais la vie elle-même.

> ... *Violare fidem primam, et convellere tota*
> *Fundamenta, quibus mixatur Vita, Salusque.*
> *Non modo enim Ratio ruat omnis, Vita quoque ipsa*
> *Concidat extemplo, nisi credere sensibus ausis.*
>
> (*Lucrèce*, l. IV, v. 507).

La sensation, entretenant la vie du corps, s'entretient elle-même dans l'état de vigueur nécessaire à la perfection de notre vie animale. Car, d'une part, elle entretient la vie végétative, d'une autre part, c'est la vie végétative qui fortifie les organes, et ce sont les organes forts qui font les sensations parfaites. La sensation achève ainsi son cycle immédiat.

Les sensations président donc par elles-mêmes à la vie végétative.

L'ensemble de ces fins est ordonné au perfectionnement physique de l'Être vivant. Ce perfectionnement physique est le bien primordial, le substratum de tous les autres. L'ordre moral suppose l'ordre physique, et l'ordre surnaturel le suppose également.

La finalité des sensations regarde donc, et par elle-même, et directement, et avant tout le reste, la vie animale et la vie végétative.

En résumé, nous concevons immédiatement que l'exercice de la faculté de sentir constitue un exercice vital sortant des forces essentielles de l'Être vivant, et qu'il préside naturellement à l'exercice des facultés végétatives.

Il en résulte que les mêmes sensations, à savoir les sensations uniformes, constituent une vie et président à l'autre. L'unité de plan est parfaite et c'est l'expérience qui nous permet de la constater.

Il n'y a rien d'*accidentel* au sens *absolu*, dans cette finalité des sensations.

L'ensemble des sensations constitue par soi et essentiellement l'exercice de la vie animale. C'est là le but intrinsèque et primaire des sensations, qui domine tous les autres. C'est même un but complet par sa nature. Car la sensation contemple, et la contemplation se suffit à elle-même.

Vient, immédiatement après, le but naturel de présider à la vie végétative. Notre volonté n'est pour rien dans ce but; car ce but est inhérent à la sensation et il précède l'exercice de notre liberté. Du reste l'usage de la liberté dans l'exercice des facultés végétatives, est restreint.

Lorsque, par la réflexion, nous nous sommes rendu compte du fonctionnement de notre vie, nous pouvons produire certains de ces actes d'une façon libre et en une vue claire de leur fin naturelle. Nous pouvons en empêcher certains autres. L'usage de cette liberté constitue l'acte *humain*. C'est en cela que consiste la dignité de cet acte, son mérite ou son démérite, selon qu'il est ou qu'il n'est pas conforme à notre nature.

Mais cette puissance a des limites. Elle s'étend seulement à certains actes *intermédiaires* entre nos besoins et leur satisfaction. Par exemple, nous ne pouvons pas toujours continuer l'acte de la respiration. Nous ne pouvons pas toujours le supprimer. Une fois l'air introduit dans nos poumons, il ne nous est pas donné d'arrêter ses effets. Il en est de même pour la nutrition.

Nous ne pouvons en aucune manière supprimer la *tendance* qui nous porte à ces actes ; qui nous porte à sentir, à vivre et à sentir pour vivre. Il y a de fait une foule de cas, où cette tendance, indestructible comme tendance, prévient, par son effort et ses résultats, tout acte de volonté.

Dans nos actes les plus libres, nous ne faisons que conformer la fin propre de notre volonté à la fin naturelle de ces actes. Cette fin naturelle s'impose à nous.

De plus :

La finalité entre nous et nos sensations, entre nous et notre vie, entre nos sensations et notre vie, cette finalité ne peut être assimilée à un mouvement local partant totalement de l'extérieur et nous poussant vers un but extérieur. Elle part de nous et elle aboutit à nous. C'est évident, puisque c'est une finalité vitale, la finalité de la vie.

S'il y a proportion dans cette finalité, la proportion nous est intrinsèque, intérieure, intime ; elle est entre nous et nous. S'il y a disproportion, cette disproportion est également en notre être. S'il y a proportion, la proportion vient prochainement de nous ; s'il y a disproportion, nous sommes pareillement la source prochaine de la disproportion. Sans doute tout n'est pas également *essentiel* dans cette finalité, mais tout est *naturel*.

Or, aucun être, quelle que soit sa nature et sa source, ne peut tendre, par ses forces propres, par ce qui le constitue, par son entité, à une disproportion totale. Que son être vienne de lui-même, ou vienne d'ailleurs, il ne peut être basé sur l'absurde.

Si donc, les sensations n'étaient pas capables d'entretenir notre vie, ne l'entretenaient pas, nous tendrions naturellement à entretenir notre vie par des moyens naturellement incapables de l'entretenir.

Cette conclusion est une impossibilité.

Donc, *les sensations servent par elles-mêmes à notre vie.*

SECONDE AFFIRMATION

Les sensations, pour servir à notre vie, supposent la présence du monde.

1° Elles supposent la présence du monde, pour constituer notre vie animale.

2° Elles supposent la présence du monde, pour présider à notre vie végétative.

1° Elles supposent la présence du monde, pour constituer notre vie animale.

C'est la sensation qui par elle-même constitue la vie animale. Qu'est-ce donc que la sensation considérée en elle-même ?

LES SENSATIONS EN ELLES-MÊMES

L'essence de la sensation est de manifester un objet, et de le manifester comme présent. Ces deux points de vue, qu'on peut considérer séparément, sont essentiellement unis dans la réalité. Toute représentation est pour son objet. Elle ne peut être conçue que dans cette relation de finalité avec son objet. On ne concevrait pas une représentation qui n'aurait pas pour fin de représenter quelque chose, on ne concevrait pas la représentation d'un arbre, qui n'aurait pas pour fin de représenter un arbre, on ne concevrait pas, par conséquent, la représentation d'un objet comme présent, qui n'aurait pas pour fin d'indiquer la présence de l'objet. La représentation de la présence est même plus que l'indication de la présence. C'est cette indication à un degré éminent : on peut indiquer sa présence sans se montrer, on ne peut se montrer sans indiquer sa présence.

Quand une sensation manifeste comme présent, un objet réellement présent, elle atteint son but essentiel, elle est vraie à sa manière. Quand, au contraire, une sensation manifeste comme présent un objet qui ne l'est pas, elle manque à sa fin essentielle ; elle est fausse, en ce sens qu'elle n'a pas la vérité qu'elle doit avoir ; elle n'a pas avec son objet la relation que sa nature réclame. C'est un déficit, c'est plus qu'une *négation*, c'est une *privation*. Ce déficit la vicie complètement. Comme l'essence d'une représentation est précisément une relation avec son objet, tout ce qui enlève cette relation, vicie son essence.

Ce qui est dit de la sensation, est dit du sujet de la sensation, car il n'est pas de sensation sans être qui sente.

Les sensations constituant notre vie animale, ne peuvent donc la constituer si leur objet, c'est-à-dire le monde, n'est pas présent.

Car, les sensations sont une connaissance ou ne sont rien. Elles ne sont un développement de la vie, un perfectionnement de la vie, qu'à la condition d'être une véritable connaissance.

Mais que seraient des sensations, reproduisant essentiellement leurs objets comme présents, si ces objets ne sont pas présents? Elles ne sont connaissances que si elles manifestent leurs objets conformément à leur nature. Les sensations, si elles nous apprennent quelque chose, nous apprennent la présence du monde. Elles ne nous apprennent rien, si le monde n'est pas présent.

Une sensation reproduisant essentiellement son objet

comme présent n'a donc aucune raison d'être, en *elle-même*, si cet objet n'est pas présent.

Par conséquent, si vous supposez que le monde extérieur n'est pas présent, vous aurez une collection *complète* de sensations sans objets, c'est-à-dire, sans raison d'être. Aucune de ces sensations n'ayant d'objet, leur réunion n'en aura pas davantage. La raison d'une apparence étant l'objet de l'apparence, si le monde apparent n'est pas réel, il n'y a aucune raison, *dans cette apparence même*, pour qu'il apparaisse.

Voilà pour la sensation prise dans son état le plus abstrait.

LES SENSATIONS DANS LEURS DÉTERMINATIONS

A mesure que nous descendrons dans la précision de la nature, nous verrons se multiplier les impossibilités que soulèverait l'absence du monde.

Il n'y a pas de sensations en général. Il n'y a que des sensations particulières. Nous avons devant nous l'apparence d'un monde déterminé. Si cette apparence n'a pas d'objet, pourquoi voyons-nous l'apparence de ce monde plutôt que l'apparence d'un autre monde? La raison d'une apparence déterminée est dans son objet. Si vous enlevez l'objet de l'apparence, la détermination de l'apparence n'a plus sa raison d'être.

LES SENSATIONS DANS LES CIRCONSTANCES DE LEURS DÉTERMINATIONS

Les conditions dans lesquelles se produit cette apparence n'en ont pas davantage. Ces conditions sont, nous l'avons vu, la durée, la succession, la coïncidence et le retour. Ces circonstances n'ont aucune raison d'être, en dehors de l'objet des sensations.

Pourquoi, par elle-même, la sensation d'une montagne serait-elle plus durable que la sensation d'un champ de blé? La durée seule de la présence de l'objet rend compte de la durée des sensations.

La succession des sensations est à son tour inexplicable sans la succession des objets sentis. Une sensation ne contient pas la raison d'être d'une autre sensation. Ce n'est point parce que je vois les fleurs que je dois voir ensuite les fruits ; s'il n'y avait ni fleurs ni fruits, je verrais indifféremment les fleurs avant comme après les fruits.

La coexistence des sensations devient une absurdité, si on la sépare de la coexistence des objets. Si cette coexistence était le fait des sensations, toute couleur rose amènerait avec elle le parfum de la rose. Ce qui n'est pas.

Enfin le retour des sensations identiques ne se comprend pas sans le retour des objets identiques. Quand, après avoir fait un voyage, je revois les mêmes objets à la même place, est-ce que la raison peut s'en trouver uniquement dans le temps, ou la durée, ou la nature de mon itinéraire? Quel rapport naturel y a-t-il entre le mouvement que je fais et l'objet que je revois, si le mouvement ne me rapproche pas de l'objet?

Les sensations avec leur durée, leur succession, leurs coïncidences et leurs retours exigent donc la présence des objets.

En résumé, les objets représentés par l'ensemble de nos sensations nous manifestent leur présence en agissant sur nous et concourent ainsi au fonctionnement de notre vie animale.

LES SENSATIONS DANS LEUR ACTION

2° Les sensations supposent la présence du monde, pour présider à notre vie végétative.

L'action exercée par la sensation sur la vie végétative suppose nécessairement un intermédiaire entre la sensation et l'effet vital produit, à savoir, la présence même de l'objet senti.

En quoi la sensation d'un objet absorbé par la manducation pourrait-elle servir par elle-même à la vie, s'il n'y avait pas d'objet absorbé? — Comment la sensation d'un remède pourrait-elle, par elle-même, rendre la santé, s'il n'y avait pas de remède ?

De quelle façon une chute pourrait-elle amener la mort, s'il n'y avait aucune distance entre l'endroit d'où tombe le corps et celui où il tombe, s'il n'y avait aucun objet capable de faire résistance au corps tombant?

Comment la représentation d'une balle sortant d'un fusil peut-elle déchirer les chairs, s'il n'y a ni balle ni fusil?

Toutes ces représentations de nourriture, de meurtrissure, etc., ne peuvent produire et ne produisent par elles-mêmes ni plaisir ni douleur, s'il n'y a pas nourriture réelle et réelle meurtrissure, c'est-à-dire s'il n'y a pas d'objets répondant à leurs représentations.

Ces impossibilités pourraient se poursuivre sans fin.

A des sensations différentes répondent toujours des effets différents. — Les effets qui suivent la sensation de l'absorption ne sont pas les mêmes pour les poisons, la nourriture, et les remèdes. Il y a autant d'effets différents dans chacun de ses ordres, qu'il y a de nourritures différentes, de remèdes variés, de poisons distincts, par les apparences. La différence des apparences ne peut rendre compte de la différence des effets. Car cette différence dans les apparences ne produit par elle-même, et si on s'arrête aux apparences, qu'une différence dans la *connaissance*. La connaissance, c'est-à-dire la vie de perception, est absolument distincte de la vie de végétation. Les sensations, si elles ne correspondent pas à des objets, ne peuvent donc être, par elles-mêmes, raison suffisante des phénomènes de la vie fondamentale.

Donc, les mêmes objets qui agissent sur nous, pour se manifester à nous, agissent aussi sur nous pour entretenir notre vie.

Condensons et rapprochons.

Nous nous sommes convaincus de deux choses : que l'ensemble de nos sensations sert naturellement à notre double vie animale et végétative; qu'ensuite, l'ensemble de nos sensations suppose, pour servir naturellement à notre double vie, la présence du monde. Nous en concluons que le monde nous est présent, c'est-à-dire que le monde agit sur nous.

EXTENSION DU RAISONNEMENT

Par les mêmes considérations, qu'il est inutile de répéter et dont il suffira d'énoncer le résultat, nous découvrirons que nous sommes nous-mêmes présents au monde, que nous imprimons certains mouvements à la matière environnante, qu'ayant puisé la vie dans le monde nous sommes à notre tour sources de vie pour ce même monde.

Enfin, ces mêmes phénomènes exigent que les différentes parties dont se compose le monde, soient liées entre elles par une présence mutuelle et perpétuelle.

D'où vient que la présence de la terre n'excite pas en moi les mêmes perceptions et les mêmes émotions pendant la nuit que pendant le jour ? Cela ne vient-il pas de ce que pendant la nuit, le soleil n'est pas présent à la partie de la terre que j'habite, tandis qu'il lui est présent pendant le jour ? Est-ce que la chair dont je me nourris ne produit pas en moi des résultats différents selon qu'elle a été formée dans la plaine ou sur la montagne ? D'où cela vient-il, sinon de la présence de certaines herbes dans les lieux élevés, et de la présence de certaines autres herbes dans les lieux bas ?

Il suffit d'indiquer cette voie. Elle mène très loin : elle découvre la présence de toutes les parties de la nature les unes aux autres.

Le monde m'est présent. Je suis présent au monde. Les êtres les plus lointains se rapprochent de moi, par la présence d'êtres intermédiaires, et je puis faire sentir ma présence aux dernières extrémités du monde par une chaîne ininterrompue, dont le premier anneau part de moi, dont le second part du premier, et ainsi de suite, jusqu'au dernier de tous.

En dehors de l'emboîtement universel, c'est-à-dire de de la présence mutuelle et universelle, point de salut pour la raison d'être des sensations.

LES INTERSTICES

1° Le raisonnement peut être comparé à un filet. Les mailles du filet ont nécessairement des interstices par lesquels s'échappe l'eau et aussi les plus petits poissons. Le raisonnement qui nous force à admettre que le monde est l'objet réel de nos sensations a, lui aussi, des interstices.

Le raisonnement n'embrasse pas les représentations qui, tout en manifestant leurs objets comme présents, seraient jointes à un signe certain indiquant, sous la représentation, un objet autre que l'objet représenté, ou même la seule absence de l'objet représenté. Ces représentations ne peuvent être appelées des représentations pures et proprement dites, car elles forment, avec le signe qui leur est adjoint, un tout indivisible. Le signe, alors, l'emporte sur la représentation, et la représentation n'a plus pour fin d'indiquer la présence de l'objet représenté. Le raisonnement s'applique uniquement aux sensations manifestant l'objet comme présent sans qu'aucun signe vienne indiquer l'absence de l'objet.

2° Le raisonnement ne s'appuie pas immédiatement sur toutes les sensations proprement dites qui peuvent se présenter dans la vie. Quand ces sensations sont inutiles, que l'objet représenté est inconnu, il faut attendre pour les faire entrer dans le raisonnement, qu'on ait pu savoir si elles peuvent rentrer dans la catégorie des sensations constantes et ordinaires.

3° Le raisonnement laisse de côté les représentations d'objets connus, mais qui se produiraient en dehors des conditions de durée, de succession, de coïncidence et de retour, inhérentes aux sensations vitales.

4° S'il se présentait des sensations, normales en apparence, mais sans aucune influence sur la vie végétative, alors qu'elles devraient naturellement en avoir une, le raisonnement n'en tiendrait pas compte.

5° Enfin, le raisonnement se borne aux sensations ordinaires elles-mêmes. Il ne s'étend pas à ce qui pourrait en être une suite plus ou moins éloignée.

Tels sont les interstices du raisonnement. C'est à travers ces interstices que passent toutes les difficultés soulevées par la réflexion et l'histoire contre l'existence du monde. Ce sont les mailles du filet qui laissent échapper l'eau et retiennent la pêche. Parcourons ces difficultés.

DIFFICULTÉS TIRÉES DE L'EUCHARISTIE ET DE TOUS LES CAS SEMBLABLES

Ces difficultés se résument en cet enthymème :

Dans certaines circonstances il y a apparence de corps, sans qu'il y ait corps. Pourquoi n'en serait-il pas de même dans toute apparence corporelle ?

Ces circonstances prodigieuses qui font évanouir la réalité des corps dans certaines sensations, et maintiennent en même temps leurs apparences, supposent un ordre supérieur et distinct de l'ordre naturel.

Cet ordre surnaturel ne détruit pas l'ordre naturel, mais au contraire le suppose.

C'est parce que l'homme se nourrit de substances distinctes de lui-même que Dieu cache son corps sous l'apparence d'une nourriture ordinaire. C'est parce que le pain et le vin sont la nourriture de l'homme la plus commune, que Dieu nous donne sa chair et son sang sous l'apparence du pain et du vin. C'est parce que, dans le soutien de la vie naturelle, la vie est subordonnée à la sensation, que dans la nourriture spirituelle le soutien du corps répond à une sensation vide.

Dans les circonstances eucharistiques, l'absorption des accidents ne soutient point *par elle-même* la vie. Elle ne la soutient que grâce à une cause supérieure.

Du reste, dans le *Sacrement de vérité*, la sensation du pain est jointe à un signe extrinsèque, évident, au-dessus de toute certitude naturelle, indiquant à la fois et la présence du corps du Christ sous les apparences du pain, et l'absence de la substance du pain sous ces mêmes apparences. Ce signe est la divine Parole. Ces sensations ne sont donc plus des sensations proprement dites.

Le chrétien qui connaît ce signe ne s'y trompe pas. Ceux qui ne sont pas chrétiens s'y trompent. Mais leur erreur est accidentelle. Elle vient de ce qu'ils ne saisissent pas la sensation telle qu'elle est, c'est-à-dire avec son signe.

DIFFICULTÉS TIRÉES DES HALLUCINATIONS

Bien qu'en général la présence du monde soit nécessaire pour expliquer les sensations de l'ordre naturel, cependant elle n'est pas rigoureusement nécessaire pour chaque sensation prise une à une. Il suffit que, dans la collection des sensations, une partie réponde à des objets réels. L'autre partie pourra avoir sa raison d'être dans cette première partie. C'est ainsi que les hallucinations dues à l'imagination sont dues *médiatement* à des sensations réelles, condition nécessaire de l'imagination.

De plus, les hallucinations ne servent pas à l'entretien de la vie. On ne doit pas, on ne peut pas s'y conformer pratiquement. Elles ne sont donc pas ordonnées à l'entretien de la vie, en elles-mêmes, mais seulement dans leurs causes.

DIFFICULTÉS TIRÉES DE LA SUBJECTIVITÉ DES SENSATIONS

Les sensations ne sont ni complètement subjectives, ni complètement objectives.

DIFFICULTÉS TIRÉES DE LA DIFFÉRENCE ENTRE LES OBJETS TELS QU'ILS SONT EN EUX-MÊMES ET TELS QU'ILS APPARAISSENT.

Autre chose est de conclure à l'existence du monde, autre chose est de définir sa nature. Les sensations ont pour but prochain de soutenir notre vie à l'aide du monde extérieur. Elles nous enseignent tout ce qu'il faut pour cela sur ce monde. Si nous voulons aller plus loin, il faut joindre à la sensation l'usage des instruments d'optique et l'exercice de la *réflexion rationnelle*. Il faut surtout bien comprendre ce que c'est que cette *présence* du monde, attestée par la subordination de notre vie à nos sensations. C'est ce que nous allons étudier maintenant.

LES CONSÉQUENCES

L'existence du monde est donc établie par la présence du monde à l'ensemble de nos sensations. De nos sensations personnelles, nous rayonnons dans toutes les directions de l'espace. Tous les êtres distincts de nous se manifestent à nous par nous-mêmes. C'est en définitive une modification du nerf tapissant le fond de notre œil, qui nous met en communication avec l'étoile placée aux frontières extrêmes du monde visible, et à des distances incommensurables. Une ondulation partie de l'étoile se rend présente au nerf optique. Sous l'empire de cette présence notre puissance de percevoir entre en activité, et, par notre œil aidé des télescopes, nous voyons l'étoile.

Cette présence du monde solidement affermie, par le raisonnement qui précède, contient en elle-même, comme en un germe fécond, toutes nos connaissances cosmiques.

Qu'est-ce que signifie cette *présence ?*

Cette *présence* suppose une *action*.

Le monde agit sur nous.

D'après certains philosophes, le monde est nécessaire à notre vie en ce sens qu'il est pour nous une pure condition et occasion de vie. Les choses seraient établies de telle sorte que, d'une part, nous ne pourrions pas vivre sans le monde, et que, d'autre part, le monde n'aurait aucune puissance réelle sur nous. Ils ont étagé cette théorie sur une théorie plus radicale encore, refusant toute puissance, toute efficacité, toute causalité, toute activité aux êtres finis.

Ce sont les philosophes *occasionnalistes*. Selon eux, tout être fini est purement passif. Le lien qui unit la présence du monde à notre vie est un lien extérieur, dû à une disposition libre et *totalement* libre de la cause première.

Si loin qu'ils soient de la vérité, les occasionnalistes ont été dépassés dans cette voie par les philosophes qui nient toute cause, même infinie.

La nécessité de la présence du monde pour l'entretien de notre vie, cette nécessité bien constatée et bien comprise, suffit pour faire évanouir ce système.

Puisque la présence du monde est ordonnée à notre vie, a pour fin immédiate et directe notre vie, est destinée *par elle-même* à entretenir notre vie, il faut une raison d'être pour base de cette finalité directe et profonde.

Or, il n'y en a pas d'autre que la *puissance* donnée au monde d'entretenir la vie, en d'autres termes, la puissance de *causer* en quelque façon cet entretien ; une véritable *efficacité*, si réduite qu'on la suppose.

Un monde qui en lui-même n'aurait aucune force pour entretenir la vie, ne serait pas destiné par lui-même à entretenir la vie.

En somme, l'action du monde sur notre vie est incluse dans la finalité du monde par rapport à cette vie.

Le lien entre la présence du monde et la vie ne saurait être le lien des occasionnalistes. Tout acte de liberté suppose un motif, une raison intelligible, une *raison d'être* qui ne saurait se confondre avec la *volonté pure*.

Si le monde ne *peut* entretenir la vie, il ne l'entretient pas, et il n'y a aucune raison pour qu'il l'entretienne.

PREMIÈRE CONSÉQUENCE

Le monde agit sur nous.

Cette conséquence est vaste ; car par la même raison nous agissons sur le monde, puisque à certains de nos actes correspondent universellement, perpétuellement et régulièrement certains changements dans le monde.

Enfin les êtres extérieurs multiples agissent les uns sur les autres.

Le monde entier nous apparaît donc comme un vaste système, auquel nous sommes incorporés, dans lequel toutes les parties sont actives, agissent sur les parties voisines et supportent leur réaction.

Voilà donc des réalités extérieures, se manifestant à nous par leurs apparences et par leurs effets.

De ces apparences et de ces effets, l'esprit monte immédiatement à leur essence intime.

La réalité et l'activité des apparences ou accidents nous permettent de conclure à la réalité des substances d'où émergent ces apparences.

SECONDE CONSÉQUENCE

Les êtres qui composent le monde sont des substances.

Arrivés au point où nous sommes, nous n'avons plus à nous demander si le monde est un ensemble de *phénomènes*, compris dans le sens allemand, — c'est-à-dire un ensemble d'apparences pures, sans aucune réalité, même accidentelle.

Le monde est une *réalité*.

Mais ces réalités qui composent le monde, sont-elles des réalités seulement accidentelles ou des substances ?

Quelle que soit la théorie qu'on embrasse sur la nature des accidents, sur le genre de distinction qui les différencie d'avec les substances, sur la séparabilité *extra-naturelle* dont peuvent être doués certains d'entre eux, il reste que l'accident ne peut *naturellement* subsister sans substance. Autrement il se confondrait avec la substance.

Il ne peut donc agir *naturellement* sans substance.

Comme le monde est un ensemble de réalités *naturellement* actives, il résulte que ces réalités sont des substances.

Si les réalités accidentelles et matérielles qui composent le monde, par une intervention toute-puissante, et pour des fins difficiles à conjecturer, subsistaient toutes sans leurs substances, il serait impossible d'assigner une fin naturelle à l'activité de ces accidents. Ces accidents ne contribueraient *naturellement*, ni à l'entretien de notre vie, ni à quelque résultat que ce soit. L'occasionnalisme universel reparaîtrait.

Puisque le monde, au moins en son ensemble, est doué d'une activité naturelle, le monde en ce même ensemble se compose de réalités accidentelles et substantielles. Les êtres qui composent le monde sont des substances.

TROISIÈME CONSÉQUENCE

Les substances qui composent le monde agissent les unes sur les autres *en vue les unes des autres*.

Elles sont le principe et le but de leur action mutuelle.

Le monde est *pour* les substances qui le composent.

QUATRIÈME CONSÉQUENCE

Le motif pour lequel ces substances sont réunies et forment le monde est tiré de ces substances elles-mêmes.

La substance prime tout.

Il faut trouver dans les substances le principe des actions de chacune, le but des relations établies entre elles et le motif de leur réunion.

DERNIÈRE CONSÉQUENCE

La nature qui m'environne parle-t-elle ou garde-t-elle le silence ? — Puis-je pénétrer les essences cachées sous les phénomènes ? — Les effets et les phénomènes constituent-ils une langue par laquelle se manifeste la nature des choses ? — Ai-je la clef de cette langue ? — Peut-il y avoir pour moi une science du monde, une anthropologie, une zoologie, une botanologie, une minéralogie, une chimie, une astronomie ? — La science cosmologique, au contraire, n'est-elle qu'un rêve ?

La science est. La nature parle. — Je puis comprendre cette parole.

L'activité et les phénomènes qui nous ont mis sur la voie des substances nous mènent également à la découverte de leurs natures. Non seulement nous savons qu'elles sont, mais nous pouvons encore savoir ce qu'elles sont.

Sans doute la science que nous en aurons ne sera pas complète, mais il y aura des points connus et des conclusions certaines.

Quels sont les principes de la science ?

1º La substance est la source des forces, des facultés, des actes, des phénomènes et des effets extérieurs.

La substance ne produit jamais naturellement que ce qu'elle peut produire.

Elle produit ordinairement tout ce qu'elle peut ; car tout être tend à se développer dans la mesure de sa puissance. Des causes extérieures et accidentelles peuvent seules arrêter les manifestations de cette force expansive.

On peut donc connaître la substance par ce qui sort de la substance.

Si nous connaissons tout ce que produit une substance, nous avons la connaissance la plus complète qu'il nous soit possible d'en avoir. Cette connaissance n'est pas intuitive ; elle est déductive, mais sûre : nous savons ce qu'est la substance en sachant ce qu'elle produit. Nous savons ce qu'elle n'est pas, en sachant ce qu'elle ne produit pas habituellement.

2° Les substances dont tous les produits sont semblables sont des substances semblables entre elles. Des substances dont tous les produits seraient différents seraient des substances différentes. Des substances dont la totalité des produits serait en partie semblable et en partie dissemblable auraient elles-mêmes entre elles des ressemblances et des différences.

3° Quand nous connaissons à fond une substance, nous connaissons toute substance dont tous les produits sont semblables aux produits de la première.

Ces trois principes découlent rigoureusement les uns des autres. Le troisième est la conséquence du second, le second est la conséquence du premier. Le premier repose sur cette vérité première que, dans un être complet, la nature de ce qui vient de la substance correspond à la nature de la substance.

LA DIFFICULTÉ

Si nous pouvions pénétrer tout ce qui, à part la substance, vient de la substance, nous arriverions à la science, sans aucune hésitation. Mais notre regard n'est pas assez puissant pour lire ainsi à l'intérieur du monde. Ce regard n'embrasse que notre personnalité. Nous sentons notre propre substance. Nous percevons ses actes, les actes de nos facultés supérieures et inférieures. Nous saisissons intérieurement et extérieurement notre étendue. Nous constatons les effets résultant de notre activité. Dès que nous nous tournons vers le monde environnant, presque tout nous échappe : substance, force, facultés, actes des facultés et des forces. — Nous sommes uniquement en présence de *phénomènes, de mouvements et d'effets*.

Nous nous voyons, jusqu'à un certain point, par le dedans.

Nous ne voyons le monde que par le dehors.

La question est donc celle-ci :

Pouvons-nous juger de ce que nous ne voyons pas dans le monde par ce que nous en voyons ? Pouvons-nous juger des substances cosmiques non point par tout ce qui émerge de ces substances, mais par les résultats purement extérieurs de ces substances ? Par les phénomènes, les mouvements et les effets ?

Pouvons-nous (et de là dépend la clef de la langue universelle), en voyant des substances dont les phénomènes (accidents), les mouvements et les effets sont semblables, conclure que les substances elles-mêmes sont semblables intérieurement, comme elles le sont dans leurs manifestations extérieures ?

Précisons davantage encore :

Voici deux substances dont tout l'extérieur est semblable (accidents, mouvements et effets) ; entre ces substances et ces manifestations extérieures, se trouvent les principes, les forces, les puissances, par lesquelles ces substances se manifestent. — Nous ne voyons ni les substances, ni les forces.

Voyant l'extérieur semblable en ces deux substances, nous nous demandons si à cet extérieur semblable répond un intérieur semblable. Nous ne demandons pas si ces substances sont semblables absolument en tout. Car nous savons qu'aucune substance ne peut être semblable à une autre par son principe *d'individuation*. Mais nous demandons si, entre ces deux individualités substantielles différentes, il n'y a pas des similitudes spécifiques ou génériques intérieures, qui soient la raison d'être de leurs similitudes extérieures ?

L'art est l'origine de cette difficulté.

Certains objets, fabriqués de main d'homme, produisent des effets semblables aux effets de la nature par des principes différents des principes naturels.

En général, toute *machine* exécute des mouvements semblables à l'extérieur aux mouvements de la vie. — Ces machines cependant ne sont pas vivantes. — Le mouvement de la machine *paraît* provenir de l'intérieur d'une substance qui aurait un centre d'où partirait ce mouvement. En réalité, la machine n'est pas une substance, mais une collection de substances. Son mouvement n'est pas vital.

Les sauvages s'y trompent : ils prennent une montre pour un animal. Les civilisés ont admiré les automates de Vaucanson et ces automates peuvent être surpassés.

Pourquoi la nature ne produirait-elle pas, elle aussi, des substances se manifestant par des effets extérieurs semblables, sans que la similitude intérieure répondît à la similitude extérieure ? Des philosophes, pour ne pas se laisser tromper par la nature, ont déclaré que les animaux étaient des *automates naturels*. D'autres ont vu dans les plantes des *machines naturelles* toujours. Les uns et les autres soutiennent obstinément qu'on ne peut convaincre de fausseté leurs assertions.

LA RÉPONSE

Commençons par montrer jusqu'où s'étend la difficulté faite par Descartes et par ceux qui l'ont suivi.

D'après ces philosophes, il n'est pas impossible que les animaux, bien qu'offrant une ressemblance parfaite, au moins extérieurement, avec les phénomènes de la sensibilité chez l'homme, ne soient pas cependant semblables à l'homme, c'est-à-dire ne soient pas sensibles... — Qui empêche, disent-ils, que la nature ne produise les mêmes effets extérieurs par des causes intérieures différentes ? A la vérité, ils invoquent la toute-puissance divine. Mais il ne peut être question que de la toute-puissance agissant par des moyens naturels.

Si le principe de Descartes est vrai, rien ne peut nous assurer que ce principe intérieur qui fait mouvoir les animaux soit semblable dans les différents individus du règne animal. Il peut se faire que les ressemblances extérieures qui rapprochent tous les animaux ne répondent pas à des ressemblances intérieures.

Il peut se faire, en conséquence aussi, que les plantes se ressemblent seulement par l'extérieur.

Allons plus loin.

Si deux substances, n'ayant entre elles aucune ressemblance générique ou spécifique, peuvent être absolument semblables par leurs manifestations extérieures, deux substances semblables génériquement ou spécifiquement pourront avoir des manifestations extérieures différentes.

En conséquence, toutes les substances de ce monde pourraient avoir une nature identique, malgré la divergence de leurs manifestations.

Enfin, si deux substances semblables peuvent avoir des manifestations différentes, pourquoi une même substance ne pourrait-elle varier ses manifestations et présenter tantôt l'aspect d'un animal, tantôt celui d'une plante, tantôt celui d'un cheval, tantôt celui d'un oiseau, tantôt celui d'un chêne, tantôt celui d'une mousse.

Si cela est, comment rendre raison de la permanence des manifestations ?

Les mêmes substances produisent toujours les mêmes effets. Le fait ne peut se nier.

Donc les mêmes substances ne peuvent varier leurs manifestations.

Donc, des substances semblables ne peuvent avoir des effets différents; ni des substances différentes, des manifestations semblables.

Telle est l'étendue de la difficulté. Elle va si loin que la dernière limite fait naître, contre elle, une difficulté plus forte qu'elle.

Répondons directement.

La difficulté ne saurait tenir contre la réflexion, et il suffit de bien comprendre ce qu'est l'intérieur d'un être, pour que l'ombre cartésienne s'évanouisse. Il suffit de ne pas rompre l'unité de l'être, pour y voir clair dans l'extérieur de cet être.

L'extérieur de l'être n'est pas uni à son intérieur par une cause distincte de cet être, comme l'habit est uni à l'homme par le tailleur. L'extérieur de l'être provient de l'intérieur et il en est le résultat.

Il n'en est pas un résultat séparé, comme la statue est le produit du statuaire. Il ne fait qu'un avec l'intérieur. Il en est l'épanouissement. Sans doute les êtres produisent des effets distincts d'eux-mêmes; mais ils les produisent par eux-mêmes, c'est-à-dire par leur extérieur.

L'extérieur est le résultat de l'intérieur, non pas en ce sens que l'extérieur soit autant que l'intérieur, mais en ce sens que l'intérieur se manifeste par l'extérieur, autant qu'il peut se manifester de cette façon.

C'est par l'extérieur, et par l'extérieur seul, que les substances cosmiques agissent les unes sur les autres. Cette action réciproque est naturelle, visée directement et ordonnée au bien de l'ensemble. Si l'intérieur ne répondait pas à l'extérieur, cette action extérieure n'aurait pas sa raison d'être, dans les substances elles-mêmes, ce ce qui ne se peut.

Considérons maintenant, de plus près, les ressemblances et les différences par lesquelles les substances composant le monde se manifestent.

La similitude extérieure totale n'est pas un fait accidentel et rare dans la nature. C'est la *grande loi* du monde. Le monde n'est que *variété* et *unité*.

Il n'est pas un être qui n'ait, sous ce rapport, son semblable. Il n'est pas un être isolé dans son extérieur. Le monde n'est composé que de *groupes* et de *multitudes*.

Il y a le groupe humain, le groupe des lions, le groupe des aigles, le groupe des baleines, le groupe des fourmis, le groupe des cèdres, le groupe des pins, etc., etc.

Les éléments d'oxygène sont innombrables ; innombrables les éléments d'azote, etc., etc.

Ces groupes et ces nombres ont, à leur tour, des ressemblances.

Les lions et les aigles, différents sous certains rapports, sont semblables sous d'autres rapports, et forment avec bien d'autres êtres le règne animal. Les cèdres et les pins, avec toute la flore, forment le règne végétal.

Tous les éléments réunis forment le règne minéral.

Il y a entre tous les animaux, tous les végétaux et tous les minéraux d'incontestables ressemblances.

Les quatre règnes, enfin, profondément séparés par leurs différences, sont unis par leurs ressemblances.

La ressemblance des organes et les mouvements spontanés rapprochent le règne humain et le règne animal. Les mouvements organiques rapprochent le règne animal et le règne végétal. Les phénomènes de l'étendue rapprochent le règne végétal et le règne minéral.

En somme, et à ne considérer que l'extérieur, l'étendue est la grande similitude des êtres qui composent le monde. Elle les comprend tous. Puis, vient la végétation qui comprend les plantes, les animaux et les hommes. Le mouvement spontané réunit les animaux et les hommes. Certains mouvements provenant d'un principe que nous supposons pour le moment inconnu, se trouvent seulement dans les hommes, mais se trouvent en tous. Certaines ressemblances comprennent d'abord tous les animaux ; puis viennent des différences qui les séparent en quatre embranchements : *Vertébrés, Annelés, Mollusques, Rayonnés.*

Chacun de ces embranchements comprend une innombrable multitude d'êtres semblables entre eux, par le principe même de l'embranchement.

Les ressemblances descendent ainsi, comprenant des multitudes de moins en moins nombreuses.

Mais les dernières ressemblances sont communes encore à une foule d'individualités.

Il en est de même pour le règne végétal et pour le règne minéral.

La ressemblance et la différence font l'unité et la variété du monde. Tout l'extérieur du monde est régi par cette double loi.

Ces ressemblances et ces différences sont entre elles dans un rapport constant.

Les ressemblances d'organes entraînent les ressemblances de mouvements, ainsi que les ressemblances d'effets. Il n'y a point d'exception.

Ces ressemblances et ces différences avec la constance de leurs rapports se partagent la nature et dans le sens de l'extension et dans le sens de la durée.

Elles sont perpétuelles.

Les êtres semblables qui disparaissent sont remplacés par d'autres êtres semblables. Ces êtres semblables viennent toujours les uns des autres. Le semblable engendre son semblable.

Quant aux êtres qui ne disparaissent pas, ils ne varient jamais dans leurs effets.

Voilà la forme incontestable sous laquelle se développe le monde. La *ressemblance extérieure* des êtres se trouve au sommet de l'évolution cosmique. Elle en est la loi *la plus générale.*

Elle domine et régit toutes les autres lois.

Elle est donc voulue par la nature.

Elle est le motif évident qui réunit les êtres entre eux pour former le monde.

Les êtres sont réunis pour former le monde parce qu'ils se ressemblent. Ce n'est point parce qu'ils sont réunis qu'ils se ressemblent. C'est parce qu'ils se ressemblent qu'ils sont réunis.

La ressemblance extérieure est le motif de la réunion. Est-elle le seul ?

Si les ressemblances extérieures des êtres proviennent naturellement des substances dont elles émergent, et ne correspondent pas à des ressemblances affectant intérieurement les mêmes substances, si l'extérieur n'est pas la manifestation de l'intérieur, s'il y a une ligne de démarcation entre l'intérieur et l'extérieur arrêtant les ressemblances à la limite de ce qui se voit, la réunion des êtres qui composent le monde n'a pas de raison d'être, et devient inintelligible.

En effet, la ressemblance extérieure est la loi, la raison d'être de cette réunion. Nous venons de le constater.

Les substances peuvent-elles être réunies uniquement parce qu'elles se ressemblent par le dehors ?

Non.

Car alors la raison d'être de leur réunion ne serait pas prise dans la nature même de ces substances. Elle ne proviendrait que de leurs effets, ou de leurs causes extrinsèques.

Il faut, pour que cette réunion ait une raison d'être suffisante, qu'elle soit par conséquent intelligible, qu'elle soit motivée par la nature même des substances.

Il s'agit d'une réunion *naturelle* et non *accidentelle*.

On comprend qu'en dehors de la réunion naturelle des êtres, il y ait des réunions accidentelles. Mais on ne comprend pas que la réunion des êtres que forme la nature soit accidentelle.

Il faut donc que les substances soient réunies en considération d'elles-mêmes et de leurs natures.

Comme elles le sont en considération de leur ressemblance extérieure, il faut :

1° Qu'il y ait, outre ce motif de réunion, un motif puisé dans la nature même des substances ;

2° Que le motif de la ressemblance extérieure soit subordonné naturellement à ce premier motif, qu'il en soit l'écoulement spontané. La ressemblance intérieure seule réunit ces conditions.

Il faut donc admettre que les substances qui composent le monde, différentes entre elles par leurs principes d'individuations, se rapprochent par des ressemblances génériques et spécifiques intérieures, causes de leurs ressemblances génériques et spécifiques extérieures.

Le dehors manifeste le dedans. La nature parle : elle dit *ce* qu'elle *est* par *ce* qu'elle *paraît*.

VI

L'Interprétation.

Puisque les êtres qui ont des manifestations extérieures semblables sont semblables eux-mêmes, si nous connaissons la nature d'un de ces êtres, nous connaîtrons la nature de tous les autres.

Quelle est la nature dont la connaissance m'amènera à la connaissance des autres natures? Ce sera la mienne.

Je suis un être raisonnable, sensible, vivant et étendu. Donc, tous les êtres qui, autour de moi, se manifesteront extérieurement comme moi, seront également raisonnables, sensibles, vivants et étendus. — Ces êtres sont les *hommes*.

D'autres êtres me ressemblent en tout, excepté qu'ils ne donnent aucun signe extérieur de raison. Ils sont donc sensibles, vivants et étendus sans être raisonnables. — Ce sont les *animaux*.

Un troisième groupe se rapproche de moi par les phénomènes extérieurs de la végétation. Il s'en éloigne en ce qu'il ne donne aucun signe extérieur de sensibilité. Ces êtres sont donc vivants et étendus, sans être sensibles. Ce sont les *plantes*.

Viennent ensuite les êtres qui n'ont de commun avec moi que les phénomènes extérieurs de la force et de l'étendue. Ils sont donc seulement doués de force et d'étendue. Ce sont les *minéraux*.

Puisque mon âme est la source de ma sensibilité, les animaux ont une âme.

Puisque mon âme est la source de ma vie, les plantes ont un principe vital.

Puisque mon âme donne à la nature de mon corps son unité et son activité, les minéraux ont en eux une partie simple et active, qui unit la matière et lui permet d'agir au dehors.

L'interprétation de la nature est facile dans le règne humain; elle l'est moins dans le règne animal; elle est plus difficile encore dans le règne végétal; elle donne prise à une foule de discussions dans le règne minéral. Cela vient de ce que l'observation *intérieure* du *moi*, base de cette interprétation, est plus malaisée à mesure qu'elle descend des puissances supérieures de notre nature à ses puissances inférieures. Il n'y a rien de si intelligible que l'intelligence, et l'intelligible diminue à proportion que l'on plonge davantage dans la matérialité.

Cependant l'intelligibilité ne cesse qu'au néant. La matière est encore intelligible. Enfin, quelque difficile que soit l'interprétation, il faut s'en tenir au principe, et partir de l'homme. C'est là le fil conducteur. Ne le lâchez pas et vous sortirez du grand labyrinthe.

C'est le principe générateur des langues humaines. C'est en se comprenant lui-même que l'homme comprend la nature. C'est en se comprenant lui-même qu'il comprend les autres hommes.

J'entends un homme prononcer un mot, en désignant du doigt un objet. J'en conclus qu'il veut *signifier* l'objet par le mot. Je répète le mot en désignant l'objet. L'homme en conclut que je veux à mon tour signifier le même objet par le même mot. Voilà la convention mutuelle établie et connue. Voilà la langue.

Tout consiste donc à savoir comment je puis conclure que l'homme qui désigne un objet du doigt en prononçant un mot a l'intention de signifier l'objet par le mot. Je le conclus par ce que je ferais moi-même si je voulais créer un signe arbitraire de cet objet et le lui communiquer. Il fait comme je ferais si j'avais telle intention. Donc il a telle intention. La conclusion ne trompe jamais.

De là les langues, de là les livres, de là tous les monuments historiques; de là une source nouvelle de connaissances, la tradition; la tradition qui fait revivre pour nous les événements d'un passé soixante fois séculaire (1).

DERNIER COUP D'ŒIL SUR LE SCEPTICISME CONTEMPORAIN

Avant de clore ces considérations préliminaires, jetons un dernier coup d'œil sur le scepticisme moderne, et constatons une fois de plus qu'il ne tient pas devant les faits.

Kant est le véritable père des sceptiques contemporains. Il a parfaitement observé que la certitude doit embrasser trois existences : le moi, le monde et Dieu. Il admet les trois existences, mais il affirme que l'on ne peut arriver à l'existence du monde et à l'existence de Dieu par ce qu'il appelle la raison théorique ; que cette raison théorique affirme la seule existence du moi, que tout est purement subjectif dans ses données; qu'en conséquence il faut recourir à la raison pratique. Ayant abandonné la véritable voie, qui est la raison théorique,

---

(1) Voir le second Appendice.

il arrive par un *cercle* à l'existence de Dieu. Car la raison pratique, prise dans toute ses rigueurs, présuppose la divine existence. Fichte réduit la certitude à deux existences, le moi et le non-moi. Ne pouvant passer du moi au non-moi, par la méthode de Kant, il absorbe le non-moi dans le moi. Le moi seul existe. Schelling identifie le moi et le non-moi dans une réalité unique, qu'on appelle l'*Absolu*. Hegel substitue, à l'absolu de Schelling, l'*Idée*, l'*Être-Néant*, le *Devenir*.

Toutes ces divagations partent du subjectivisme adopté par Kant. Ce subjectivisme est inadmissible, et la raison théorique, pour emprunter le langage de Kant, établit l'existence du non-moi.

Nous venons de prouver que le monde est présent à l'ensemble de nos sensations. Il résulte de cette preuve que le monde ne se confond pas avec le moi, puisqu'il agit sur le moi comme une cause distincte du moi. Le monde n'est pas une partie du moi. Entre le moi et le monde il y a la distinction qui existe entre les deux substances n'ayant entre elles que des rapports d'action et de réaction.

En effet, l'action exercée sur le moi par le monde étant une action indépendante du moi, suppose que le monde auteur de cette action est lui-même indépendant du moi.

La preuve que l'action exercée sur moi par le monde est indépendante du moi, c'est que la raison totale de nos sensations ne se trouve ni dans notre liberté ni dans notre nature, ni dans la nature de nos sensations.

Nous avons constaté que les sensations ne sont pas l'effet de notre liberté. Nous pouvons poser librement certaines conditions de la sensation, mais la sensation elle-même ne vient pas de la liberté. Si elle en venait, nous saurions clairement qu'elle en vient, puisqu'un acte libre est un acte motivé et que le motif est nécessairement perçu.

Nous avons constaté que la sensation n'était pas un résultat nécessaire de notre nature, en entendant cette nécessité dans le sens le plus strict ; car si les sensations provenaient absolument de notre essence, les sensations seraient toujours, et elles seraient toujours les mêmes. Ce qui n'est pas, car elles finissent et commencent.

Nous avons constaté enfin que les sensations ne provenaient pas nécessairement de notre nature, à l'aide d'un lien qui les unirait entre elles, puisqu'elles n'ont pas en elles la raison de leur durée, de leur succession, de leur coïncidence et de leur retour.

L'action exercée sur nous par le monde est donc l'action d'une existence distincte de la nôtre.

Le non-moi existe.

Du reste, nous percevons le monde comme différent de nous-mêmes. Les mêmes sensations qui nous affirment sa présence, nous l'affirment comme la présence d'un être distinct. La vue et le toucher, le premier et le dernier des sens, nous révèlent perpétuellement cette distinction.

Il nous serait impossible, quand même nous le voudrions, de percevoir le monde comme identique avec nous. C'est une nécessité de notre nature que la perception du monde comme distinct de nous. Si le monde se confondait avec nous, nous serions nécessités par nous-mêmes à nous percevoir comme différents de nous-mêmes.

Enfin, le dernier pas que nous avons fait dans l'interprétation du monde suffit à lui seul, et indépendamment de tout ce qui l'a amené, pour nous mettre en présence d'intelligences réellement existantes et réellement distinctes de notre intelligence. C'est le dernier coup porté au scepticisme kantien.

Je suis certain qu'il y a autour de moi des manifestations intellectuelles distinctes des manifestations de ma propre intelligence, que je reçois communication de jugements et de volontés qui ne sont ni mes jugements ni mes volontés. Ces communications me sont faites par la parole, l'écriture, le livre, la téléphonie, la télégraphie, etc. Peu importe, encore une fois, comment ces communications m'arrivent. On comprend très bien que, s'il me prenait fantaisie de nier l'existence des corps, des manuscrits, des imprimés, des fils électriques, ces négations n'entraîneraient nullement avec elles la négation des communications intellectuelles. Ce sont les corps, il est vrai, qui me mettent en rapport avec les esprits ; mais dès que ce rapport est établi, je puis rejeter le moyen par lequel il m'arrive, sans qu'il me soit possible de rejeter le rapport lui-même. Ce rapport subsisterait au milieu des ruines de ce qui l'a produit.

Mole suâ stat.

L'objectivité de ces communications s'impose à moi. C'est une manifestation de jugements et de volontés qui ne m'appartiennent pas. J'apprends ce que je ne savais pas encore. J'entends affirmer ce que je sais être faux, et nier ce que je sais être vrai. Évidemment je ne puis en même temps savoir et ignorer, affirmer et nier le même objet. Dans l'expression de pensées qui sont les miennes, l'expression n'est point, elle-même, l'effet de ma liberté.

J'entends des prières, je reçois des ordres qui sont contraires à mes inclinations et à mes intentions ; ces volontés ne sont donc pas les miennes.

Il y a donc, autour de moi, des substances intelligentes et libres, distinctes de moi-même.

J'arrive vite à constater qu'elles me comprennent comme je les comprends, et qu'elles exécutent librement ce que je veux. Elles peuvent résister à mes ordres, elles peuvent me nuire quand je ne me rends pas à leurs désirs.

Bref, nous entrons ici de plain-pied dans le rôle social des sensations.

Ces intelligences ont besoin de moi et j'ai besoin d'elles, pour mon agrément et pour mon utilité.

C'est un jour nouveau et indirect jeté sur l'existence des corps. Car ces intelligences m'affirment l'existence de leur propre corps, l'existence du mien, et l'existence d'autres corps, que nous percevons simultanément.

C'est ainsi que le scepticisme achève de s'évanouir.

CONCLUSION

En partant de nos sensations, nous sommes arrivés à la présence du monde extérieur, à l'activité de chacune de ses parties, au principe, au but et au motif de cette activité qui est la substance des êtres cosmiques, à la nature enfin de chacun de ces êtres.

C'est en ce sens, et en ce sens seul que l'homme est la mesure de tout.

Ο ανθρωπος παντων μετρον.

Nous avons passé de nous au monde. Il est temps de monter de nous et du monde à Dieu.

SECONDE PARTIE

LA DÉMONSTRATION

Ego sum qui sum.

Moïse, descendant de Lévi et fils de Jochabed, avait été bercé par les eaux du Nil. Il avait passé les quarante premières années de sa vie à la cour de Ramsès, second du nom, le pharaon au long règne, le premier persécuteur, celui dont les égyptologues parisiens peuvent encore lire le nom sur leur obélisque de la place de la Concorde. Pendant quarante ans, il avait pu savourer les délices d'une civilisation sans égale dans les siècles écoulés. Il avait été initié à tous les mystères de la science de Cham. Il avait été heureux devant les hommes. Mais cette première vie ne devait pas durer. Dieu, qui lui réservait de bien autres destinées, lui fit prendre, à quarante ans, le chemin des patriarches.

La mer Rouge se bifurque au nord, en deux bras. Le premier, le bras occidental, est le sinus Héroopolytes (golfe de Suez); le second, le bras oriental, est le sinus

Ælanites (golfe d'Akabah). Il est impossible à la mer de submerger le massif granitique du Sinaï dont les sommets et les circonvolutions et les derniers contreforts dessinent un delta renversé. La pointe du delta confine à la mer Rouge et la base longe la route de communication qui relie l'Égypte à l'Arabie. C'est un vaste désert, onduleux, hérissé de pics dénudés, coupé de vallées sans eau, plongé dans une lumière éblouissante et faisant miroiter les plus vives couleurs. Les bords de ces solitudes sont habités.

Moïse, fuyant la colère du Pharaon, fit le tour du golfe Héroopolytes, s'enfonça dans le triangle mystérieux et vint se réfugier sur la rive occidentale du golfe Ælanites, à Madian, ville gouvernée par Jéthro.

C'est dans ce désert qu'il devait passer les quatre-vingts dernières années de sa vie.

Il en vécut quarante de la vie pastorale ; et ensuite, l'heure de Dieu sonna.

Un jour qu'il conduisait aux pâturages les troupeaux de son beau-père, il s'éloigna plus que d'habitude des bords du golfe. Insensiblement, il fit l'ascension du massif sinaïtique et il arriva en vue de l'Horeb.

Bien des fois auparavant, Moïse avait admiré la montagne dominant, de ses 2,244 mètres, les flots verts des deux golfes ; étalant au soleil ses flancs zébrés de bandes noires, brunes, grises, blanches, roses et empourprées ; perçant un azur incomparable de ses dômes et de ses pics ; véritable et majestueux autel du Très-Haut.

Bien des fois, Moïse avait invoqué le Seigneur, en gravissant ces pentes abruptes. Mais le spectacle qu'il eut en cette heure, le pénétra d'un étonnement extraordinaire. C'était, comme il le dit lui-même, une grande vision.

Sur l'Horeb brillait un flambeau.

Une touffe d'arbres épineux était comme plongée dans une flamme étincelante. Les rayons d'un soleil de feu et les réverbérations de la montagne n'empêchaient pas la lumière d'éclater comme un phare dans la nuit.

Moïse, fixant les yeux sur la flamme, s'aperçut qu'elle ne produisait pas de fumée et qu'elle ne consumait pas la touffe épineuse.

Alors, pressentant un prodige, il s'écria : « J'irai, je verrai de près cette grande vision. »

Il ne se trompait point.

L'apparence cachait une réalité prodigieuse. Le feu matériel recélait une de ces flammes éternelles, plus belle que les plus beaux astres et qui n'ont au-dessus d'elles que la flamme de la divinité. C'était comme le vêtement d'un ange.

L'ange tenait la place de Dieu.

Au moment où Moïse s'avançait, l'ange l'appela deux fois par son nom, l'arrêta à mi-chemin, lui ordonna de quitter sa chaussure, en signe de respect pour la sainteté de la terre qu'il foulait, et lui révéla qu'il était le Dieu d'Abraham, d'Isaac et de Jacob.

Lorsque Moïse se fut voilé la face, pour ne pas affronter le regard divin, l'ange lui annonça que la captivité d'Égypte allait finir et qu'il le choisissait, lui Moïse, pour aller porter au Pharaon l'ordre de laisser partir les fils d'Israël. Moïse, en entendant ces paroles, demanda de quel nom il devait se servir pour désigner aux fils d'Israël le Dieu d'Abraham, d'Isaac et de Jacob.

C'est alors qu'eut lieu la plus grande révélation des temps anciens et que Dieu découvrit à Moïse, avec son nom incommunicable, les profondeurs de son essence.

Dieu dit à Moïse :

Je suis Celui qui est.

Et il ajouta :

« Tu diras explicitement aux fils d'Israël:

Celui qui est m'a envoyé vers vous. »

Je serai Celui qui sera,

Je suis Le Étant,

Je suis Celui qui suis,
disent les versions hébraïque, grecque et latine. Elles disent à leur manière ce que nous interprétons, selon le génie de notre langue, par : *Je suis Celui qui est.*

Cette expression de la divine Essence a été condensée, dans le fameux tétragramme, ou réunion des quatre lettres : *Iod, he, vav, he.*

JHVH

Les voyelles de ce nom sont inconnues. Les Juifs ne le prononcent jamais. Les modernes croient pouvoir l'écrire :

JHVH — JAHVEH
a e

Les Massorètes lui joignent les voyelles d'ADNI — AEDONAI. e o a

JHVH — JEHOVAH
e o a

Voilà le nom sacré par excellence !

On a épuisé à son sujet les termes qui signifient l'*ineffable*. On l'a dit : ανεκφωνητον, αφρασον, αρρητον, *insonabile, ineffabile, indicibile,* ineffable, inexplicable, indicible, etc., etc.

Évidemment, ce nom signifie l'existence.

Évidemment aussi, il ne signifie pas l'existence en général, l'existence qui convient à tout ce qui est. Il signifie une existence particulière, l'existence dans son concept le plus haut, l'existence au degré suprême, l'*Existence parfaite.*

La perfection de l'existence considérée comme existence et de la façon que nous pouvons la comprendre ici-bas, se compose d'éléments variés. Mais elle dérive, comme de sa source *logique* et *déductive,* d'un concept premier qui est l'*aséité.*

Celui qui a l'existence par excellence est d'abord celui

qui a en lui-même et en lui seul la raison de son existence. C'est l'être par soi.

Notre démonstration aboutira à l'*aséité*. Nous établirons que Dieu existe, en établissant qu'il y a un être par lui-même.

Toute preuve rationnelle de l'existence de Dieu part du monde visible. L'intelligence ne pouvant atteindre Dieu directement, va à lui, par la considération de ses œuvres. Elle monte de l'effet à la cause.

L'unique question est de savoir comment se fait l'ascension.

Il y a deux manières pour monter des existences visibles à l'existence parfaite. La première consiste à partir des existences visibles, sans se préoccuper de la nature de ces existences. On considère ces existences comme un simple fait et on conclut à l'existence de l'être parfait. L'argument peut se résumer en ces deux propositions : *quelque chose existe, donc Dieu existe*. Cette marche est rigoureuse ; mais elle ne discerne point Dieu de ce qui n'est pas Dieu. Elle ne confond pas, il est vrai, Dieu et le monde, mais elle fait abstraction de ce qui les sépare. C'est pourquoi nous adopterons la seconde manière, aussi rigoureuse et plus complète que la première.

Nous établirons trois grandes thèses : la première, que le monde n'a pas la raison de son existence en lui-même, mais en un *autre*; la seconde, que cet être, auteur du monde, est une *Intelligence*; la troisième, que cette Intelligence, existe *par elle-même*.

Cette marche est claire.

Elle est méthodique. Elle se fait pas à pas. Elle ne laisse rien sans examen. Elle ne revient jamais en arrière. Les preuves multiples de la divine Existence se trouveront logiquement distribuées par cela même qu'elles convergent à cette triple vérité.

Chacune des trois propositions entraîne l'esprit dans **un sens différent.**

La première nous fait entrer dans le plus intime des essences créées. Nous descendons au fond des choses. Nous sondons les fondements fragiles sur lesquels porte le monde. Une fois arrivés là, nous sommes forcés de chercher en dehors du Monde un Être totalement distinct du Monde. Les horizons reculent ; la vue s'étend ; et nous ne sommes satisfaits que quand nous avons saisi l'Être dont le Monde visible est l'ouvrage.

Cette partie peut s'intituler : *Au delà*.

La seconde proposition nous donne comme les premiers linéaments, comme l'ébauche de cet Être invisible, que nous avons saisi par delà le Monde. Elle nous le montre doué d'intelligence ; conséquemment de volonté, d'amour et de liberté.

Cette seconde partie peut s'intituler : *Dans la lumière*.

Enfin la troisième proposition nous découvre le caractère propre de l'intelligence créatrice, qui est l'aséité. Nous nous élevons dans les hauteurs infinies jusqu'à l'Être premier et incomparable qui est l'objet de nos croyances surnaturelles.

Cette partie peut s'intituler : *En haut*.

En trois mots, nous scruterons les limites du Monde, nous passerons ces limites et nous arriverons à l'Être illimité.

I

AU DELÀ

PREMIÈRE PROPOSITION

LE MONDE A UN CRÉATEUR

Le Monde n'a pas la raison de son existence en lui-même, mais en un Autre. Si l'existence du Monde s'expliquait à nous par elle-même et par elle seule ; si cet Univers nous apparaissait suffisant à sa vie propre et jouissant de la plénitude de l'Être, nous ne chercherions rien au delà, et il n'y aurait rien à trouver plus loin. La vue du principe ou du fondement immobilise. Quand on est arrivé à un principe, on s'arrête, ou on redescend. Quand on touche le fondement, on s'arrête ou on remonte. Mais on ne monte pas plus haut que le principe, on ne descend pas plus bas que le fondement. C'est pourquoi les panthéistes s'efforcent de rencontrer, tout d'abord, la plénitude de l'Être dans l'univers visible. C'est pourquoi un philosophe, parfois très perspicace, et qui le serait plus encore, s'il étendait son horizon, M. Jules Simon, remarque que dans la magnifique preuve de l'existence de Dieu, par l'existence du Monde, ce qui importe, c'est de démontrer d'abord que le Monde est un effet : oui, cela importe. Il importe avant tout d'établir que l'Univers ne jouit point de l'existence parfaite, que tout en existant, il n'existe point par lui-même, qu'il est sans être tout, qu'il est vrai sans être le type de la vérité, qu'il est bon sans être le bien, qu'il contient la vie sans en avoir la source, qu'en un mot le Monde n'est pas un principe, mais un résultat.

Voilà ce qui nous forcera à chercher plus loin que lui.

CHAPITRE PREMIER

Caractères de l'Univers visible.

Omnia in mensura et numero et pondere disposuisti.
(Sag., 11, 21.)

Les caractères des êtres cosmiques sont la limite, le nombre et le mouvement. Le premier caractère est la limite. Il faut constater la limite et conclure qu'elle ne peut se concilier avec l'aséité. — Universalité de la limite. — Ses deux points extrêmes. — Les corps et les esprits. — Incompatibilité entre la corporéité et l'infinitude. Tout corps est limité, sous peine de n'avoir ni figure, ni mouvement, ni visibilité. — Toute étendue est limitée. — Toute étendue, étant composée, repousse l'infinitude. — Toute étendue suppose la ligne. — Toute ligne réelle a un commencement et une fin. — Il serait impossible d'appliquer une mesure quelconque sur une ligne qui n'aurait ni commencement ni fin. — La mesure d'Arriaga. — Les esprits qui peuplent l'univers sont limités. — Bien qu'il n'y ait pas incompatibilité entre l'intelligence et l'infinitude, il y a incompatibilité entre les intelligences humaines et l'infinitude. Les êtres cosmiques sont limités essentiellement, totalement, nécessairement et perpétuellement. — Il n'y a pas de passage du fini à l'infini. — Conséquence de la finitude. — La finitude étant l'imperfection de l'essence, et l'aséité étant la perfection de l'existence, aucun être fini ne peut être par soi.

Les caractères que nous saisirons dans l'Univers visible vont nous faire pénétrer au fond de son Être, et nous faire comprendre que cet Univers n'existe point par lui-même.

Nous réduisons ces caractères à trois :

1° La Limite ; 2° le Nombre ; 3° le Mouvement.

« Vous avez disposé toutes choses en mesure, nombre « et poids. »

LA LIMITE

Omnia in mensura.

Nous cherchons si les êtres visibles ont dans leur *essence* la raison de leur *existence*.

Commençons par étudier les essences visibles, en elles-mêmes.

Ces essences sont limitées.

Il n'y a rien de si apparent, de plus universel et de moins contestable que la *finitude* (*finitudo*) des êtres cosmiques. Tout ici-bas est mesurable, a une portion de l'être et une existence restreinte. Tout en un mot est fini. Tout a une limite.

La limite est le sceau inévitable, marquant ce qui apparaît à nos yeux. Tous les êtres visibles ne sont pas intelligents ; tous ne sont pas sensibles ; tous ne sont pas vivants ; mais tous sont finis.

Tous sont finis et cette finitude les compénètre totalement. Ils sont finis dans leur ensemble, finis dans leurs parties, finis dans les subdivisions de ces parties, finis dans leurs substances, finis dans leurs puissances, finis dans leurs mouvements, finis dans leurs résultats.

De quelque manière que l'on considère le monde, on rencontre la finitude.

Soit qu'on reconnaisse en lui une collection d'êtres distincts les uns des autres, soit qu'on l'imagine comme un grand être formé de différentes parties, il faut avouer ou la finitude de chaque individu de la collection, ou la finitude de chaque membre de l'être, et conséquemment la finitude du tout.

Pour se rendre compte de la finitude du monde, il est inutile d'en parcourir toutes les parties, d'entrer dans la discussion des éléments (matière première, atomes ou monades), d'étudier la vie en ses manifestations les plus imparfaites (protoplasme, sarcode, cellule végétale, cellule animale, prototypes, protozoaires, zoophytes, infusoires, microbes, etc., etc.), et de monter ainsi, en passant par tous les échelons, jusqu'à l'homme.

Le procédé métaphysique est plus rapide et plus sûr. Nous considérons d'abord les êtres sous leur aspect le plus haut. Nous étudions les *corps* et les *esprits*. Nous prenons dans les corps et dans les esprits ce qu'ils ont de plus manifestement essentiel, et nous constatons qu'ils ont, chacun à leur manière, des limites.

LES CORPS

Les corps ont des limites. Qui ne le voit ? Ils ont si bien des limites, ils sont si absolument limités, ils incluent en eux-mêmes la limitation d'une façon si stricte, qu'ils sont inséparables de la finitude. Ils sont inconcevables sans cela. Il est impossible, métaphysiquement impossible, qu'un corps ait une étendue infinie.

Qu'est-ce que serait un corps infiniment étendu ? — Ce serait un corps d'une longueur, d'une largeur et d'une profondeur illimitées ; un corps qui ne s'épanouirait pas en superficie ; un corps par conséquent sans aucune figure extérieure, puisque la superficie est l'élément nécessaire de la configuration. Il ne serait ni sphérique, ni cubique, ni pyramidal. Il serait absolument sans forme.

Il ne serait pas mesurable.

Il serait essentiellement immobile, puisqu'il occuperait tous les espaces possibles.

Il ne pourrait ni être vu, ni être touché, ni être senti d'aucune manière, puisque rien ne pourrait lui être contigu.

Ce corps ne serait pas un corps.

Car ce corps ne serait pas étendu.

Tout ce qui est étendu est composé, a des parties distinctes les unes des autres, en dehors les unes des autres. L'être dans lequel on ne pourrait assigner aucune portion qui ne se confondît pas avec la totalité de l'être, ne serait pas étendu.

Qui ne voit tout d'abord que la composition de l'étendue implique la finitude ?

Du moment que l'étendue est constituée par des parties différentes les unes des autres, chacune de ces parties est finie, puisqu'elle ne renferme pas la réalité des autres parties. Elle ne la renferme pas *formellement*, puisqu'une partie n'est pas l'autre. Elle ne la renferme pas *éminemment*, puisque les parties de l'étendue sont de même nature. Toutes les parties de l'étendue sont donc finies. La totalité de cette étendue, constituée uniquement par des parties finies, ne saurait atteindre l'infini. Le fini ajouté au fini donne un fini plus grand, mais ne saurait donner l'infini.

Non seulement l'étendue suppose la composition, mais elle suppose la position des parties en dehors les unes des autres. Autrement tout se réduirait au point, c'est-à-dire que l'étendue aboutirait à l'*inétendu*. On peut donc toujours dans une étendue concrète ou abstraite, c'est-à-dire dans un solide, une surface ou une ligne, désigner un point qui sera le *commencement* d'une partie, et de ce point suivre la ligne qui s'en écarte. La ligne dont le point désigné est le commencement aura une fin si l'étendue en a une, et sera sans fin si l'étendue qu'elle traverse est sans limite.

Mais une ligne qui commence et qui ne finit pas renferme une contradiction.

Il est évident qu'on peut appliquer au commencement de cette ligne une mesure finie, un mètre, par exemple. La portion de la ligne mesurée par ce mètre sera partie intégrante et constitutive de la ligne supposée infinie. La ligne ainsi constituée aura donc deux parties : une partie finie et une partie infinie.

La réunion de ces parties sera nécessairement plus étendue qu'une seule d'entre elles. En conséquence, la partie infinie serait diminuée par l'oblitération de la partie finie, et augmentée par l'addition de cette même partie. Ce qui implique. Car l'infini ne saurait ni diminuer, ni augmenter. Il est impossible de concevoir un tout qui serait plus grand que sa partie infinie, grâce à une partie finie.

Arriaga raisonne, dans sa 13ᵉ Dispute de physique, sur l'application du mètre au commencement de la ligne infinie. Palmieri adopte son raisonnement. Le voici en substance.

Si la ligne est infinie, il faut qu'on puisse désigner dans son étendue un mètre qui soit infiniment distant du premier. Autrement la ligne s'épuiserait par l'addition des mètres.

Il faudra nécessairement arriver à ce mètre dernier et éloigné infiniment à l'aide de mètres distançant graduellement le premier, d'une quantité augmentant toujours, mais toujours finie.

On arrivera donc à un mètre distant du premier d'une quantité finie et confinant immédiatement au mètre qui s'en écarte infiniment. Une quantité finie deviendra donc infinie par l'addition d'un mètre. Là est l'impossible.

Du reste, il y aurait bien des choses encore à dire sur le mètre d'Arriaga. Évidemment c'est le commencement de ce dernier mètre qui s'éloignerait infiniment du premier. Mais la fin de ce dernier mètre serait plus éloignée que son commencement, du premier mètre.

Voilà donc un infini qui augmenterait !

Résumons tout cela :

Dans une ligne supposée infinie, on peut toujours appliquer un mètre sur une portion quelconque de cette ligne. Si nous désignons la ligne infinie par $n... n'$ et le mètre par $a - b$, nous aurons la figure suivante :

$$n\ldots\ldots\ldots a \underline{\qquad\qquad} b \ldots\ldots\ldots n'$$

Puisque la ligne est dite infinie, il est nécessaire qu'on puisse trouver à gauche et à droite de $a\,b$ deux points infiniment distants l'un de l'autre, car, si tous les points de $n... n'$ étaient distants l'un de l'autre d'une quantité finie, la ligne serait finie. Supposons que ces points soient n et n'.

D'une part ils sont infiniment distants l'un de l'autre. D'autre part une portion de cette distance est occupée par $a\,b$, quantité finie. Il est impossible qu'on enlève cette portion $a\,b$, qui est une partie constitutive de la distance, sans diminuer la distance. Il est impossible aussi de diminuer une distance infinie ; donc, on ne pourra pas enlever $a\,b$, ou la ligne $n\,n'$ n'est pas infinie.

Si l'on ne peut enlever $a\,b$, cela ne peut venir que de ce que cette ligne est l'élément nécessaire d'une longueur infinie nécessaire elle-même. Là est le siège de la contradiction. L'infini ne peut se composer essentiellement d'éléments finis.

Au lieu d'un mètre, traçons-en trois.

$$n\ldots\ldots\ldots C\underline{\qquad}A\underline{\qquad}B\underline{\qquad}D\ldots\ldots\ldots n'$$

n et n' étant infiniment distants l'un de l'autre, sont également infiniment distants de A B ; car s'ils n'étaient pas infiniment distants de A B, comme A B, quantité finie complète la distance entre n et n', il s'ensuivrait que n et n' seraient distants entre eux de deux quantités finies. Ce qui ne peut équivaloir à l'infini.

D'autre part, il est évident que n est plus près de C A que de A B ; que n' est plus près de B D que de A B. — Voilà donc une distance infinie qui diminue.

L'illusion d'une ligne infinie vient de ce qu'on conçoit la ligne comme mouvante, c'est-à-dire comme s'accroissant indéfiniment, ou de ce qu'on se figure parcourant soi-même les différents points d'une ligne finie, sans s'arrêter dans ce parcours. Ces illusions tombent dès qu'on s'immobilise en face d'une ligne immobile.

Toute ligne est finie. — Toute ligne réelle a deux extrémités.

Toute étendue peut être traversée à tous ses points par une quantité innombrable de lignes.

Toute ligne réelle subsiste dans une surface ; toute surface a donc une longueur et une largeur finies.

Toute surface subsiste dans un solide. Tout solide a donc une longueur, une largeur, et une profondeur finies.

Tout Être étendu est limité par la configuration.

Tout corps est fini.

La confusion de l'antique chaos ne donnerait aucune idée de la confusion d'un corps infini. La confusion primitive rendait le monde invisible et insondable à des yeux mortels, mais ne lui enlevait pas la superficie. L'abîme lui-même avait une face sur laquelle planaient les ténèbres. L'abîme était mesurable.

La confusion d'un corps infini serait la confusion de l'impossible.

Le monde corporel est fini en toutes ses parties. Il ne peut être que fini. Il n'est grand que relativement à d'autres mondes qui pourraient être plus petits que lui. La grandeur corporelle ne peut jamais atteindre la grandeur absolue ; car quelque grand que soit un corps, on peut en supposer un plus grand que lui.

LES ESPRITS.

La limitation de l'étendue, de la *corporéité*, de la *matérialité*, enserre dans les mêmes bornes, tout ce qui participe en quoi que ce soit à cette étendue, tout ce qui exerce son activité à l'aide du corps, tout ce qui opère par la matière et dans la matière.

Tout ce qui se développe au sein de la limite est limité.

Les forces physiques et chimiques sont limitées.

La vie de la plante ne saurait être la vie par excellence, la vie parfaite.

La vie de l'animal est incapable d'atteindre la plénitude de la vie. Les sensations les plus délicieuses et les plus profondes restent toujours bornées.

La vie intellectuelle, au contraire, peut être, *en tant qu'intellectuelle*, la vie infinie, *la vie* sans épithète. L'intelligence et l'infinitude ne se combattent pas et on peut parfaitement concevoir un esprit infini. C'est pourquoi les âmes humaines, qui sont intelligentes, ne sont pas attachées à la finitude par le seul fait qu'elles sont intelligentes.

Cependant les âmes humaines sont des intelligences finies.

Elles sont finies, non en tant qu'intelligences, mais en tant qu'intelligences humaines.

La finitude du moi intelligent ne peut faire un doute pour personne.

Notre science est successive, défectible, incomplète, en un mot bornée. Il y a même cette différence entre la finitude des corps et la finitude des intelligences humaines, que les bornes des corps sont révélées souvent par la réflexion seule, et que les bornes de nos intelligences sont toujours saisissables directement. Elles sont, chose singulière, plus *tangibles*, au sens métaphysique du mot, que les bornes des corps.

L'intelligence humaine ne perçoit certainement en elle aucune infinitude. Cette seule imperfection l'empêche d'être infinie. Car une intelligence infinie qui ne percevrait pas son infinitude est une contradiction dans les termes.

L'intelligence humaine n'est donc ni ne peut être infinie.

L'intelligence humaine ne peut être l'intelligence par excellence.

En résumé, la limite circonscrit tous les êtres visibles, depuis le corps du règne minéral jusqu'à l'intelligence humaine.

Tous ces êtres sont finis par leur essence, par leur fond, par ce qu'il y a en eux de plus intime.

Un être, par le seul fait qu'il a une propriété finie, est fini lui-même ; car l'être infini repousse de soi toute limite.

Ces êtres étant essentiellement finis, le sont nécessairement, le sont toujours, car tout ce qui est essentiel est nécessaire. Tout ce qui est nécessaire est perpétuel. L'être fini ne saurait cesser d'être fini sans cesser d'être.

Le passage entre le fini et l'infini n'est pas possible. Il ne saurait y avoir aucune transmutation du fini dans l'infini.

L'être fini ne peut par ses propres forces devenir infini ; car le plus ne sort pas du moins.

Il ne le peut pas davantage par une force étrangère.

Car un infini qui devrait son infinitude à un autre être, cesserait par ce point d'être infini.

L'*infinitude* inclut l'*aséité*.

L'existence étant la perfection de l'essence, étant l'essence considérée dans son état le plus parfait, étant dans l'être infini une seule et même chose avec l'existence, il ne se peut que l'être infini manque de la plus

7

grande perfection de l'existence qui est l'*aséité*. L'infinitude exclut donc l'existence produite par un être étranger.

Le monde actuel est donc ancré dans la finitude par des chaînes absolument infrangibles. Il sera perpétuellement ce qu'il est, c'est-à-dire fini, ou il ne sera plus.

CONSÉQUENCE DE LA FINITUDE

La finitude est évidemment le grand caractère de ce monde.

Il n'est pas nécessaire d'aller plus loin pour conclure dès maintenant que le monde a sa raison d'exister dans un être distinct de lui. La finitude est le premier signe d'emprunt. Elle force notre esprit, et le force irrésistiblement à regarder *au delà* de ce monde.

Il y a incompatibilité entre ce qui est limité et ce qui est par soi.

Cette incompatibilité est-elle immédiatement évidente ?

A peu près.

Il suffit de bien comprendre ce qu'est la limite et l'aséité, de faire pour ainsi dire le *tour* des deux concepts. Dès qu'on a défini les deux choses, on s'aperçoit qu'elles ne rentrent nullement l'une dans l'autre, qu'elles sont parfaitement distinctes, et qu'elles ne peuvent se rencontrer dans le même être.

Ce qui est limité ne saurait être par soi.

La limite affecte l'essence, et l'aséité affecte l'existence.

La limite est l'imperfection de l'essence ; l'aséité est la perfection de l'existence.

Toute essence limitée est imparfaite en ce sens qu'on peut concevoir une essence plus parfaite. Il ne peut y avoir là-dessus ni doute, ni équivoque.

D'un autre côté, toute existence par soi est parfaite,

en ce sens qu'on ne peut pas concevoir d'existence plus parfaite.

L'être qui existe par soi existe par son essence, car l'essence n'est pas autre chose que l'être.

Mais exister par son essence, c'est exister de manière à ne point pouvoir ne pas exister. L'être qui existe par soi existe par quelque chose qui ne peut point ne pas être.

Exister par quelque chose qui ne peut point ne pas être, c'est manifestement exister sans pouvoir ne pas exister. L'existence sortant nécessairement d'une chose nécessaire, est, par le fait même, nécessaire. Si un triangle *existait*, par ce seul fait qu'il a trois angles, ce triangle ne pourrait point ne pas exister.

L'être par soi, s'il existe, existe donc *nécessairement*, c'est-à-dire *parfaitement*.

Il n'y a rien de plus parfait que la nécessité, pour l'existence, et on ne peut rien concevoir au delà.

Les degrés d'imperfection ou de perfection dans l'existence sont au nombre de quatre, ni plus ni moins. Ils constituent l'échelle de l'existence. Il y a d'abord l'impossibilité de l'existence. Il y a ensuite la simple possibilité de l'existence qui n'est pas accompagnée de l'existence réelle. Puis vient l'existence réelle accompagnée de la puissance de n'exister pas. Enfin se présente l'existence réelle que rien ne peut empêcher d'être réelle, l'existence de l'être qui existe sans pouvoir ne pas exister, l'existence nécessaire. Il n'y a rien de plus bas que l'*impossibilité*, comme il n'y a rien de plus haut que la *nécessité*.

En un mot, comme en mille, l'existence par soi est la perfection de l'existence.

Donc l'essence limitée est une essence imparfaite et l'existence par soi est une existence parfaite.

Pour qu'un être limité existât par soi-même, il faudrait donc que l'imperfection de son essence fût la source de la perfection de son existence.

Cela se peut-il ?

Si l'être limité existait par lui-même, par son essence, il existerait en vertu même de sa finitude, c'est-à-dire en vertu même de son imperfection. Mais comment cela se vérifierait-il ? Est-il concevable que ce qui est imparfait exige l'existence, précisément parce qu'il est imparfait ? Quel lien y a-t-il, entre n'être pas parfait et devoir exister ? entre n'être pas parfait et être nécessairement ?

Il n'y en a point.

Il ne saurait y en avoir.

Nous avons quatre termes : 1° *essence*, 2° *imparfaite*, 3° *existence*, 4° *parfaite*.

Évidemment le parfait ne peut venir comme parfait de l'imparfait, en tant qu'imparfait. Il ne peut donc être question de faire venir isolément le quatrième terme du second, de tirer simplement la perfection de l'imperfection.

En conséquence, si l'existence parfaite vient de l'essence imparfaite, elle ne peut en venir que par le moyen de l'essence.

Ce point établi, il faut admettre que, dans les êtres finis, l'existence *se distingue* ou *ne se distingue* pas réellement de l'essence. Il n'y a pas de milieu. C'est une alternative rigoureuse, et il n'est pas nécessaire de se livrer à de longues considérations sur l'essence et l'existence, pour convenir de cette disjonctive. C'est l'un ou l'autre.

Si l'existence se distingue de l'essence, la première ne pourra venir de la seconde, et nous n'aurons pas un être par soi.

Rien dans un être n'est plus parfait que l'existence, et une existence ne peut avoir sa raison totale que dans une existence. L'essence, considérée comme distincte de l'existence, se trouve dans un état imparfait. C'est une essence non réalisée, tandis que l'existence est l'essence réalisée. Comment donc la réalisation d'une essence pourrait-elle trouver sa raison totale dans cette même essence considérée comme non réalisée ?

C'est impossible.

Il est clair que, dans le cas où l'existence de l'être fini se distinguerait de son essence, l'être fini ne pourrait exister par son essence, c'est-à-dire par soi.

Si, au contraire, l'existence et l'essence sont identiques et se confondent de tous points ; si l'une est exactement l'autre ; si la *réalité* de l'une *ne diffère en rien* de la *réalité* de l'autre, il est impossible que l'essence soit imparfaite et l'existence parfaite.

L'essence étant imparfaite, réellement imparfaite, l'existence sera réellement imparfaite. L'essence étant imparfaite, en ce sens qu'on peut concevoir une essence plus parfaite, l'existence sera pareillement imparfaite en ce sens qu'on pourra concevoir une existence plus parfaite.

L'essence étant imparfaite, et l'existence étant identique à l'essence, l'existence sera imparfaite aussi.

C'est une application immédiate du principe de contradiction.

Donc nulle essence limitée ne saurait avoir l'existence parfaite, c'est-à-dire l'existence nécessaire, c'est-à-dire l'existence essentielle, c'est-à-dire l'existence par soi.

L'existence par soi étant l'existence la plus parfaite qu'on puisse concevoir, cette existence ne peut être en même temps au-dessous de ce que l'on peut concevoir.

En deux mots, si l'essence et l'existence sont distinctes réellement, l'existence ne peut venir de l'essence.

Si l'existence et l'essence sont réellement identiques, l'essence ne peut être imparfaite sans que l'existence le soit aussi.

En aucun cas l'aséité ne peut venir de la finitude.

CONCLUSION

Tous les êtres visibles sont des cours d'eau resserrés dans des rives. Pour les uns, ces rives se touchent presque. Ils ruissellent pendant quelques pas, pour se perdre dans les rivières. Il en est qui ressemblent à des lacs mouvants. Néanmoins ils ne parcourent qu'une petite partie de la terre et les bateaux les traversent. Les Océans eux-mêmes ont des bords. Couvriraient-ils le sol terrestre, qu'ils n'atteindraient pas les nuées et ne se confondraient pas avec les eaux supérieures.

Aucune de ces masses d'eau n'est la bouche intarissable, la source dernière, l'eau par excellence.

Aucun des êtres finis n'est l'être sans épithète, l'être sans restriction, l'être sans mélange de non-être, l'être en soi et par soi.

CHAPITRE DEUXIÈME

Le Nombre.

Et numero.

Le second caractère des êtres cosmiques est le nombre. — Les nombres réels. — Tous les êtres cosmiques ont des égaux. — Tous, sauf l'homme, ont, ici-bas, des supérieurs. — La raison du fait. — Nature de la limite. — Différence entre la limite et la détermination. — Tout être limité peut avoir un égal ou un supérieur. — Tout être qui peut avoir un égal peut avoir un supérieur. — Tout être fini, à supposer qu'il ne puisse pas avoir d'égal, peut avoir un supérieur. — L'infini ne peut avoir ni égal, ni supérieur. — Conséquences de l'égalité des êtres. Des êtres égaux ne sont pas l'être en soi, mais une participation de l'être. — Ils ne sont donc pas l'être par soi. — Il implique que des êtres aient par eux seuls une nature qui ne soit pas en eux seuls. — Il est nécessaire que l'Être ayant en lui toute la raison de son existence, ait aussi en lui toute la raison de son essence. — Deux êtres par soi ne sauraient être égaux sans se confondre en un seul être. — Conséquences de l'infériorité relative des êtres finis. — Tout être fini supposant la possibilité d'un être supérieur n'a pas une essence indépendante de toute autre essence. — Il n'existe donc pas par lui-même et par lui seul.

Le nombre est comme l'annexe de la limite. L'étude du nombre va nous faire pénétrer plus profondément dans la nature de l'être fini, et la multiplicité des êtres visibles, au lieu d'arrêter notre intelligence sur ces êtres, la rejettera au delà, et lui ouvrira un nouvel horizon sur L'INVISIBLE.

La finitude est la première loi du monde.

Le nombre est la seconde loi.

LES NOMBRES RÉELS

Ici-bas, tout est nombre.

Tous les êtres finis ont des égaux.

Les êtres visibles, distincts entre eux par les derniers principes de leur individuation, et par les accidents les plus superficiels de leur nature, se rapprochent par certains caractères intermédiaires. Socrate diffère de Platon par ce qui le constitue comme Socrate et aussi par la trempe de son intelligence et les traits de son visage. Mais il y a, entre ces deux individualités différentes et sous ces apparences diverses, des caractères qui sont absolument les mêmes dans Socrate et dans Platon. Ces caractères sont la vie, la sensibilité, la raison, *l'humanité* en un mot. Socrate et Platon sont *deux* hommes, c'est-à-dire deux êtres égaux et semblables sous certains points de vue et qui font *nombre*.

Les nombres remplissent le monde. Il y a nombre pour les hommes, pour les animaux, pour les plantes, pour les éléments. Ces nombres sont tels qu'ils échappent à tous les calculs humains. Personne ne peut compter les grains de sable, encore moins les individualités minérales dont ils se composent.

La plupart des êtres finis ont des supérieurs. Le règne végétal est au-dessus du règne minéral. Parmi les plantes les unes sont plus parfaites que les autres. Le chêne domine la mousse et par la stature et par l'organisation. Rien dans la flore n'atteint la faune. La plus remarquable des fleurs n'équivaut pas en perfection intrinsèque à l'animal de l'espèce la plus infime. L'animal le plus perfectionné est à une distance incommensurable de l'homme. En un mot, il y a nombre, c'est-à-dire collection d'êtres finis, supérieurs les uns aux autres, depuis l'espèce infime, jusqu'à l'espèce suprême. Ces espèces n'ont pas été supputées. Il est probable qu'elles ne le seront jamais. Elles font nombre comme les individus à l'aide des caractères de ressemblance générique qui les rapprochent.

LA RAISON DU FAIT

Le nombre suit l'essence de l'être fini, comme l'ombre suit le corps. Tout être fini est *multiple* ou *multiplicable*. Quand même il existerait *de fait* un être fini *unique*, cet être fini serait susceptible d'avoir des semblables en finitude.

Tout être limité peut avoir un égal ou un supérieur. C'est là un résultat inévitable de son essence.

Pour comprendre cela, considérons attentivement ce que c'est que la limite. C'est là une étude d'importance extrême. L'ignorance de la limite et de sa nature véritable a égaré Rosmini.

Qu'est-ce que la limite ?

La limite est la négation, dans une réalité existante, d'une perfection possible, égale ou supérieure à la perfection de la réalité existante.

1º La limite suppose un être réel, l'être limité. Sans être réel limité, point de limite. Car la négation ne saurait se soutenir seule.

2º La limite suppose la négation, dans cet être, de

quelque chose, d'une perfection. La limite ne saurait se constituer par un élément purement positif. Elle ne consiste pas seulement à avoir. Si la négation ne saurait se soutenir seule et demande comme soutien une réalité positive, la réalité positive seule ne saurait constituer une limite.

3° Il faut que cette perfection soit en elle-même possible.

Sur quoi porte la négation, partie constitutive de la limite? Elle ne porte pas sur la partie positive de l'être limité, car un être ne peut se nier lui-même.

Elle porte donc sur une réalité distincte de la réalité existante ; mais sur une réalité.

La négation ne peut porter que sur quelque chose de positif, de positif *à quelque degré*, si infime qu'on le suppose ; sur quelque chose de positif, *en une certaine manière*. Car si la négation portait sur une négation pure, ce ne serait plus une négation.

La négation ne peut pas plus avoir une négation pure pour objet que pour soutien.

La limite ne peut donc nier l'impossible, le rien, le pur non-être. Car si la limite portait sur le rien, ce ne serait plus une limite.

L'être limité, dans cette hypothèse, se définirait ainsi : un être excluant de sa réalité le rien. Un être semblable serait évidemment ou indéterminé, ou infini. Car un être n'excluant de sa réalité que l'impossible n'exclut rien de cette réalité.

L'être limité suppose donc au moins une possibilité, en dehors de lui.

Cela ne suffit pas.

Exclure de soi d'autres réalités possibles et distinctes de soi, ce n'est pas encore là être limité, c'est être simplement déterminé.

La détermination et la limite sont parfaitement distinctes. La détermination est inhérente à tout être ; être soi et n'être pas un autre constitue une propriété transcendentale.

La détermination n'est pas une imperfection. L'être limité est déterminé; mais l'être illimité l'est aussi. Tout ce qui est limité est déterminé. Mais tout ce qui est déterminé n'est pas limité.

Un être qui repousse de son entité d'autres entités formellement distinctes de lui-même, mais dont il contient en lui-même toutes les perfections, d'une manière supérieure et à un degré éminent, cet être-là est déterminé sans être imparfait; il est déterminé puisqu'il se sépare des autres êtres. Cette séparation ne le rend pas imparfait, puisqu'elle ne le prive d'aucune perfection.

Tel est l'être infini. Il repousse de lui toute finitude. Il atteint ainsi le plus haut degré possible de détermination. Mais comme il ne laisse pas d'avoir toutes les perfections des êtres finis, de les avoir sans mélange d'imperfection, de les avoir d'une manière éminente et sans limite, il est à la fois le plus déterminé et le plus parfait de tous les êtres possibles.

La négation supposée par la limitation suppose donc une imperfection.

La perfection niée par la limite ne doit être contenue ni équivalemment, ni éminemment dans l'être limité. La limite doit exclure réellement une perfection de l'être limité.

En conséquence, si l'être existant se contente d'exclure de lui des perfections inférieures aux siennes, il ne sera pas, *par là même*, limité. Car il peut, tout en excluant formellement de lui-même ces entités étrangères, ne rien perdre de parfait par cet éloignement.

Il reste donc à examiner l'exclusion de perfections égales ou supérieures à ses propres perfections.

Il est certain d'abord que l'exclusion d'une perfection égale ou supérieure à sa propre perfection limite l'être.

En d'autres termes : tout être qui a un égal, comme

tout être qui a un supérieur, est limité. Par être nous entendons une substance.

Tout être qui a un égal est fini.

La réalité égale à la sienne et qui se trouve formellement en dehors de la sienne ne peut se trouver à un degré supérieur dans sa réalité, puisque c'est une réalité égale.

Elle ne s'y trouve pas non plus d'une façon équivalente.

Quand deux substances distinctes entre elles sont égales, la réunion de ces deux substances prises ensemble est plus qu'une seule d'entre elles. Il est impossible de méconnaître cet axiome. Les deux substances étant égales, il est impossible que les deux ne soient pas plus que l'une des deux.

Si donc les deux substances étaient infinies, leur réunion dépasserait l'infini, ce qui ne se peut.

Donc tout être qui a un égal est fini.

Tout être qui a un supérieur est fini.

Cette seconde proposition est immédiatement évidente, puisque l'infini ne saurait être surpassé.

Que résulte-t-il de ces deux points?

Tout être limité, n'étant pas limité par la possibilité d'un être inférieur totalement à lui-même, doit être limité ou par la possibilité d'un être égal, ou par la possibilité d'un être supérieur.

En d'autres termes : Tout être limité peut avoir un égal *ou* peut avoir un supérieur.

C'est nécessairement l'un *ou* l'autre.

S'il ne peut pas avoir de supérieur, il pourra encore avoir un égal, puisqu'il faut qu'il puisse avoir ou un supérieur ou un égal. Ne pouvant avoir l'un, il pourra nécessairement avoir l'autre, puisqu'il faut qu'il puisse avoir l'un ou l'autre.

L'Être qui peut avoir un égal peut avoir un supérieur.

Il ne pourrait avoir de supérieur si la constitution d'un

être égal à lui complétait la possibilité de l'être, si l'être égal possible, ajouté à son égal existant, épuisait les perfections possibles, équivalait à l'être comprenant toutes les perfections possibles, c'est-à-dire formait l'être infini.

Évidemment cela ne se peut ; car l'être existant étant limité, une existence égale à la sienne ne peut, jointe à la sienne, parfaire l'infini. L'infini ne saurait résulter de deux quantités finies.

Il reste donc, même après la réalisation d'un être égal à l'être existant, des perfections possibles, non réalisées. Il en reste en quantité supérieure à chacune des quantités réalisées, puisque ces quantités sont finies et ne peuvent devenir infinies par l'addition d'une quantité égale à chacune d'elles.

Donc, tout être limité pouvant avoir un égal, peut en même temps avoir un supérieur.

Donc ces deux vérités : Il existe un être fini, et il peut y avoir un être supérieur à cet être fini existant, sont deux vérités qui se tiennent et ne peuvent pas se séparer.

Ces deux vérités ne sont pas seulement des vues de l'esprit, elles sont objectives comme toute vérité. Elles répondent à une vérité distincte de la vue de cette vérité. Elles sont aussi objectives l'une que l'autre. Non seulement nous voyons les choses ainsi, mais nous voyons que les choses sont comme nous les voyons.

La possibilité d'une autre existence plus parfaite que l'existence finie est aussi objectivement réelle que l'existence finie elle-même. Non pas qu'une possibilité équivaille à une existence, mais parce que c'est un objet. Il est vrai, objectivement vrai, qu'une existence supérieure est possible.

Voilà la porte par où l'esprit a vue sur ce qu'on peut appeler le *premier invisible*.

L'aspect du visible et le reflet de l'invisible vont toujours ensemble. On ne peut contempler le visible sans que l'invisible se révèle. Ce n'est pas même assez dire.

Cette contemplation et cette révélation se complètent mutuellement.

Dès qu'on saisit le monde actuel comme fini, on a dans cette vue de la finitude le prolongement de deux autres mondes.

Chacun des êtres qui composent le monde actuel peut avoir un égal. Donc il peut y avoir une collection d'êtres égaux aux êtres actuels et ayant entre eux des relations semblables aux relations des êtres existants, c'est-à-dire qu'il peut y avoir à côté de ce monde un autre monde égal au premier.

De même, chacun des êtres existants supposant la possibilité d'un autre être plus parfait, la réunion des êtres finis actuels se trouve nécessairement dominée par l'image d'un monde plus beau.

LA CONSÉQUENCE DU FAIT.

Cette conséquence est double. Il y a la conséquence de l'égalité des êtres et il y a la conséquence de leur supériorité relative.

LA CONSÉQUENCE DE L'ÉGALITÉ.

L'égalité des êtres a frappé le génie de Platon. Ce philosophe en a tiré des déductions inéluctables, mêlées malheureusement à d'insoutenables rêveries. Nous nous attacherons aux déductions.

Voilà des quantités de plantes, des quantités d'animaux, des quantités d'hommes parfaitement semblables, ayant les mêmes propriétés génériques ou spécifiques, les mêmes natures; voilà des égaux.

Il en résulte immédiatement qu'aucun de ces êtres n'est la plante en soi, l'animal en soi, l'homme en soi.

Pour qu'une plante fût la plante en soi, il faudrait qu'elle contînt en elle-même ou toutes les plantes, ou l'équivalent de toutes les plantes. Car, du moment qu'il y a en dehors d'une plante une autre plante, distincte de la première et non contenue dans la première, la première plante est une plante, un des êtres qui se partagent la nature végétale, mais n'est pas la nature végétale elle-même, la plante en soi.

Il en est ainsi toutes les fois qu'il y a des égaux. Aucun de ces égaux ne contient les autres, ni formellement, ni *équivalemment* (æquivalenter), ni éminemment. Le second n'est pas le premier : et les deux pris ensemble valent plus que chacun d'eux pris séparément.

La réunion de tous les animaux existants pris ensemble, ne constitue pas plus l'animal en soi, que chaque animal pris en particulier. Car cette réunion peut avoir une égale, une égale qu'elle ne contiendra en aucune façon.

Il est donc impossible de trouver aucun homme existant, qui puisse être regardé comme l'homme en soi. Aucun être fini, n'est donc l'Être en soi.

Il faut pour trouver l'Être en soi, aller jusqu'à l'Être sans limites et source possible de tous les êtres limités, jusqu'à l'Être Infini.

Il faut aller aussi, jusqu'à l'Être Infini, pour trouver l'Être par soi ; car l'Être qui n'est pas en soi, ne saurait être par soi.

Puisqu'aucune plante, aucun animal, aucun homme, n'est la plante en soi, l'animal en soi, l'homme en soi, toutes les plantes, tous les animaux, tous les hommes participent seulement, mais participent réellement à la nature végétale, animale et humaine. Car ils ne peuvent être sans être ou la nature elle-même qui les distingue, ou une participation de cette nature. Il n'importe pas encore de savoir comment ces êtres participent à la nature qui leur correspond ; il n'importe pas encore de constater qu'ils ne sauraient participer directement et immédiatement à une nature qui n'est ni ne saurait être en soi; il n'importe pas encore de conclure qu'ils peuvent uniquement participer à cette nature, par un Être Infini qui la leur communique. Ces points ne nous regardent pas pour le moment.

Car, si la plante, l'animal et l'homme en soi, *par impossible*, existaient réellement, ils seraient assurément distincts des plantes, des animaux et des hommes visibles. Si la plante en soi, l'animal en soi et l'homme en soi, sont des chimères, on doit conclure et à plus forte raison, que les êtres visibles, ne sont pas la plante en soi, l'animal en soi, l'homme en soi.

Nous n'avons pas même à nous demander si la participation à l'Être, dans les êtres inférieurs, peut se concevoir comme un écoulement substantiel, qui ferait descendre en eux quelque chose de l'entité de l'Être en soi, car ceci ne serait plus une simple participation de l'Être, mais une identité avec l'Être en soi.

Tenons-nous en au fait. Il suffit de concevoir clairement que les races cosmiques sont composées d'égaux, et que ces égaux n'ont pas leur raison d'être les uns dans les autres, pour conclure que ces êtres ne sont pas l'Être en soi, mais une participation de l'Être. Ils ne sont qu'en vertu de leur participation à l'Être. Ils ne sont qu'autant qu'ils participent à l'Être. Ils sont plus ou moins parfaits, dans la mesure même qu'ils participent plus ou moins à l'Être. En un mot, leur essence est dans une participation.

Nous comprenons immédiatement que des êtres comme ceux-là ne peuvent avoir, en eux-mêmes, la raison totale et dernière de leur être. Car il faudrait dire, s'ils avaient cette raison en eux, ou qu'ils n'existent qu'autant qu'ils *participent* à leur propre entité, ou existent par eux seuls, précisément parce qu'ils participent à une autre entité. Ces deux conséquences impliquent : on ne saurait participer à sa propre entité. Aucun être ne participe de soi, puisque tout être est identique avec soi-même. La participation regarde nécessairement un autre être. Enfin, il y a contradiction à exister par soi seul, précisément parce qu'on participe à un autre. En conséquence, tout Être qui n'est pas la vie en soi, reçoit la vie d'un autre. Encore une fois, tout vivant par soi, est la vie en soi; toute intelligence par soi, est l'intelligence en soi; tout amour par soi, est l'amour en soi; toute puissance par soi, est la puissance en soi; tout ce qui est par soi est l'Être en soi; tout être, toute puissance, tout amour, toute intelligence, toute vie, qui n'est ni l'Être, ni la Puissance, ni l'Amour, ni l'Intelligence, est un simple écoulement de la Perfection Infinie.

Cette considération peut revêtir différentes formes.

On sait déjà, que l'Être par soi confond absolument son existence et son essence. Ayant en lui toute la raison de son existence, il doit avoir en lui toute la raison de son essence. Il exclut donc toute dilatation de son essence en dehors de lui. Toute son essence se concentre en lui, comme toute son existence se comprend par lui.

Enfin, tout être se distingue des autres êtres par quelque point. Tout être est lui, et pas un autre. Tout être a son individualité. L'Être par soi, ne saurait être exclu d'une propriété aussi transcendantale que l'individualité.

Mais comment un être par soi, se distinguerait-il d'un autre être par soi ! Deux êtres par soi, se confondraient réellement l'un avec l'autre, si l'on considère l'*aséité* comme une propriété générique : car l'*aséité* pénètre tout l'Être par soi. Il n'y a pas autre chose dans l'Être par soi, que l'aséité ou les conséquences de l'aséité. Tout ce qui est dans l'Être par soi est l'Être par soi. Si donc deux êtres sont par soi, et qu'on considère l'aséité comme une propriété semblable dans les deux êtres, cette propriété absorbant toute l'entité de ces êtres les identifie l'un avec l'autre.

L'hypothèse de deux êtres par soi se détruit par elle-même.

Le nombre des êtres égaux, en fait donc des êtres devant leur existence à d'autres êtres.

LA CONSÉQUENCE DE L'INFÉRIORITÉ RELATIVE

L'Être, qui peut avoir un supérieur, ne saurait être par soi.

Car cet Être n'aurait pas en lui toute la raison de son essence.

L'Être qui a en lui-même la raison totale de son essence, ne peut dépendre, pour cette essence, en aucune façon d'une autre essence. Mais un être dont l'essence suppose nécessairement et absolument la possibilité d'une essence supérieure à lui dépend d'une autre essence. Il y a lien entre les deux essences. Ce lien ne peut provenir de ce que l'essence supérieure dépendrait de l'essence inférieure, le plus ne dépendant pas du moins. Il vient donc ou de ce que l'essence inférieure dépend de l'essence supérieure, ou de ce que les deux essences dépendent d'une troisième qui les domine toutes deux.

C'est le cas de tout être fini. Toute essence finie suppose la possibilité d'une essence supérieure. Elle la suppose si bien, que si cette essence supérieure n'était pas possible, l'Être fini serait infini. Toute essence finie dépend donc ou de l'Essence supérieure qu'elle suppose, ou d'une autre essence supérieure à celle-ci ; en tous les cas, l'essence finie dépend d'une autre essence. Elle ne saurait donc exister par elle-même. Car l'être qui existe par soi, indépendant de tout autre être pour son existence, est pareillement indépendant de tout autre être pour son essence, puisqu'en lui l'existence et l'essence se confondent parfaitement.

CHAPITRE TROISIÈME

A travers les mondes possibles.

Les mondes possibles. — A travers les mondes possibles égaux ou supérieurs au monde actuel. — Ces mondes sont, comme possibles, en une multitude infinie. – Quelque parfait qu'on suppose un être fini, il y aura toujours un intervalle entre cet être et l'Etre Infini. — Les Mondes possibles ne seront jamais tous réalisés. — *Non licet pertransire infinita.* — Puisque les corps sont finis, et que le nombre des corps existants est fini, les espaces réels sont finis. — L'ombre de l'Infini. — Flammarion. — Les Deux Miroirs. — Si les mondes existants étaient par eux-mêmes, les mondes possibles égaux ou supérieurs aux mondes existants seraient pareillement par eux-mêmes et existeraient en nombre infini, ce qui ne se peut ; donc les mondes actuels ne sont point par eux-mêmes.

Cette nécessité dans laquelle se trouve l'être fini cosmique de souffrir la possibilité d'un égal et d'un supérieur, n'a, en un sens, pas de bornes. Les êtres finis possibles égaux et supérieurs aux êtres actuels, sont sans fin. Les mondes possibles, dont l'image se projette autour et au-dessus du monde actuel, sont absolument innombrables.

La raison en est évidente.

Quelle que soit la somme des perfections finies possibles ajoutées aux perfections finies existantes, cette somme ne peut égaler l'infini. Par conséquent, il restera toujours des mondes égaux possibles.

Il y aura aussi toujours des mondes supérieurs possibles.

Car s'il arrivait un instant où l'addition d'un monde égal, comme l'addition d'un monde supérieur, devenait impossible, c'est qu'à cet instant, les mondes finis existants auraient atteint l'infini. Rien n'est plus impossible que cet instant-là.

Quelque route que prenne la pensée, elle aboutit toujours à la même conclusion.

Le monde fini possible, ajouté au monde existant, est fini ou infini.

S'il est fini, la voie reste ouverte par-delà à d'autres mondes possibles.

S'il est infini, entre ce monde infini possible et le monde fini existant il y a évidemment place pour un autre monde fini. Car autrement il faudrait dire qu'il n'y a point de distance entre le monde fini existant et le monde infini possible, que ces deux mondes fini et infini sont égaux. Donc il y a un monde intermédiaire fini possible.

Entre ce second monde fini et le monde infini, il y a intervalle ; donc il y a place pour un autre monde fini.

Le raisonnement se poursuit ainsi indéfiniment, car jamais le fini ne confinera à l'infini.

Par conséquent les alentours du monde actuel sont peuplés d'une infinité de mondes possibles et semblables. C'est comme une forêt de mondes, dont les routes s'ouvrent à perte de vue, pour ne se fermer jamais.

Par conséquent encore, l'esprit qui contemple le monde actuel, s'élève immédiatement à un monde supérieur et borné. Puis il passe à un troisième monde fini et supérieur aux deux premiers. Cette ascension n'a pas de terme.

L'esprit est ici, plus puissant que l'imagination. Il faut

déjà avoir une grande force d'imagination pour dépasser dans ses rêves les beautés du monde visible, pour peindre de plus belles couleurs, pour sculpter des contours plus parfaits, pour exprimer une lumière plus vive, pour concevoir par les formes extérieures des races plus élevées que les races végétales, animales et humaines.

Mais cette puissance de l'imagination n'est pas inépuisable.

L'imagination après un premier effort, un premier résultat, un premier chef-d'œuvre, l'imagination s'affaisse vite. Et les génies humains s'arrêtent bientôt, presque sans avoir dépassé le commencement de la route immense.

Cela vient de ce que l'imagination ne peut agir dans une abstraction totale. Elle ne peut faire abstraction que de la présence des objets ; elle ne peut faire abstraction de leurs formes. Pour l'esprit, il n'est point astreint à concevoir en elles-mêmes les essences supérieures possibles ; il conçoit très bien sans savoir ce qu'elles seraient, qu'elles peuvent être. Il conçoit la superposition des mondes au-dessus les uns des autres. Il conçoit leur agrandissement indéfini. Il conçoit l'échelle dont le premier échelon est le monde existant, dont les autres sont les mondes possibles supérieurs, et dont le dernier n'est pas saisissable.

En somme, pour que le monde actuel existe, il faut supposer la possibilité d'une série indéfinie de mondes plus parfaits les uns que les autres, se dépassant toujours sans s'arrêter jamais.

Voilà les perspectives qui dominent le monde actuel.

LA LIMITE DANS LE NOMBRE

Quel que soit le nombre des êtres existants, ce nombre ne peut égaler la multitude des êtres possibles. Quel que soit le nombre des mondes possibles réalisés, il restera toujours, en dehors et au-dessus des mondes réalisés, une multitude innombrable de mondes toujours réalisables et jamais réalisés.

C'est ce qu'on exprime vulgairement en disant que le nombre des existences est fini, et le nombre des possibilités infini.

Tout nombre existant est un nombre déterminé et fini.

Bien que chacun des êtres possibles puisse, pris *un* à *un*, arriver à l'existence, ces êtres possibles n'y arriveront jamais tous.

Ils ne peuvent y arriver tous ni successivement, ni simultanément.

Ils ne peuvent y arriver tous successivement.

En d'autres termes, si nous supposons que ces mondes se réalisent les uns après les autres, jamais ils ne seront tous réalisés ; et, à quelque instant de la durée qu'on se transporte, à cet instant, il y en aura toujours une infinité qui sera réalisable, mais non réalisée. Pourquoi cela ? Parce qu'il est impossible d'arriver successivement à la fin d'une multitude qui n'a pas de fin.

Non licet pertransire infinita.

Il ne saurait y avoir de *pourquoi* ultérieur. L'explication est évidente.

Donc, quelque rapidement que se succèdent les naissances de ces mondes, et si loin que se prolonge cette succession, nous avons une genèse interminable.

Ils ne peuvent arriver tous à l'existence simultanément.

Supposons qu'ils y soient tous arrivés. En ce cas ils forment une véritable *collection* (colligere). Ils sont liés les uns aux autres par la simultanéité de l'existence. On peut les considérer tous ensemble, les cueillir tous ensemble, et les peser tous ensemble. Même, la collection est aussi complète que possible. Puisqu'ils y sont tous, il ne peut pas y en avoir un de plus.

Considérons donc cette collection.

Les membres de cette collection pris un à un sont finis. La réunion de ces membres ne contient en conséquence que des perfections finies. Il y a donc une distance entre elle et l'infini. Il y a donc place pour d'autres êtres finis. C'est-à-dire que cette collection contient par *hypothèse* tous les finis possibles, et que par *sa nature*, elle ne les contient pas tous.

L'hypothèse est absurde.

Les mondes finis possibles ne peuvent se trouver tous réunis dans la simultanéité de l'existence.

Donc, quel que soit le nombre des êtres existants, ce nombre est fini.

Sans doute aucune intelligence humaine ne peut compter le nombre des astres, ni le nombre de leurs habitants, ni le nombre des éléments matériels dont se composent ces masses immenses ; mais tous ces êtres par eux-mêmes peuvent être nombrés. Ils peuvent se représenter par des chiffres ; il suffit qu'il y ait une intelligence capable de concevoir ces quantités, pour que le calcul se fasse ; il n'est pas même nécessaire que cette intelligence soit infinie.

D'un autre côté, quand la grande addition sera terminée, l'intelligence qui l'aura faite verra, dans une clarté sans ombre, que des multitudes sans fin| *pourraient* s'ajouter au total.

LA LIMITE DANS LES ESPACES

La limitation essentielle aux corps, et la limitation essentielle au nombre des corps, — donnent la clef des espaces.

Aucun espace réel ne saurait être illimité.

Il ne faut pas confondre l'ombre de l'infini avec sa réalité. Si le monde offre, par quelques-uns de ses aspects les plus beaux, l'image de l'infini, cette image sublime doit être prise pour ce qu'elle est, c'est-à-dire pour une image. Il n'y a rien de plus. Cette image charme les poètes, mais ne saurait tromper les penseurs.

Quand, des sommets alpins, nous apercevons, jusqu'à perte de vue, les plaines de Lombardie, avec leurs forêts, leurs moissons, leurs prairies et leurs fleuves, quand nous voyons toutes ces merveilles de la terre s'éloigner de nous, diminuer, pâlir et disparaître enfin dans la brume, nous avons l'impression de l'infini. Nous l'avons encore, et plus puissamment, lorsque nous entrons dans les plaines de l'Afrique, dans ces plaines fauves, sans vie, sans mouvement, sans ondulations, et sans limites appréciables. L'Océan aussi est un désert. Le ciel et l'eau s'unissent au loin, et paraissent se confondre dans une perspective infinie. Mais rien n'approche de l'Océan des espaces stellaires. L'Océan sur lequel voguent les millions de soleils entourant notre terre emporte notre âme dans un rêve de plus en plus vague. A mesure que nous nous élevons dans l'atmosphère, le ciel devient plus noir et paraît plus profond. A mesure que nos instruments d'optique se perfectionnent, les étoiles se révèlent derrière les étoiles. Celles que nous avions crues les bornes enflammées du monde, deviennent des promontoires étincelants, annonçant des continents ultérieurs. Le *non plus ultra* semble une chimère.

L'impression de l'infini se produit alors avec tant de force, qu'on voit des hommes, se targuant d'astronomie, écrire les lignes suivantes :

« Vous rendez-vous compte de l'infini ? — L'espace, mon ami, est sans fin, sans mesure et sans dimensions. Le comprenez-vous suffisamment ? Sans dimensions ! C'est-à-dire, que, si vous partiez d'ici vers un point quelconque du ciel apparent, et que vous voyagiez avec n'importe quelle vitesse, pendant n'importe combien de temps, dans la direction de ce même point, après les plus longues séries de siècles que vous puissiez imaginer, vous n'aurez fait aucun chemin, aucun progrès, vers la *limite, sans cesse plus reculée de l'infini*. (Flammarion. *Récits de l'infini.* — *Dans l'infini*.)

La thèse de Flammarion n'est pas *difficile* à comprendre. Elle est incompréhensible.

Les espaces sont mesurables, qui le sait mieux que les astronomes? Ils sont assez fiers d'avoir évalué en 170,392,000 lieues la distance de la terre à Capella, et en soixante et onze ans huit mois, le temps que met la lumière à franchir cet intervalle. Ils savent que les autres distances, si elles ne sont pas calculées, sont cependant calculables.

Si l'on suppose les corps d'abord rassemblés en un même lieu, puis se séparant les uns des autres et se mettant en marche, chacun dans une direction différente, l'espace qui s'établira entre les corps sera perpétuellement fini, perpétuellement en croissance, et perpétuellement supputable. Fini lorsqu'il comprendra quelques lignes, il restera fini après des milliards de lieues, toujours plus grand, jamais immense. Jamais les corps n'arriveront à une distance infinie les uns des autres, car ils ne peuvent traverser l'infini.

Si, par impossible, ils arrivaient à l'infini les uns des autres, ils ne pourraient se rapprocher. Car on ne peut pas plus repasser qu'on ne peut passer l'infini. Parqués à une distance infinie les uns des autres, ils n'auraient plus aucune *relation* de distance les uns avec les autres. Car l'infini intervenant entre deux termes brise tout rapport entre ces deux termes. Ce serait l'anéantissement de l'Espace.

L'espace occupé par la réunion des mondes stellaires est donc fini.

La difficulté qu'il y a à concevoir la nature de l'espace, ne peut nous empêcher de conclure à sa finitude.

Qu'on fasse de l'espace ce que l'on voudra, ou une substance matérielle, ou une simple relation d'un corps à l'autre, on arrivera toujours à la finitude. Les corps étant finis, et le nombre des corps limité, tout ce qui se rattache au corps a des bornes.

Comme on peut toujours supposer que l'espace occupé de *distance en distance* par les corps est *pleinement* occupé par eux, il est clair qu'un espace infini supposerait ou un corps infini, ou un nombre infini de corps.

Quant aux espaces imaginaires, c'est-à-dire aux espaces que nous imaginons s'étendre indéfiniment par delà les derniers corps célestes, ils sont le résultat même de la finitude de l'espace réel. C'est parce que l'espace réel est borné, qu'il suppose la possibilité d'un autre espace plus grand que lui. Quel que soit le nombre des corps existants, on peut en concevoir d'autres ; par conséquent l'espace imaginaire est l'espace possible, c'est-à-dire, l'espace que peuvent occuper les corps possibles.

LES DEUX MIROIRS.

Les nombres réels et les nombres possibles s'éclairent mutuellement. Les mondes existants sont les miroirs des mondes possibles, et à leur tour les mondes qui peuvent être, reflètent les mondes qui sont.

Les mondes possibles égaux au monde actuel, sont absolument de la même nature que le monde actuel. Ils ont les mêmes perfections et les mêmes imperfections. Il faut raisonner de même pour les uns et pour les autres. Ce qui est possible pour les uns devient possible pour les autres, et une impossibilité constatée d'un côté l'est pareillement de l'autre.

Cette comparaison, nécessaire entre les uns et les autres,

nous permet d'affirmer que ni les uns ni les autres n'existent par eux-mêmes.

Si le monde réel existait par lui-même, les mondes semblables à lui existeraient aussi par eux-mêmes. Si la perfection du monde réclamait l'aséité, un monde d'une égale perfection la réclamerait également. Si le monde actuel avait en lui-même, et en vertu de sa grandeur propre, la raison de son être, des mondes supérieurs auraient, à *majori*, en eux-mêmes, cette raison d'exister.

En deux mots, si le monde actuel était par lui-même, tous les mondes égaux possibles, tous les mondes supérieurs possibles seraient par eux-mêmes et existeraient nécessairement. Nous aurions rassemblés, dans une existence éternelle, une infinité de mondes : c'est-à-dire que nous aurions une infinité d'absurdités.

L'aséité du monde actuel entraînerait l'existence simultanée de tous les mondes possibles, ce qui ne se peut.

Il faut donc admettre que des mondes possibles restent actuellement en dehors de l'existence. Ces mondes placés en dehors de l'existence sont évidemment en dehors de l'aséité. Ce qui n'existe pas, n'existe pas par soi.

Mais alors, puisque des mondes semblables au monde actuel ne sont point par eux-mêmes, comment le monde actuel qui n'a rien de supérieur à ces mondes, serait-il par lui-même ? Puisque des mondes supérieurs au monde actuel ne sont point par eux-mêmes, comment le monde actuel, inférieur à ces mondes, serait-il par soi ?

Si un être fini est par soi, tous les êtres finis possibles égaux ou supérieurs sont aussi par soi.

Enfin le nombre des êtres existants nous apparaît comme essentiellement limité et essentiellement contingent. Ce nombre déterminé en soi est susceptible d'augmentation et de diminution.

Il me semble qu'on peut comparer l'Univers visible à un immense atelier rempli de statues. Toutes ces statues se ressemblent : même marbre, mêmes formes, mêmes mouvements, même grandeur, même expression. Il y en a des millions et des millions. C'est une profusion de ressemblances, c'est un luxe incroyable d'identités, c'est la reproduction sans fin d'un même type, c'est l'écho d'un même son, mille et dix mille fois répété. Quand on a parcouru l'atelier, quand on a eu sous les yeux toutes ces statues semblables entre elles, on cherche fatalement le modèle unique sur lequel elles ont été moulées. Il n'est pas dans l'atelier.

CHAPITRE QUATRIÈME

Les derniers Nombres.

Les derniers nombres. — Pendant que tous les êtres cosmiques entrent dans le nombre, le nombre pénètre en eux. — Tous sont composés. — Tout être vivant a plusieurs parties. — Trois hypothèses. — Ou chacune de ces parties est par elle-même, ou une seulement est par elle-même, ou aucune n'est par elle-même. — Absurdité des trois hypothèses. — Donc nul être vivant n'est par soi.

Lorsque l'intelligence quitte les régions immenses et élevées des mondes possibles, lorsqu'elle nombre les êtres qui composent le monde actuel, ou au moins constate qu'on peut les nombrer ; lorsqu'elle examine à part chacun de ces êtres existants, elle retrouve le nombre, jusque dans ces étroites limites de l'individualité réelle. Non seulement tout être fini peut faire nombre avec un autre ; mais tous les êtres finis visibles contiennent le nombre dans leur sein. Tous renferment des parties multiples, des parties distinctes les unes des autres, dont l'union forme l'ensemble de l'être.

Tous sont composés.

Nous nous bornerons à la composition des êtres supérieurs, dont l'individualité et la nature sont plus apparentes. Tout ce qui est vivant est composé : tout animal, tout homme se compose d'un principe vital et d'un principe matériel.

Tout être vivant sur la terre se trouve être ainsi un dernier écho du nombre.

La multiplicité des parties dans les êtres visibles, est un signe éclatant que ces êtres n'ont pas en eux-mêmes la raison de leur existence.

En effet, de trois choses l'une :

Ou chaque partie de l'être composé, prise séparément, a en elle-même la raison de son existence ;

Ou une seule de ces parties est par elle-même ;

Ou aucune de ces parties, considérée isolément, n'est par elle-même.

Il faut nécessairement qu'une de ces trois hypothèses se réalise.

Examinons-les, une à une.

Deux êtres par eux-mêmes (abstraction faite de l'inanité intrinsèque à cette supposition), deux êtres par eux-mêmes ne pourront jamais se réunir pour se perfectionner mutuellement, c'est-à-dire, pour former un tout. Car rien ne peut perfectionner l'être par lui-même. Car un être existant par soi *seul*, et perfectionnant son existence par le moyen d'un *autre*, est une contradiction formelle et totale.

La première hypothèse n'est donc qu'un mirage.

Supposons maintenant qu'une des parties seulement soit par elle-même ; que par exemple, les âmes végétales, animales et humaines aient en elles-mêmes toute la raison de leur existence ; en ce cas la matière, dont l'union avec les âmes forme les vivants, ou n'est pas produite par les âmes, ou doit son existence aux âmes.

Si la matière n'est pas produite par les âmes, l'être vivant ne sera pas non plus par l'âme qui est en lui. Peu importe que les âmes aient la puissance de s'adjoindre la matière : la puissance de s'unir un être distinct de soi ne suffit pas pour être la raison totale de l'être qui résultera de cette union. Il y aura toujours dans cet être une partie dont la raison sera puisée en dehors de cet être.

Cet être ne sera donc en dernier ressort, ni par l'âme, ni par la matière, puisque la matière, partie intégrante de cet être, doit son existence à un être distinct et de l'âme et de la matière.

En outre, le résultat de l'union, l'ensemble, le tout, le composé serait plus parfait que ses parties, prises séparément : plus parfait que l'âme, c'est-à-dire, plus parfait qu'un être par soi, et grâce à l'annexion d'un être par un autre.

Il faut donc abandonner ce terrain.

Reste que l'âme, être par soi, produise la matière et après, l'unisse à soi dans l'unité d'un être nouveau.

La difficulté augmente au lieu de diminuer. L'être nouveau serait plus parfait que l'âme, uniquement parce qu'il tirerait de l'âme toute sa perfection. C'est le *summum* de l'antilogie.

Voilà la seconde hypothèse évanouie.

Quant à la dernière, il est impossible de s'y arrêter, même un instant.

C'est l'hypothèse d'un être qui serait par lui-même, alors que tous ses éléments viendraient d'ailleurs.

Tout être composé existe par un autre.

Toutes les statues de l'atelier universel portent l'empreinte d'une main étrangère.

Cette empreinte est une fissure, une fente légère, mais réelle. Aucune de ces statues n'est d'un seul bloc. Elles sont toutes de deux pièces juxtaposées. Ces pièces ne sont pas réunies par leurs propres forces. L'assemblage est partout. L'assembleur est quelque part. Il n'est pas dans le monde ; cherchons-le donc en dehors du monde.

CONCLUSIONS

Toute la nature, qu'on la considère comme une collection d'êtres distincts, ou comme un grand être unique formé de plusieurs parties, réclame un être distinct de la nature, comme raison d'être de la nature.

Toute la nature, étant à la fois, une collection d'êtres distincts les uns des autres et une collection d'êtres composés, aboutit de toutes parts à un être placé au delà.

CHAPITRE CINQUÉMIE

Le Mouvement.

Et pondere.

Le troisième caractère des êtres cosmiques est le mouvement. — Activité abstraite. — Activité des êtres cosmiques. — Changement. — Tous les êtres cosmiques changent. — Le changement est le passage de la puissance à l'acte. — *Omne quod movetur ab alio movetur.* — Donc les êtres cosmiques qui sont mus, sont mus par un autre. — Comme ce qui est mû par un autre est par un autre, les êtres cosmiques sont par un autre. — L'être par soi est immuable.

Après la finitude et le nombre vient le mouvement des êtres.

L'activité, en elle-même et dans son concept abstrait, ne pourrait nous faire soupçonner que le monde a sa raison d'être en un autre. Car l'activité est une perfection. Agir, vivre, exercer une influence au dehors, soutenir les faibles, suppléer à la force défaillante d'autrui, coopérer à une œuvre, lutter victorieusement contre un obstacle, dominer sur ce qui n'est pas soi, toutes ces manifestations de l'être n'impliquent aucun déficit, et ne sont pas en contradiction avec la perfection de l'existence. Mais, dès qu'on descend des hauteurs de l'abstraction dans l'activité particulière aux êtres cosmiques, immédiatement cette activité se mélange d'imperfection.

L'imperfection qui se révèle tout d'abord dans l'activité des êtres cosmiques est le changement.

Non seulement tout être cosmique est fini, en ce sens qu'il peut avoir un supérieur, mais il est encore fini en ce sens qu'il peut recevoir en lui-même des perfections différentes de celles qu'il possède déjà. Il peut acquérir ce qu'il n'a pas, il peut perdre ce qu'il a. Il peut changer.

L'EXISTENCE DU MOUVEMENT

Tout, ici-bas, évolue dans le changement ; et rien n'est stable en toutes ses parties. Sans doute qu'il y a, au fond des êtres, un point immobile, la substance. Mais sur ce fond immobile se dessine une grande variabilité.

Le mouvement local est un changement. Si le moteur des derniers astres échappe à notre vue, leur mouvement, c'est-à-dire leur changement, nous est connu. Quelle que soit la nature de la pesanteur, son effet est un changement de place, ou tout au moins une tendance à ce changement. Le préjugé de l'incorruptibilité sidérale ne tient plus. La vie, dans toutes ses sphères, est une activité changeante. La sève circule ; le sang circule comme la sève. Il y a échange perpétuel des particules matérielles entre les organismes et les éléments.

Cette mutabilité des choses frappe les yeux les moins observateurs et inspira les sombres réflexions d'Héraclite. C'est le changement, le flux, le perpétuel devenir, les vicissitudes interminables de ce qui est terrestre. On ne peut descendre deux fois dans le même fleuve, disait Héraclite.

La vie supérieure est elle-même un fleuve. Les mouvements du sang modifient le corps de l'homme, pendant que les agitations de l'animalité bouleversent son âme.

Il passe d'une sensation à une autre avec une soudaineté incroyable. La tempête agite la sphère la plus élevée de son être. Ses pensées se succèdent indéfiniment. Ses volontés changent plus fréquemment et plus rapidement que la direction des vents et le cours des fleuves, et le vol des nuées.

Le changement domine l'univers.

Les êtres passent d'un état qui finit à un état qui commence. Ils acquièrent de nouvelles relations, des réalités nouvelles. Ils se perfectionnent. En un mot, ils changent.

LA NATURE DU CHANGEMENT

Qu'est-ce que le changement ?

C'est le passage de la puissance à l'acte, de ce qui peut être à ce qui est. Il ne saurait y avoir là-dessus aucune obscurité.

L'activité des êtres cosmiques s'exerce par le changement. C'est là un fait qui n'est pas moins clair que la nature même du changement.

Qu'en résulte-t-il ?

Il en résulte que l'activité du monde est une activité essentiellement dépendante ; que l'activité du monde indique, par son caractère de mutabilité, l'influence d'un être distinct du monde.

Le changemement fit réfléchir profondément Héraclite. Il inspira à Aristote des réflexions encore plus profondes et plus fécondes. Ce grand génie en a tiré l'axiome devenu si célèbre dans les écoles :

« Tout ce qui change est changé par un autre. »

Omne quod movetur, ab alio movetur.

Cette grande thèse affirmée par Aristote, magnifiquement élucidée par saint Thomas, et étendue par lui à ses dernières limites, sembla perdre de son amplitude et de sa netteté pour Scot et les derniers scolastiques. Les modernes s'en occupent peu.

Cependant la thèse est vraie.

Examinons l'argumentation sur laquelle l'appuie saint Thomas.

Cette argumentation a essentiellement trois phases. Trois propositions la résument. Nous allons rapprocher ces trois propositions.

Première proposition. — L'être qui change, qui passe d'une manière d'être à une autre manière d'être, est en puissance seulement quant à la manière d'être à laquelle il passe. C'est là la notion même du changement. On ne devient pas ce qu'on est déjà, ni ce qu'on ne peut être ; on ne devient que ce que l'on n'est pas encore et ce que l'on peut être, en d'autres termes, ce qu'on n'est pas actuellement mais en puissance. Le changement est le passage de la puissance à l'acte.

C'est pourquoi :

Nihil movetur, nisi secundùm quod est in potentiâ ad illud ad quod movetur. »

« Rien n'est mû, sinon selon qu'il est en puissance à ce vers quoi il est mû. »

Il est impossible de retrancher ou de changer un seul mot dans cette énonciation. On ne peut rien concevoir de plus concis et de plus exact.

Seconde proposition. — Mais le passage de la *puissance* à l'*acte* doit s'appuyer sur un *acte*. Cette proposition est absolument certaine. L'acte ne peut venir que de l'acte. L'être ne sort pas du non-être. Il y a ici commencement d'acte, de mode, d'être enfin, quelque atténuée que soit cette entité, puisqu'il y a changement.

« Rien ne saurait être réduit de la pure possibilité à l'existence, de la puissance à l'acte, sinon par un être en acte.

De potentiâ autem non potest aliquid reduci in actum, nisi per aliquod ens in actu.

Cet acte n'est pas un acte quelconque. C'est un acte capable de donner à l'être ce qu'il n'a pas encore; c'est un acte contenant par conséquent ce qu'il doit donner. Car, *nemo dat quod non habet*.

Cette seconde proposition est aussi claire que la première.

Elles pourraient toutes deux s'énoncer ainsi :

Première proposition. — *On ne peut recevoir que ce qu'on n'a pas encore.*

Seconde proposition. — *On ne peut donner que ce que l'on a.*

De là, une troisième proposition qui jaillit nécessairement de ces deux premières.

Troisième proposition. — Il est impossible que le même être par le même acte donne et reçoive la même chose.

Car s'il la reçoit, c'est qu'il ne l'a pas encore.

S'il la donne, c'est qu'il l'a déjà.

Il est manifestement absurde qu'une même chose soit simultanément en simple puissance et en acte, sous le même rapport.

Non est possibile ut idem sit simul in actu et potentiâ, secundum idem.

De là la conclusion :

Tout ce qui est mû est mû par un autre.

Rien ne peut se donner pleinement à soi-même quoi que ce soit de nouveau. Ce qui est nouveau dans un être vient nécessairement d'ailleurs.

L'argument, pris dans ces termes généraux, est inattaquable.

La première proposition énonce l'essence du changement. La seconde s'appuie directement sur le principe de la raison suffisante. La troisième est une application immédiate du principe de contradiction.

Cependant l'argument a rencontré des adversaires.

Des esprits de premier ordre et de première force dans

l'*analyse* ont trouvé une certaine difficulté à expliquer par lui les évolutions vitales. D'autres, admettant l'argumentation dans toute sa rigueur, en ont déduit des conséquences inacceptables pour la liberté humaine.

Nous pensons que les premiers ont pris l'argument dans un sens qui n'est pas le sien. Nous pensons que les seconds ont mal tiré leurs conséquences.

LA VIE ET SES ÉVOLUTIONS

Ce qui fait difficulté pour les opposants, c'est la vie. La vie étant l'acte par lequel un être agit sur lui-même, il semble aux philosophes dont nous parlons, que refuser à un être la possibilité de se modifier, c'est lui refuser la possibilité de vivre, et que lui accorder la vie, c'est au contraire lui accorder la puissance de se modifier.

Donc, ou le principe d'Aristote est vrai et alors il n'y a point d'êtres vivants; ou la vie est une réalité, et alors il faut abandonner le principe aristotélicien. Evidemment on ne peut nier la vie. Donc il faut nier le principe.

La difficulté vient de ce qu'on identifie ce qu'on ne devrait pas confondre.

Dire qu'un être ne peut se modifier lui-même, ce n'est pas dire qu'un être ne peut agir sur lui-même. Ce qui est impossible dans la modification d'un être par lui-même, ce n'est pas l'action de l'être sur lui-même, c'est la *modification* apportée dans l'être par cette action de l'être sur lui-même.

Distinguons la vie et le changement.

La vie n'est pas le changement. Il peut y avoir vie sans changement. Il peut y avoir changement sans vie. Il peut y avoir tout à la fois vie et changement.

Qu'un être soit et le principe et le terme de son action, que l'activité d'un être ne sorte pas de cet être, c'est là le concept de la vie. Concept parfaitement rationnel. Concept pur de cet autre concept, qui s'appelle le changement. Changer ce n'est pas agir sur soi-même, c'est passer d'une manière d'être à une autre manière d'être.

Ce qui distingue la vie, c'est l'*immanence* de l'action. L'action ne sort pas de l'être agissant. Elle demeure en lui. Elle n'a pas son résultat au dehors, mais au dedans.

Rien ne s'oppose à ce que l'action d'un être sur lui-même soit éternelle et toujours identique. Rien dans le concept vital n'implique le changement.

Il peut donc y avoir vie sans changement.

Le changement n'est pas non plus la vie.

Le changement n'inclut pas l'action de l'être sur lui-même.

Changer, dans le sens le plus large, c'est acquérir une réalité qu'on n'avait pas auparavant, ou perdre une réalité qu'on possédait. Le changement ne peut pas s'étendre plus loin que ce concept : car si ce qui est acquis, ou ce qui est perdu n'ajoute ni n'enlève rien à l'être, il n'est pas une réalité, il n'y a pas changement. Il faut ensuite que la réalité acquise, d'abord ne soit pas dans l'être, et ensuite soit en lui, que la réalité perdue commence par y être et ensuite cesse de s'y trouver. Car si la *nouveauté* n'est pas réelle, le changement est une simple apparence. Le concept du changement n'a rien de commun avec le concept d'immanence.

Il peut y avoir changement sans vie.

Il peut aussi y avoir *vie et changement.*

L'arbre qui fructifie change. Il est plus parfait dans sa fructification que dans sa floraison.

L'animal qui éprouve une sensation nouvelle change.

Fleurir et sentir sont plus que pouvoir fleurir et pouvoir sentir.

L'homme qui acquiert des connaissances éprouve des changements. Il se perfectionne.

Ceci posé, voyons quelles choses sont inconciliables, et lesquelles sont conciliables entre elles.

L'être qui change ne peut avoir la raison dernière de son changement en lui.

Rien ne saurait ébranler la solidité de cet axiome. Il est si évident, il repose si immédiatement sur le principe de contradiction, que son admission prime toute distinction, toute explication, toute atténuation. Le changement et la raison dernière du changement dans l'être changé sont absolument inconciliables.

Le changement est l'introduction dans un être d'une réalité nouvelle et qui n'y était pas auparavant. Vouloir donc trouver la raison dernière et totale de cette réalité nouvelle dans l'être changé, c'est vouloir que l'être ait, et, en même temps, n'ait pas cette réalité.

Toutes ces impossibilités ont leur racine dans cette impossibilité. Il n'y a rien de plus *radical* que cette impossibilité. C'est l'impossibilité des impossibilités.

La pierre, dit-on vulgairement, ne transsude pas le vin, ni le miel, ni le lait. Pourquoi? Parce que ni le vin, ni le miel, ni le lait ne sont dans la pierre. Rien ne sort d'un être que ce qui y est. Une réalité nouvelle, si mince qu'elle soit, ne peut être produite dans un être, par cet être seul, ne peut avoir la raison dernière et totale de sa production dans cet être.

C'est là le fondement profond sur lequel s'appuie l'immutabilité de l'être par lui-même. Car, plus l'être concentre en lui-même la raison dernière de son existence, plus il concentre aussi en lui la raison dernière de ce qui peut procéder de cette existence. Il faudrait donc, pour que l'être par lui-même changeât, qu'il fût raison dernière et totale de ce qui ne se trouverait en aucune façon en lui. Si l'être par lui-même changeait, il serait la raison dernière de son changement. Il aurait ce qu'il n'aurait pas et il n'aurait pas ce qu'il aurait.

L'être par lui-même ne saurait, de ce chef, changer.

Donc, l'être qui change, l'être qui est perfectible, l'être qui acquiert des forces, ou qui les augmente, l'être qui passe de la puissance à l'acte, cet être n'a pas en lui-même la raison dernière de ses actes, n'est pas l'être par lui-même.

Voilà donc une seconde série de choses inconciliables :
Le changement et l'aséité.
Ce qui est par soi ne change pas.
Ce qui change n'est pas par soi.
Reste à expliquer la difficulté tirée de la vie.

Si l'on ne considérait dans les êtres vivants cosmiques que la vie; si on considérait seulement dans leur vie le principe général de la vie, qui est l'immanence, on ne pourrait en conclure que ces êtres existent par un autre être. Car rien ne s'oppose à ce qu'un être agisse sur lui-même, par lui-même et par lui seul. Mais cette vie des êtres cosmiques est imparfaite. Elle inclut un changement. C'est donc la vie d'un être qui a la raison dernière de son existence, et par conséquent de sa vie, en un autre. L'être cosmique a reçu d'un autre la puissance d'agir sur lui-même, la puissance de vivre.

LES CONDITIONS DU MOUVEMENT

Le mouvement des êtres cosmiques accuse l'action d'un être étranger, par le *seul fait* que ce mouvement est une mutation. De plus, dans des cas innombrables, cette ingérence étrangère est manifeste.

Nous sommes emportés par le mouvement de la terre et des astres. Nous ne décrivons des mouvements analogues aux mouvements sidéraux que sous l'impulsion de moteurs distincts de nous.

Les mouvements des astres ont aussi une action visible sur le mouvement végétal, dans les plantes, les animaux et les hommes.

Les sensations dépendent des objets extérieurs. L'homme, avec son industrie, modifie la flore et la faune qui l'entourent. Il modifie jusqu'à un certain point la surface du sol ; il domine plus ou moins les forces élémentaires. Il agit sur l'homme lui-même et l'histoire n'est autre chose que le récit des modifications apportées dans le mouvement de la vie humaine par la société humaine.

Cette influence des agents extérieurs sur l'activité des êtres nous apparaît donc souvent comme *cause* partielle de cette activité, et souvent aussi comme *condition*.

Par exemple, l'action des êtres environnant l'homme sur sa vie végétative, sur sa nutrition et sa croissance, ne peut se nier.

D'un autre côté, l'homme végète avant de sentir, il sent avant de penser, il pense avant de vouloir ; ou tout au moins, il ne peut vouloir avant de penser, ni penser avant de sentir, ni sentir avant de végéter. Evidemment, la volonté n'est pas produite par la pensée, ni la pensée par la sensation, ni la sensation par la végétation ; tous ces actes viennent directement de facultés spéciales, et ces facultés ne viennent pas les unes des autres ; ces facultés ont leurs racines directes dans la substance de l'homme.

Ce ne sont donc pas des causes proprement dites, les unes par rapport aux autres, mais des *conditions*.

C'est pourquoi il est exact de dire que l'homme ne peut vouloir ni penser, *sans* qu'une action s'exerce sur lui par les êtres qui l'environnent. Cette action n'est pas cause, mais condition de ses actes les plus libres et les plus spirituels.

Nous avons besoin de toute la nature pour soutenir notre existence et exercer notre activité.

Quand, à l'aide de la nature, nous voulons lutter contre elle, nous rencontrons d'invincibles résistances. Que de fois le lion n'a-t-il pas dévoré le chasseur au fond des forêts ? Que de fois la foudre n'a-t-elle pas brisé les paratonnerres ? Que de savants trouvés penchés pâles et froids pour toujours sur les cornues de leurs laboratoires, tués par la nature à laquelle ils voulaient arracher ses voiles !

En un mot, l'action des êtres cosmiques rencontre à chaque instant sur sa route une action supérieure à elle, c'est-à-dire réagissant contre elle, c'est-à-dire agissant plus fortement sur son auteur, que son auteur ne peut agir.

Tous les êtres cosmiques ont donc une activité dépendante.

Ils ont, par conséquent, un être dépendant. Ils n'ont pas la raison de leur activité en eux seuls ; ils n'ont pas non plus en eux-mêmes la raison de leur existence.

C'est cette déduction dont il faut manifester la rigueur.

L'acte d'un être vient de son essence.

Quand, par conséquent, un être agit avec l'aide d'un autre être, c'est que son essence est incapable d'agir autrement et capable d'agir avec cet aide.

Les actes d'un être ont donc leur raison d'être prochaine dans la nature de l'essence dont ils procèdent. Ils sont tels ou tels parce que l'essence est telle ou telle.

Si donc une essence avait en elle-même toute sa raison d'être, elle agirait en telle ou telle manière, *précisément* parce qu'elle aurait en elle-même toute sa raison d'être. Si donc encore on suppose un instant que l'essence qui agit dépendamment d'une autre est par elle-même, on aura cette conclusion, qu'une essence indépendante en elle-même de tout autre être dépend d'un autre être *dans son action*, *précisément* parce qu'elle n'en dépend pas *en elle-même*, précisément parce qu'elle n'en dépend pas dans la cause de cette action. Ce qui implique.

Du reste, qu'est-ce que l'action ?

C'est l'essence considérée dans son état parfait.

Une essence qui serait par elle-même et agirait par un autre, serait moins parfaite dans son acte, qu'elle ne le serait, abstraction faite de son acte.

Comme on le voit, la conclusion est certaine.

Les êtres cosmiques sont dépendants pour leur activité les uns des autres. Ils ont besoin pour agir, soit de conditions étrangères, soit de coopération extérieure.

Donc ces êtres dépendent pour leur existence d'un être qui n'est pas eux.

CHAPITRE SIXIÈME

La Limite, le Nombre et le Mouvement.

In mensurâ et numero et pondere.

La limite, le nombre et le mouvement dans la durée. — La durée est la permanence de l'être dans l'existence. — Identité de la durée et de l'existence. — Autant de durées que d'êtres qui durent. — Deux durées : la durée immobile et la durée mobile. — La durée immobile n'a ni avant ni après. — La durée mobile s'appelle le temps. — Le temps est *le nombre du mouvement par avant et après*. — Tous les êtres visibles sont dans le temps. — Il y a autant de temps qu'il y a d'êtres dans le temps. — Question : Le temps, qui a déjà le mouvement et le nombre, a-t-il aussi la limite ? Commence-t-il ? Peut-il commencer ?

Nous avons considéré la limite en elle-même, le nombre en lui-même et le mouvement en lui-même. Chacune de ces propriétés des êtres visibles : limite, nombre et mouvement, prise isolément, a porté notre esprit par delà le monde et lui a révélé l'existence d'un être distinct de ce monde et auteur de tout ce que nous voyons.

Il nous reste à comparer entre elles ces trois propriétés,

à étudier la combinaison de la limite, du nombre et du mouvement.

Nous n'étudierons pas cette combinaison dans l'*existence* des êtres visibles. Elle ne nous apprendrait rien de nouveau. Mais nous l'étudierons dans la *permanence* des êtres visibles au sein de l'existence.

Nous avons vu les êtres visibles, limités, multipliés et agissant dans le sens de l'étendue, de l'expansion immobile, de l'espace.

Nous allons les voir dans le sens de la durée. C'est dans la durée de chaque être que nous saisirons le mouvement, le nombre et la limite.

LA DURÉE

La durée est la permanence d'un être dans l'existence.

Si un être perdait l'existence immédiatement après l'avoir reçue, cet être ne *durerait* pas. Il aurait existé sans avoir duré.

Le moindre intervalle entre le commencement et la fin d'un être est une durée.

La durée renferme donc, dans son concept, l'existence et une certaine permanence dans cette existence.

La durée est une perfection de l'existence.

Il y a autant de durées individuelles qu'il y a d'êtres qui durent. Car la durée ne se distingue pas réellement de l'existence. *Oppositum dicere, est magna ignorantia in philosophiâ.* — « Dire le contraire est une grande ignorance en philosophie. » — Cette parole de Tolet peut être regardée comme un axiome.

LE TEMPS

Il y a deux espèces de durée : la durée immobile et la durée mobile, et il ne peut pas y en avoir plus de deux.

Car il n'y a pas de milieu entre l'immobilité et la mobilité.

La durée immobile est la durée dans laquelle on ne peut distinguer ni avant ni après, dans laquelle les éléments de la durée existent simultanément, dans laquelle l'être qui dure jouit de son existence tout à la fois, sans passé et sans avenir, dans laquelle, en un mot, la permanence est parfaite.

La durée mobile est une durée dans laquelle on distingue un avant et un après, dans laquelle les instants sont successifs, dans laquelle l'être qui dure jouit de son existence peu à peu, qui a un passé et un avenir séparés par un présent sans cesse déplacé.

Le temps est une durée mobile.

Il y a multiplicité d'instants. Ces instants ne sont pas, ne peuvent pas être ensemble. Ils sont les uns après les autres. Le passé précède l'avenir. Le passé est avant, l'avenir est après. Quand le passé était, l'avenir n'était pas encore ; quand l'avenir est arrivé, le passé n'est plus. Ce nombre d'instants, qui sont les uns après les autres, est un nombre en mouvement. Les instants se succèdent, c'est-à-dire apparaissent et disparaissent avec une rapidité inimaginable.

Le temps coule.

Aristote a fixé cette fluidité du temps dans une définition fameuse et qu'on ne remplacera jamais. Ἀριθμὸς κινήσεως κατὰ τὸ πρότερον καὶ ὕστερον. — « Le nombre du mouvement par avant et après. »

En un mot, toutes les fois qu'on distingue avant et après, il y a temps. *Avant* et *après* suppose nombre et mouvement. C'est là tout ce qu'il y a de plus clair et de plus incontestable dans la notion du temps.

Tous les êtres visibles sont dans le temps.

Le temps étant une durée, il y a autant de temps qu'il y a d'êtres dans le temps.

Chaque être visible a son temps proprement dit, son

temps intérieur, sa durée mobile, sa succession d'instants, un avant et un après dans ses actes, un passé, c'est-à-dire des actes et des instants qui ont été, mais qui ne sont plus, un avenir, c'est-à-dire des actes et des instants qui seront, mais qui ne sont pas encore, un présent, c'est-à-dire une limite entre le passé et l'avenir. Le passé s'en va et, selon l'expression du poëte, il échappe aux hommes et aux dieux.

Chacun des êtres visibles a donc une durée mobile qui lui est propre. Serait-il seul dans l'existence qu'il aurait encore cette durée.

Si tous les êtres visibles commençaient et finissaient en même temps, il n'y aurait que cette durée propre à chaque être, répétée autant de fois qu'il y aurait d'êtres. Si tous les êtres visibles se succédaient dans l'existence d'une manière parfaite, c'est-à-dire si le second commençait d'être immédiatement après la disparition du premier, si la fin du second était incontinent suivie du commencement du troisième, et ainsi jusqu'au dernier; la collection de ces durées particulières constituerait une durée nouvelle formée de toutes les autres, une durée continue dans le même être, discontinue d'un être à l'autre, commençant au premier instant du premier être, finissant au dernier instant du dernier. Il y aurait avant et après dans le même être, avant et après d'un être à l'autre.

De fait, les durées des êtres coïncident d'une façon irrégulière. Il y a des êtres dont la durée dépasse la durée de tous les autres. Le soleil existait avant que n'existât le plus ancien de tous les arbres actuels. Le cèdre le plus antique existait avant que n'existât l'homme le plus vieux de notre époque. Ce doyen de l'espèce humaine vivait avant la naissance du coursier le plus avancé en âge, etc., etc. Le soleil a déjà vu disparaître d'innombrables générations d'êtres vivants. Les naissances et les morts tantôt coïncident et tantôt se devancent sans loi apparente. En définitive, il n'est pas aujourd'hui d'être vivant qui n'ait eu sa durée précédée par la durée d'un être visible et qui n'ait survécu à d'autres êtres.

Si tous les êtres commençaient et finissaient en même temps, ils auraient tous et *manifestement* une durée égale.

Si tous les êtres se succédaient exactement et exclusivement, il serait impossible de constater si cette durée est égale pour tous, inégale pour tous, égale pour les uns et inégale pour les autres.

Dans l'état actuel, il est *évident* que certains êtres durent moins que certains autres, puisqu'ils viennent à l'existence alors que d'autres y sont déjà et qu'ils en sortent alors que ces autres y sont encore.

Enfin, si l'on suppose que les êtres qui sont dans l'existence ont tous commencé et qu'ils finiront tous, on conçoit immédiatement un *avant* précédant tous ces êtres et un *après* qui leur succède. Cet avant et cet après constituent le temps imaginaire, le temps idéal, le temps possible. On conçoit qu'il aurait pu y avoir des êtres avant tous ceux qui ont existé réellement et qu'il pourrait y avoir d'autres êtres après la disparition de tous les êtres existants.

Un point surtout nous intéresse dans cette durée des êtres visibles. Il s'agit de savoir : si la série d'instants dont se compose le temps a ou n'a pas une limite dans le passé ; si la chaîne des siècles dont le dernier anneau nous entoure a elle-même un anneau premier ; ou si l'anneau actuel n'est pas suspendu à une suite innombrable d'autres anneaux équivalant à un passé éternel. Les temps ont-ils commencé ? n'ont-ils pas commencé ? ont-ils pu commencer ? sont-ils nécessairement sans commencement ?

Voilà de grandes questions. Leur examen achèvera de nous faire pénétrer dans la contingence des êtres visibles.

CHAPITRE SEPTIÈME

Le commencement.

Les faits militent pour le commencement des temps. — Les êtres vivants actuels ont commencé. — Le commencement des êtres animés est aussi le commencement des âmes. — La préexistence des âmes serait sans raison suffisante. — Il est essentiel à tous les êtres, vivants ou non, d'avoir pu commencer. — Solution par la *limite* : Aucun être fini ne peut avoir par lui-même une durée sans commencement, parce que cette durée serait infinie. — Solution par le *nombre* : Tout être fini, exigeant une existence sans commencement, devancerait nécessairement dans l'existence tous les êtres finis possibles ; mais nul être fini ne peut devancer dans l'existence tous les êtres finis possibles : donc nul être fini n'exige une existence sans commencement. — Solution par le *mouvement* : Le temps étant composé d'instants successifs, une durée sans commencement contiendrait un nombre infini d'instants ; mais aucun être fini ne peut par lui-même traverser un nombre infini d'instants. — Conclusion : Aucun des êtres qui sont dans le temps n'a pu avoir par lui-même une durée sans commencement. Donc : ou ils ont eu une durée sans commencement par le fait d'un autre, et alors ils sont par un autre ; ou ils ont commencé et ils sont encore par un autre.

Les faits ne favorisent pas la théorie de l'éternité du monde.

Le monde comprend deux groupes d'êtres : les êtres

vivants et ceux qui ne le sont pas. C'est là au moins la division la plus généralement acceptée. Aucun philosophe n'a nié la vie dans l'univers. Car la vie est ce qu'il y a de plus apparent. Très peu ont prétendu que la vie était partout. Le παντα ζωα est loin d'être établi. Le serait-il que la division nouvelle, amenée nécessairement par cette découverte, ne modifierait nullement nos conclusions.

Considérons les êtres vivants, ou, selon les partisans du Παντα ζωα, les êtres vivants supérieurs, tels qu'ils nous apparaissent *maintenant ;* les plantes qui couronnent notre terre de verdure, les animaux qui pullulent au sein des bois, des mers et des airs, les hommes qui forment le soixantième siècle au moins de l'humanité.

Prenons les représentants de ces règnes, les plus visibles, les plantes et les animaux appréciables à l'œil nu. En un mot, bornons-nous aux faits les plus incontestables.

L'observation la plus vulgaire peut nous convaincre que tous les êtres vivants *actuels* ont commencé. L'ensemble actuel de tout ce qui respire est relativement jeune. Un grand nombre de ces vivants vient de naître. Les plus éloignés de leur berceau, dans le règne humain, atteignent le siècle, tout au plus. Si quelques représentants de la faune dépassent ordinairement cette durée, ils ne la dépassent pas de beaucoup. Quant aux représentants les plus antiques de la flore, aucun très certainement n'a été témoin des premières années du monde. Donc, ne nous perdons pas dans les origines du passé. Retenons le présent. Le présent tout entier a une origine, un début, un commencement. Un temps fut où rien n'était de ce qui est maintenant dans la vie.

Voilà ce qu'affirme le sens commun ; le commencement à date précise des êtres vivants actuels.

Mais le sens commun n'est pas si commun qu'il le paraît. Pour mieux dire, tous les hommes commencent par le sens commun. Puis la réflexion ébranle ses données jusqu'à ce qu'une réflexion plus profonde nous ramène au point de départ.

Ainsi, plusieurs théogonies et philosophies imaginent que ce qui nous paraît le commencement des êtres vivants n'est pas le commencement des âmes, principes de la vie; que le commencement des *âmes* (si elles ont un commencement) doit remonter plus haut que l'apparition des *hommes*; qu'au moins il n'est pas possible de regarder ce commencement comme nécessairement lié à cette apparition.

D'après ces théories, mélangées de métempsychoses et de métamorphoses, les âmes humaines, animales et végétales, ont pu préexister à leur *incorporation*.

L'examen de la nature des êtres vivants repousse ces conclusions.

Les âmes sont des êtres vivants et on ne peut les concevoir dans une inactivité totale.

Aucune âme animale ou végétale ne peut agir sans la matière. Aucune, par conséquent, ne peut exister avant son union avec la matière.

L'âme humaine n'est point liée à la matière, d'une façon intrinsèque, pour ses actions principales. Elle peut donc exister en dehors de la matière; mais son existence, si elle peut *dépasser* son incorporation, ne saurait la *devancer*.

En effet, l'union de l'âme avec la matière, est le moyen naturel, par lequel elle se *perfectionne* dans ses facultés inférieures, et même d'une façon indirecte, dans ses facultés supérieures. Si donc, l'âme a vécu d'une vie antérieure à la vie actuelle, elle a vécu dans un état de perfection ou d'imperfection. Si l'état antérieur a été parfait, l'état actuel est inutile. S'il a été imparfait, il a été inutile lui-même. Rien de tout cela n'est acceptable, par le motif que tout doit avoir et que tout a sa raison d'être.

On comprend très bien que les âmes, perfectionnées une fois par une première incorporation et séparées du corps, puissent lui être unies de nouveau. Mais cette nouvelle union sera plus parfaite que la première. Elle ne sera pas une chose simplement refaite. Elle ne recommencera pas l'enfance et l'adolescence.

Aucune cause ne peut être assignée à des préexistences qui rompraient le plan de la nature. L'existence actuelle perfectionne. Ce n'est donc pas une punition. C'est donc quelque chose d'essentiellement primordial. Car la nature, dont cette existence est le perfectionnement, est le *substratum* de tout le reste.

On conçoit qu'une graine dorme des années et même des siècles, sans développer sa vie. Car ce germe est dans un état capable de se perfectionner, quand les circonstances extérieures l'y aideront, ou simplement ne s'y opposeront pas. Mais l'âme se trouverait, si elle devançait le corps, dans une préexistence tout à la fois imparfaite et incapable d'évoluer.

Le principe de *raison suffisante* contient la preuve que le commencement des âmes ne précède pas le commencement des êtres animés.

LA QUESTION

La question s'étend quand on passe des êtres vivants à la nature morte, aux éléments, dont l'existence ne subit ni croissance ni décroissance, ni perfectionnement proprement dit. Quelle date peut être assignée à leur commencement? Doivent-ils même avoir un commencement? En ont-ils un? Peuvent-ils en avoir un?

Y a-t-il des principes généraux qui puissent trancher la question du commencement, pour tous les êtres visibles, vivants ou non?

Nous nous trouvons ici sur le champ des grandes batailles philosophiques.

Les anciens philosophes, pour la plupart, ont soutenu

que le monde était éternel, et *nécessairement éternel.* Cette opinion est contraire à la foi, puisque Dieu nous révèle que le monde a commencé, et les réflexions qui suivent montreront qu'elle n'est pas rationnelle.

Tous les philosophes chrétiens affirment que le monde procède de Dieu par création, que l'acte créateur est libre dans son terme du dehors, et que le monde, de fait, a commencé.

Un grand nombre, parmi eux, soutient qu'une création éternelle et éternellement libre, ne saurait être *démontrée impossible,* qu'il est impossible, par conséquent, d'établir par la seule raison, que le monde n'est pas éternel. Les arguments tendant à établir que l'éternité du monde est en elle-même contradictoire, ne leur paraissent pas apodictiques. Saint Thomas se distingue, entre tous, par la vigueur de son affirmation.

Bien des philosophes chrétiens refusent aujourd'hui de suivre leurs devanciers dans cette route. Ils soutiennent que l'éternité du monde est une absurdité. Que le monde, non seulement n'est pas éternel, mais qu'il ne peut l'être et que cette impossibilité est chose établie.

LA SOLUTION

Nous n'entrerons pas dans ces débats.

Un point suffit à notre thèse : *Le monde ne saurait être éternel par lui-même et par lui seul.*

Nous allons le prouver, par la limite, par le nombre et par le mouvement.

SOLUTION PAR LA LIMITE

Un être limité, ne peut exiger par lui-même et par lui seul, une durée sans commencement.

Nous savons déjà ce que c'est que l'être limité.

Quant à la durée sans commencement, c'est une durée réellement sans *limites* dans le passé. C'est une durée qui est nécessairement *sans fin*. C'est une durée *infinie*, en ce sens qu'on ne peut en concevoir une plus longue.

Il est clair que la durée sans commencement est une durée sans limites dans le passé. De ce chef, elle est déjà infinie : infinie non pas en simple puissance, mais actuellement infinie. Les instants dont se compose cette durée, ou dont elle est l'équivalent, ces instants ne sont pas dans l'avenir, dans le pur et simple possible. Ils *ont été* ou ils *sont encore*, selon la manière dont on conçoit la durée. C'est donc un infini réel. C'est une durée sans fin.

Car cette durée étant sans commencement, doit être équivalente à tous les instants possibles. Si son passé ne comprenait pas tous les instants possibles, réellement ou équivalemment, ce passé eût commencé.

Cette durée comprenant tous les instants possibles, ne saurait s'épuiser. Autrement dit, elle ne saurait finir.

Tout ce qui finit a nécessairement commencé.

Ce qui est sans commencement est nécessairement sans fin.

Par conséquent, une durée sans commencement est une durée si longue, que rien ne peut la dépasser. C'est une durée infinie.

Ceci posé :

Que faut-il à un être pour durer un temps infini, c'est-à-dire, pour vivre et pour agir durant des âges sans commencement ?

Il lui faut certainement une puissance infinie de vie et d'activité.

Si la puissance dont cet être dispose était finie, elle s'épuiserait par un exercice d'une durée infinie. Ce qui peut durer infiniment est inépuisable. Donc, ce qui est épuisable ne peut durer infiniment. Comme ce qui est fini est épuisable, une puissance qui ne s'épuise pas est une puissance infinie.

Il en résulte, que si les êtres cosmiques n'ont point de commencement, ils le doivent à une puissance infinie. Cette puissance ne peut venir d'eux seuls, puisqu'ils sont finis. Elle vient donc d'ailleurs ou elle n'est pas.

Tout être fini a un commencement, ou dure sans commencement par la puissance d'un autre être.

Cette conclusion très claire et très sûre repose sur le principe posé depuis bien longtemps par Aristote.

Ad movendum infinito tempore, requiritur infinita virtus.

SOLUTION PAR LE NOMBRE

Le nombre des êtres finis possibles, supposé par les êtres finis existants, est un obstacle insurmontable à ce qu'un être fini quelconque exige une existence sans commencement. Cette théorie résulte d'un raisonnement à la fois très simple et très rigoureux.

Le voici :

Tout être fini exigeant une existence sans commencement devancerait nécessairement dans l'existence, tous les êtres finis purement possibles.

Mais nul être fini ne peut devancer nécessairement dans l'existence tous les êtres finis purement possibles.

Donc, nul être fini n'exige une existence sans commencement.

Quelques explications suffiront à manifester l'évidence des deux premières propositions.

1° — *Tout être fini exigeant une existence sans commencement devancerait nécessairement, dans l'existence, tous les êtres finis purement possibles.*

Tout être fini exigeant une existence sans commencement exige par là même qu'aucun autre être fini ne *puisse* exister avant lui. Car si un autre être fini *pouvait* exister avant lui, évidemment son existence n'embrasserait pas la totalité du temps idéal, du temps possible. Une autre durée serait *possible* avant la sienne. Cet être venant à une existence capable d'être précédée par une autre existence, aurait par là même un commencement. Il pourrait être le premier des êtres existants, voilà tout. Si donc un être fini exige l'existence sans commencement, il exige qu'aucun autre être ne puisse exister avant lui.

Cette exigence nécessaire pour cet être, ne peut être partagée par tous les êtres finis possibles. Car si chacun des êtres finis possibles la partageait, il en résulterait que tous les êtres finis possibles existeraient simultanément. En effet, dans le cas où une partie des êtres finis possibles existerait, sans l'autre partie, la partie non existante aurait des devanciers, et les aurait nécessairement.

Mais l'existence simultanée de tous les êtres finis possibles est démontrée irréalisable. Il ne se peut donc que tous les êtres finis possibles exigent une existence sans commencement.

Cette exigence sera donc restreinte à quelques-uns seulement des êtres finis possibles. Ces êtres privilégiés existeront *nécessairement avant* tous les autres possibles. Ils seront *nécessairement* les premiers. En réduisant, pour la clarté de la formule, tous les êtres finis possibles à deux, que nous nommerons A et B, nous aurons cette déduction :

A. exige une existence sans commencement.
B. n'est pas capable de cette existence.
A. exige donc une existence précédant l'existence de B.
Telle est l'explication de la proposition première.

2° — *Nul être fini ne peut devancer nécessairement dans l'existence tous les autres êtres finis possibles.*

D'où viendrait, en effet, qu'un être fini existerait nécessairement avant tous les autres êtres finis possibles ?

Puisque cette exigence vient de sa nature, elle vient ou de la possibilité, ou de la perfection de cette nature.

Mais d'abord, toutes les possibilités des êtres finis sont

simultanées. Aucune n'a de rapports avec le temps et il n'en est aucune, qui, en ce sens, ne soit éternelle.

Quant à la perfection de la nature, l'être fini qui exigerait une existence précédant toutes les autres existences, serait évidemment un être fini plus parfait que tous les autres êtres finis possibles. Cet être n'existe pas et ne saurait exister puisque tout être fini existant suppose la possibilité d'une multitude infinie d'êtres possibles égaux à lui, et d'une multitude non moins infinie, d'êtres possibles supérieurs à lui.

L'existence d'un être fini, *nécessairement* la première en date, de toutes les autres existences finies, est donc chimérique.

Puisqu'un être fini ne saurait être nécessairement éternel, sans devancer nécessairement dans l'existence tous les autres êtres finis possibles et que cette antériorité est impossible, il suit qu'un être fini nécessairement éternel, est lui-même une impossibilité.

SOLUTION PAR LE MOUVEMENT

Le temps est une durée successive. La durée successive est un mouvement. Le mouvement du temps se fait par avant et par après, par le passage de l'un à l'autre. Quelles que soient les obscurités du temps et quelle que soit la manière dont on conçoive les choses, il faut admettre dans le temps un avant et un après. Il y a passé et avenir. Le passé s'évanouit, l'avenir arrive, le présent passe.

Or, aucun être ne peut exiger par lui-même et par lui seul une durée successive, composée d'instants en nombre infini, c'est-à-dire une durée successive et sans commencement.

L'être qui traverse une durée successive passe d'un instant à un autre instant.

L'être qui traverse une durée successive qui n'a pas commencé doit traverser un nombre infini d'instants, pour arriver à chaque instant nouveau.

L'être qui traverse par lui-même et par lui seul un nombre infini d'instants, a besoin de temps pour effectuer ce passage.

Sans doute, quelques-uns prétendent qu'une succession infinie d'instants peut être concédée à un être fini par l'Être éternel, et que l'Eternel n'a pas besoin de temps pour constituer le temps. Mais si l'on suppose que l'être fini traverse le temps par lui-même et par lui seul, il ne peut le faire en dehors du temps. Il lui faudra un temps d'autant plus long pour traverser les instants de la durée, que ces instants seront plus nombreux. Il lui faudra, en conséquence, un temps infini pour traverser des instants en nombre infini.

Mais, encore une fois, l'infini ne se traverse pas. Peu importe que chaque élément de la série infinie disparaisse après avoir été franchi. Il doit être franchi. C'est pourquoi la somme de ces éléments étant infinie, ne sera jamais traversée.

Supposons qu'un wagon, pour aller de Paris à Saint-Pétersbourg, doive franchir une multitude infinie de stations ; quand bien même chaque station serait engloutie par le sol après le passage du wagon, le wagon n'arrivera jamais à Saint-Pétersbourg, parce qu'il n'achèvera jamais de franchir les stations intermédiaires, puisqu'il doit les franchir *l'une après l'autre*.

Si l'instant présent A doit être précédé d'un nombre d'instants passés, sans commencement, c'est-à-dire infini, A n'arrivera jamais.

Quand nous disons qu'il faudrait un temps infini pour qu'un être traversât par lui-même, et par lui seul, une durée successive infinie, nous parlons fort mal. C'est comme si nous disions qu'il faut un temps infini pour traverser un temps infini.

Si donc un être traverse une durée successive sans commencement, il ne la traversera point par lui-même et par lui seul ; mais alors cet être ne sera point l'être par lui-même.

Cette conclusion suffit.

Inutile d'examiner si l'on ne pourrait concevoir un être passant d'une durée immobile et sans commencement à une durée mobile, un être sans commencement pour la première partie de sa durée et avec un commencement pour la seconde. Le passage de la durée immobile sans commencement au commencement d'une durée mobile ne saurait s'effectuer. Car une durée immobile sans commencement est aussi une durée inmobile sans fin.

Les êtres qui sont maintenant dans le temps y ont toujours été. Si, par suite d'une hypothèse gratuite, ils sont entrés dans le temps au sortir d'une durée immobile, cette durée qui a fini avait commencé.

CONCLUSION

Les considérations précédentes aboutissent à ce résultat.

Les êtres finis existants n'ont pas eu de commencement ou en ont eu un. S'ils n'en ont pas eu, ils doivent à un autre être cette existence sans commencement, et par conséquent ils ne sont point par eux-mêmes. S'ils ont eu un commencement, ils sont évidemment par un autre être.

Cette conclusion est limpide et ne supporte aucune difficulté ; car il s'agit de l'existence et du fond même de l'être, il s'agit du passage de la non-existence à l'existence : la cavillation devient impossible. Quiconque commence d'exister passe du non-être à l'être, et reçoit l'existence qu'il n'avait pas.

Or, personne ne peut effectuer par soi cette transition. Personne ne peut se produire soi-même. Prétendre le contraire serait faire descendre dans l'ontologie le sophisme de *pétition* qu'on repousse unanimement de la logique. Rien ne se démontre par soi. Rien ne se produit par soi.

Un être qui commence, qui passe de la possibilité à l'actualité, qui est produit, qui reçoit l'existence, ne peut trouver en lui la raison de son commencement, de son actualisation, de sa production. Il ne peut recevoir l'existence de lui-même.

Il ne peut la recevoir alors qu'il n'existe pas ; car pour que nous recevions quelque chose de nous, il faut que nous nous le donnions, et pour donner quoi que ce soit, il faut l'avoir. Pour agir d'une façon quelconque, il faut exister. L'être qui se donnerait l'existence existerait avant d'exister.

Il ne peut pas non plus recevoir l'existence de lui-même, au moment où il existe. Car, pour recevoir l'existence, il faut ne pas l'avoir. Un être qui, existant déjà, recevrait l'existence, n'existerait pas au moment même où il existerait.

En résumé, pour donner il faut avoir. Pour recevoir il faut manquer. C'est pourquoi aucun être ne peut se donner l'existence. Car ou il l'a, ou il ne l'a pas. S'il ne l'a pas, il ne peut se la donner ; s'il l'a, il ne peut la recevoir de lui-même.

CHAPITRE HUITIÈME

La Genèse.

Germinet terra herbam facientem semen.

Quel est le commencement des êtres. — Les êtres vivants viennent les uns des autres. — Les engendrés ne sont point par eux-mêmes. — Les générateurs, étant de la même nature que les engendrés, ne sont pas non plus par eux-mêmes. — Aucun générateur n'est la raison totale de l'engendré. — Aucun générateur n'étant la raison de lui-même ne peut être la raison d'un engendré égal à lui. — Aucun être ne peut être la raison de son égal. — La raison totale du monde vivant est nécessairement supérieure au monde et, par conséquent, en dehors de lui.

Nous avons considéré les êtres dans leur finitude, leur nombre, leur mouvement, leur durée. La finitude nous a mené au nombre. Le nombre nous a acheminé au changement. Le changement à son tour a eu son retentissement dans la durée. A chacune de ces étapes, nous avons eu la révélation de l'Invisible.

La finitude nous a manifesté, en dehors du monde, un

être distinct et auteur du monde. Le nombre nous a montré sa source en dehors du nombre. La mobilité des êtres nous a forcé de conclure à un moteur étranger produisant ce qu'il meut. Le temps qui coule suppose que les êtres entraînés dans son cours y sont entraînés de toute éternité par le Maître du temps, ou ont un commencement qu'ils ne sauraient tenir d'eux-mêmes. L'observation extérieure nous fait toucher du doigt le commencement réel des êtres cosmiques et par conséquent leur existence empruntée.

Les êtres sont bornés, multiples, muables. Ils commencent.

Jetons un dernier regard sur ce commencement : voyons les êtres commençant les uns par les autres.

Les vies ne commencent pas les unes à côté des autres et sans relations d'origine les unes avec les autres. L'homme vient de l'homme, l'animal de l'animal, la plante de la plante.

C'est l'état actuel et absolument incontestable du monde vivant. Ce monde forme un vaste réseau dont tous les nœuds sont reliés par le fil de la génération. Il n'est pas un être qui ne doive son existence, dans une certaine mesure, à un autre être.

Quelle est la nature de cette dépendance ?

Ce n'est pas une dépendance *essentielle*. On peut parfaitement concevoir l'essence de l'homme, dans sa totalité, sans rattacher son existence à l'acte d'un autre homme. Les choses pourraient donc être autrement qu'elles ne sont. Il est clair d'ailleurs que la série des ascendants ne pouvant être indéfinie, la raison nous force à conclure qu'il y a eu dans chaque espèce végétale, dans chaque espèce animale, et dans l'espèce humaine, des vivants qui n'ont pas eu de générateurs visibles.

Néanmoins le fait subsiste. S'il n'a pas ses racines dans l'*essence* des êtres, il les a dans leur *nature*. Il est maintenant, dans la nature des êtres vivants, de recevoir la vie par le moyen d'autres vivants. Tout provient d'une graine. Toute graine vient d'une tige.

La naissance des hommes suppose même un acte *libre* dans leurs générateurs. En ce sens, la naissance de ce qu'il y a de plus parfait, est *plus dépendante des causes visibles*, que la naissance de l'imparfait.

Cette dépendance indique que les êtres vivants actuels n'ont pas en eux-mêmes la raison de leur existence.

Nous n'avons pas besoin, pour arriver à cette vérité, de pénétrer le mystère de la génération, nous n'avons pas besoin de savoir si l'acte des générateurs est une cause proprement dite, ou une simple condition de la naissance des engendrés. C'est au moins une condition. Cela suffit pour démontrer que l'être soumis, pour son existence, à cette condition, n'existe point par lui-même. Evidemment, dépendre pour exister d'une condition qui ne dépend pas de nous, nous enlève l'indépendance absolue et constitutive de l'Être par soi.

Que cette dépendance soit essentielle ou qu'elle ne le soit pas, la conclusion est la même. Si elle est essentielle, elle vient, comme de sa cause prochaine, d'un déficit intrinsèque, et elle manifeste la dépendance de notre existence. Si elle n'est pas essentielle, elle provient d'un fait qui ne dépend pas de nous et qui plie notre nature au gré d'un être supérieur à nous. Notre naissance est réglée par un autre. Nous sommes donc par un autre.

Encore une fois, le fait est certain et amène une conclusion certaine.

Aucun être vivant actuel n'a en lui-même la raison de son existence.

Donc, aucun être vivant, semblable à l'être actuel, ne pourra avoir en lui-même sa raison d'exister, quelque éloigné qu'il soit de nous, dans les perspectives du passé, quelle que soit l'ignorance dans laquelle nous puissions nous débattre de l'être auquel il devra son origine.

Serait-il le premier de sa race, qu'il serait encore par un autre. Ses descendants sont reconnus exister par un autre, parce qu'ils descendent de lui. Il est reconnu exister par un autre, parce qu'il est semblable à ses descendants.

En deux mots : la vue des générations actuelles nous démontre que les êtres vivants actuels ne sont point par eux-mêmes ; la ressemblance de nature dans les êtres vivants disparus, nous force à conclure qu'ils ne sont pas plus par eux-mêmes que leur postérité.

Ce vaste système de dépendance pour la vie, qui contient tout le monde actuel, emporte encore une fois notre esprit au delà des frontières du monde, jusqu'à un être puissant distinct du monde et qui a rivé la chaîne immense des êtres vivants.

Il est impossible de rencontrer dans la série des descendants, si longue qu'on la suppose, un seul être, qu'on puisse regarder comme la raison totale et définitive de ses descendants. Il faut chercher, plus loin que tous les générateurs visibles, un générateur qui soit la cause principale et première des générations cosmiques. Car ces générations sont des générations instrumentales et imparfaites.

Le générateur visible a, dans la production de l'engendré, une part suffisante pour que l'engendré ne soit point par lui-même. Mais cette part ne suffit pas pour trouver dans le générateur la raison définitive et totale de l'engendré.

Pour saisir cette vérité dans toute sa force, et en même temps sans aucune peine, simplifions les termes, et supposons que les générations des êtres vivants soient réduites à trois, A, B et C.

A
engendre
B ; et B
engendre
C

C qui est l'engendré, n'est point par lui-même. Bien qu'engendré par B, il ne saurait avoir sa raison totale et définitive en B.

Car B étant de la même nature que C, n'est pas plus par lui-même que C n'est par lui-même. B n'ayant pas en lui-même la raison totale et définitive de son être propre, il est absolument impossible qu'il ait en lui-même la raison totale et définitive d'un être égal à lui. Car il faut évidemment au moins autant de perfection pour être la raison d'un être égal à soi, que pour être sa propre raison. Les deux êtres dont nous cherchons la raison, B et C, sont égaux. Par conséquent, où ne se trouvera pas la raison de l'un, là non plus ne se trouvera pas la raison de l'autre. La raison de B n'est pas en B. La raison de C ne saurait être non plus en B.

Même raisonnement pour B et A.

B n'est pas par soi, A égal à B n'est pas non plus par soi. Il n'est pas davantage la raison totale de B, qu'il n'est la raison totale de lui-même.

Voilà donc que le cycle des générateurs et des engendrés s'épuise, sans qu'on puisse trouver un seul générateur qui soit la raison dernière des engendrés.

Pénétrons plus avant dans ce rapport établi entre deux êtres, par le fait que l'un serait la raison totale de l'autre.

Il y a nécessairement entre ces deux êtres une différence essentielle. L'être qui est la raison totale a, sur celui dont il est la raison totale, une *supériorité* véritablement incalculable. L'être producteur l'emporte, envisagé comme producteur, sur l'être produit envisagé comme produit. Ceci est indéniable. Cette supériorité, constatée par le rapport de producteur à produit, suppose immédiatement une supériorité de nature. Car toute relation des êtres entre eux, est fondée sur la nature des êtres.

Un être ne peut donc être la raison totale d'un autre être égal à lui.

L'égalité qui règne de fait entre les générateurs et les engendrés est donc l'indice sûr que l'engendré n'est pas produit totalement par le générateur.

Que dire alors des conclusions visées plus ou moins ouvertement par les partisans des théories transformistes?

La théorie est simple.

Tous les êtres vivants supérieurs viennent d'êtres vivants moins parfaits.

L'homme vient de l'animal.

L'animal le mieux organisé vient d'animaux à peine ébauchés.

L'animal le plus rudimentaire procède d'un végétal.

Les végétaux d'une structure complète viennent de végétaux moins complets.

Le dernier des végétaux vient d'un minéral.

Le minéral vient, comme ils disent, d'un accident, en d'autres termes, du rien.

Il y a plusieurs manières de comprendre cette théorie.

La théorie *strictement* entendue met la raison totale de l'être le plus parfait dans un générateur réellement moins parfait. Elle fait sortir le plus du moins. Elle est plus absurde encore que la théorie qui met la raison totale d'un être dans un autre être son égal.

La nature serait en contradiction avec la raison.

Pour préserver la théorie transformiste de cet écueil, il faut la limiter, l'atténuer, l'environner d'explications, l'entamer, en un mot.

Supposons l'évolution établie en fait. Supposons que l'état actuel des générations qui nous montre les êtres vivants venant de leurs semblables, supposons que cet état constaté depuis le commencement des temps historiques ait été précédé à des époques infiniment lointaines par un état primitif d'évolution. Supposons comme prouvé ce qui ne le sera jamais.

Qu'en résulte-t-il ?

Il en résulte que l'être moins parfait n'a pu produire l'être plus parfait qu'avec l'aide d'un être compensant, par sa puissance, l'impuissance de la cause prochaine. Les générateurs ne sont pas la cause prochaine. Les générateurs ne sont pas la cause totale des engendrés. Plus on abaisse la génération au-dessous de l'engendré, plus il faut élever en perfection l'être qui doit suppléer à l'imperfection du générateur.

Quiconque affirme le fait de l'évolution doit reconnaître la part prépondérante qu'a eue la cause première dans le déroulement des causes secondes.

Si l'on veut absolument que les êtres les moins parfaits en apparence soient la cause totale des êtres plus parfaits, il faut admettre que cette infériorité apparente des générateurs cache une supériorité véritable ; que le minéral est l'être cosmique suprême.

Ceci n'est soutenu par personne.

En tout état de discussion, on ne peut songer à mettre la cause totale des engendrés dans toute la suite des générateurs : on ne peut imaginer l'animal comme la cause totale de l'homme, le végétal comme la cause totale de l'animal, et le minéral comme la cause totale du végétal.

On ne peut dire :

Que A est cause totale de H,

Que V est cause totale de A,

Que M est cause totale de V.

Il y aurait dans cette déduction une contradiction immédiate.

Car si A est la raison totale de H et que V soit aussi la raison totale de A, V se trouve également la raison de H.

Causa causæ est causa causati.

En conséquence A sera par hypothèse la raison totale de H et cependant il partagera avec V la causalité de H.

C'est-à-dire que A sera et ne sera pas la cause totale de H.

Dans une série de générateurs et d'engendrés, la raison totale du dernier engendré ne peut se compléter que par le premier générateur.

Le premier générateur serait, dans l'hypothèse transformiste, la matière.

La matière, privée de toute fonction vitale, serait donc plus parfaite que l'être vivant.

On le voit, cette hypothèse ne saurait éviter un écueil que pour tomber dans un autre.

L'ensemble des êtres vivants, le lien de la génération qui unit les membres de chaque espèce, l'égalité de ces êtres entre eux, démontrent que les générateurs vivants, tour à tour générateurs et engendrés, ne peuvent être la raison totale des uns par les autres.

Ils sont, les uns par les autres, des raisons partielles, intermédiaires, instrumentales, incomplètes.

La génération des êtres vivants les convainc de n'être pas par eux-mêmes. Le déficit de cette génération reporte leur raison totale en dehors de leur ensemble, en dehors de tout ce qui ne les dépasse pas, en dehors, à plus forte raison, de tout ce qui leur est inférieur, en dehors par conséquent de la matière cosmique.

La raison totale du monde est en dehors du monde.

CHAPITRE NEUVIÈME

Réflexion.

Après les caractères *positifs* de la contingence du monde, viennent les caractères *négatifs*. — Le monde, s'il était par lui-même, connaîtrait son aséité, puisque dans l'être par soi, l'essence, l'existence et la connaissance sont identiques; le monde ne saisit pas en lui l'aséité; donc il ne la possède pas.

Jusqu'à présent nous avons procédé *positivement* : nous nous sommes appuyés sur les caractères saisis par nous dans le monde, pour conclure à une existence d'emprunt. Pourquoi ne procéderions-nous pas *négativement*? C'est une marche indirecte, mais rigoureusement concluante. Elle complète la marche positive.

Les caractères dont nous ne pouvons découvrir aucune trace dans le monde sont aussi éloquents que les caractères dont la clarté nous aveugle.

Le caractère négatif dont nous voulons parler est la connaissance.

Le monde ne se connaît point comme existant par lui-même. Donc il n'existe point par lui-même.

Nous savons déjà que dans l'être par lui-même l'essence

et l'existence font un, et ne supportent aucune espèce de distinction.

L'identité s'étend immédiatement aux actes.

Dans l'être par lui-même, les actes ne diffèrent point de l'essence. L'acte de l'être par lui-même n'est ni plus ni moins que l'être par lui-même. Ce qui vient de l'être par lui-même dans cet être, est l'être par lui-même tout entier. Car, si l'être par lui-même avait des actes distincts de son essence, il se perfectionnerait lui-même par ses propres actes, l'essence qui agit étant plus parfaite que l'essence qui n'agit pas. Il se perfectionnerait par lui-même et par lui seul, puisqu'il n'est point par un autre. Mais aucun être ne peut se perfectionner par lui-même et par lui seul. C'est là un axiome. Donc l'être par lui-même ne se perfectionne point par ses propres actes. Donc il n'y a aucune distinction entre son acte et lui. Il est son acte et son acte est lui.

Par conséquent, dans l'être par lui-même, l'existence, l'essence et l'acte s'identifient absolument.

Par conséquent, dans cet être, l'existence, l'essence et la connaissance de l'essence se confondent.

Si donc l'être par lui-même connaît son existence, il connaît son essence. S'il connaît son essence, il connaît son aséité.

Si l'être par lui-même venait à se connaître sans connaître son aséité, il cesserait d'être par soi. Car la connaissance de lui-même ne se distingue point de lui-même.

Le monde en est-il là? L'homme se connaît-il comme existant par soi?

L'homme connaît son existence, mais il ne voit pas l'aséité de cette existence. Cette aséité n'est pas, puisqu'elle serait vue, si elle était.

Pourquoi ne jetterions-nous point par avance un regard rapide sur les conséquences de l'aséité? Nous pouvons bien les supposer, puisqu'elles découlent nécessairement de ce grand attribut.

Sachant que toutes les perfections de la divinité suivent l'aséité, comment pourrions-nous avoir en nous l'aséité avec ses suites sublimes, sans les connaître ?

Saisissons-nous, dans l'univers, dans les profondeurs du ciel étoilé, dans les magnifiques vêtements de notre terre, dans le mystère de notre cœur enfin, saisissons-nous la plénitude que nous savons constituer l'être souverain ? Est-ce que nous percevons la nécessité, l'infinitude, la divinité dans notre personne ?

Si nous percevons tout cela, pourquoi passer outre ?

Il est trop évident qu'il n'en est rien.

Abstraction faite de ma finitude, j'affirme sans crainte d'être démenti par ma conscience, ou par la conscience de l'humanité, que je ne perçois dans mon être, aucune divinité. Si je percevais la divinité en moi, je la percevrais avec une clarté infinie. Je ne pourrais en douter. Je ne pourrais ni fermer les yeux à la lumière, ni ouvrir mes lèvres à l'apostasie. On n'entendrait dans le divin Univers ni les folles négations de l'athéisme, ni les argumentations du théisme, ni les décevantes déductions du panthéisme. Tout serait intuition et affirmation. La divinité remplissant le monde, jusqu'à en exclure toute autre nature, le Verbe divin retentirait seul. Au lieu de cela,

> L'ignorance est partout, et la divinité
> Ni dans l'atome obscur, ni dans l'humanité,
> Ne se lève en criant : *Je suis et me révèle.*

Bref, le monde ne perçoit pas en lui les caractères divins. Ces caractères, par conséquent, ne sont pas dans le monde.

Le caractère divin qui, pour nous, commence à l'aséité, se développe logiquement jusqu'à devenir l'intelligence infinie et la parole infaillible. Comment donc concevoir un Dieu qui connaît tout, et qui ne connaît pas ce par quoi il connaît tout ; un Dieu qui connaît tout ce qui est, et ne se connaît pas, lui qui seul est?... Si le monde avait en lui-même le caractère divin, non seulement il connaîtrait ce caractère, mais il ne pourrait pas connaître autre chose.

C'est pourquoi le poète panthéiste, que nous citions tout à l'heure, ajoute :

> Etrange vérité, pénible à concevoir,
> Gênante pour le cœur comme pour la cervelle,
> Que l'Univers, le Tout, soit Dieu, sans le savoir.

Ce que Sully-Prudhomme appelle une *étrange vérité* est la plus étrange des erreurs.

CHAPITRE DIXIÈME

Conclusion générale.

« *Quasi non sint, sic sunt.* »

Le Monde n'est point par lui-même. — L'impuissance d'être par soi est essentielle à l'être dans lequel elle se trouve. — Le monde passe du non-être à l'être. — Il est tiré du néant, en lui-même ou en ses éléments. — Il est créé. — La création n'en fait pas un être par soi. — Il dure par un autre comme il est créé par un autre. — Si l'Être qui a créé le monde cessait de le conserver, le monde retomberait dans le Néant.

Voilà donc qu'aucun des êtres visibles n'a la raison de son existence en soi. Tous les êtres que peut atteindre le sens de l'homme, et avec eux l'homme lui-même, sont le produit d'un être distinct et invisible. Quelle que soit la grandeur du monde, quels que soient les êtres qui peuplent son immensité, quelle que soit leur perfection ou leur petitesse, ces êtres, du moment qu'ils sont finis, sont par un autre. Nous n'avons pas besoin d'en savoir autre chose, pour nous élever par leur finitude à la conception de l'Invisible. Toute limite nous force à dépasser la limite. Toute frontière nous porte au delà d'elle-même.

L'intelligence ne peut s'arrêter à ce qui est fini sous peine de renoncer à elle-même. Par la même puissance qu'elle conçoit la finitude, elle franchit la finitude.

PROFONDEUR DE LA CONTINGENCE

N'être point par soi, est une imperfection *essentielle* à l'être qui n'est point par soi ; cette imperfection atteint le plus intime de l'être ; elle *imbibe* selon l'expression de Th. Raynaud, elle imprègne tout ce qu'il y a de plus intrinsèque dans l'être. L'être qui a cette imperfection ne peut pas ne pas l'avoir. Il ne peut être compris sans cela.

Il est clair qu'exister par sa propre essence, est une perfection essentielle, puisqu'elle vient de l'essence de l'être. Cela est si clair, que cela ressemble à une tautologie. Ne pas exister par soi sera donc une imperfection aussi essentielle dans son genre que la perfection qui lui est contraire.

Dans l'être qui n'existe point par soi, c'est l'*essence* qui, par elle-même, est *insuffisante* à l'existence.

Rien donc de si *essentiel* que cette *insuffisance*.

LA CRÉATION

L'être qui est par un autre a donc passé du non-être à l'être. Indifférent par lui-même à exister ou à ne pas exister, il a été tiré de cette indifférence par son producteur.

On ne saurait concevoir trois manières d'être produit. L'être qui est produit est formé d'éléments préexistants ou est tiré de rien. Il n'y a pas de moyen terme. Les éléments préexistants peuvent être considérés comme des parties proprement dites du produit, ou tout au moins des soutiens de l'être produit. L'être produit est un résultat de la coadunation de ces éléments, ou un accident de ces éléments. Mais si l'être produit ne suppose aucun élément préexistant, il est nécessairement extrait du néant.

Qu'en résulte-t-il ?

Il en résulte que l'extraction du néant est nécessaire ou immédiatement ou médiatement pour toute production. Elle est supposée dans tout être qui existe par un autre.

Elle est évidente dans tout être qui est produit sans éléments préexistants.

Un coup d'œil maintenant sur l'être constitué par des éléments ou soutenu par des éléments.

Parmi ces éléments, il y en a qui sont premiers et qui n'en supposent pas d'autres. Ces éléments premiers d'un être fini sont eux-mêmes finis, par conséquent produits. Puisqu'ils ne supposent pas d'autres éléments, ils sont produits du rien.

On ne peut pas dire que ces éléments primitifs se confondent avec l'être par lui-même, puisqu'ils sont finis.

On ne peut pas dire qu'ils en sont extraits, comme une émanation, ou une évolution, ou quoi que ce soit de semblable. Car ils auraient passé de l'infini au fini, de l'être par lui-même, à l'être par un autre ; ce passage est impossible. Ce qui est dans l'être par soi, y est pour toujours, puisqu'il y est nécessairement. Ce qui un instant a été par soi, sera éternellement par soi.

Il reste donc que les éléments primitifs des êtres finis sont produits totalement, c'est-à-dire passent de la possibilité à l'existence, c'est-à-dire sont créés.

La *création* est l'origine nécessaire de tout ce qui est fini.

Tous les êtres qui sont dans le monde sont créés ou dans leur totalité, s'ils sont simples, ou dans leurs éléments, s'ils sont composés.

LA PERMANENCE DE LA CRÉATION

S'il n'est pas possible que l'être *par lui-même* devienne un être *par un autre*, il n'est pas plus possible qu'un être par un autre devienne jamais un être par lui-même. Ce qui est par un autre est essentiellement, nécessairement, éternellement par un autre. Du reste, comment l'être dont l'essence ne peut être par soi trouverait-il dans cette essence la possibilité d'être par soi? La contradiction est immédiate. Comme, d'un autre côté, la durée de l'être ne se distingue pas réellement de l'être qui dure, il faut admettre que la durée des êtres finis vient d'un autre être ; en d'autres termes, que les êtres finis, étant produits par un autre, recevant d'un autre le commencement de leur être, reçoivent pareillement d'un autre la prolongation de leur existence.

Donc aucun être fini ne persévère par lui-même dans l'existence, ne dure par lui-même, ne se soutient par lui-même ; plus simplement et plus universellement, aucun être ne peut se maintenir par lui-même, dans une existence produite par un autre.

Il est évident que la persévérance dans l'existence est due au même principe que le commencement de l'existence. L'être dure par la même raison qu'il est.

Il est par un autre.

Il dure donc par un autre.

Il est évident que l'essence qui est produite et que l'essence qui dure est la même essence ; que la production affecte l'essence produite en son fond, qu'elle en fait une chose contingente en soi, qu'elle n'est pas une relation purement extrinsèque de l'être produit avec l'être producteur, que le moment où l'être est produit n'est pas le moment où il cesse d'être par un autre.

Il ne suffit donc pas, pour qu'un être soit par un autre,

qu'il soit produit par un autre, abstraction faite de son essence. Si son essence à un moment donné se soutenait par elle-même, elle n'aurait plus rien de commun avec l'être par un autre qu'une relation extrinsèque d'origine. Elle ne serait pas par un autre essentiellement.

L'être qui est par un autre, est produit par un autre, ou soutenu par un autre, selon qu'on le considère au commencement ou dans la suite de la durée.

L'être par un autre est nécessairement créé par un autre et conservé par un autre. La conservation est dans ce sens le prolongement de la création : non pas, comme le font remarquer toutes les philosophies élémentaires, que l'être serait perpétuellement tiré du néant, replongé dans le néant et retiré du néant ; mais parce que l'être conservé, c'est l'être maintenu dans l'existence qui lui vient de la création.

Du reste, la *continuité* de la création, entendue dans le sens de créations successives, serait plutôt la *discontinuité* de la création.

Du reste encore, la conservation par le moyen d'un autre être est tellement inévitable, tellement complète, que l'être conservé ne peut concourir directement à sa conservation. Car il lui faudrait pour concourir à sa propre conservation *être*, c'est-à-dire être *conservé*.

Nul être ne saurait se conserver lui-même, comme nul être ne peut se produire lui-même.

Le monde est donc perpétuellement soutenu par un autre, dans ses êtres simples et dans les éléments de ses êtres composés. Les êtres composés qui sont dans le monde peuvent, il est vrai, concourir d'une façon indirecte à leur propre conservation, en écartant les obstacles qui pourraient rompre l'union de leurs éléments, ou en maintenant les circonstances nécessaires, ou en prolongeant les circonstances favorables à cette union. Mais le monde ne peut concourir directement à la conservation de ses éléments créés.

Le monde est perpétuellement soutenu dans ses fondements par la main de l'être invisible. Le monde, disent les penseurs indiens, est assis sur une montagne ; la montagne repose sur un éléphant ; les quatre pieds de l'éléphant s'appuient sur une tortue : c'est très bien ! mais, sur quoi porte la tortue ?

Il faut nécessairement arriver à l'auteur du monde.

Cette impuissance du monde à se soutenir lui-même ne saurait subir aucune interruption. Si, à un moment donné, l'être invisible retirait sa main, les cieux et la terre se replieraient comme un livre. Les éléments se fondraient comme une cire et s'évaporeraient dans le rien. Tout ce qui subsiste depuis les siècles préhistoriques s'évanouirait comme un rêve.

II

DANS LA LUMIÈRE

SECONDE PROPOSITION

LE CRÉATEUR DU MONDE EST UNE INTELLIGENCE

Après avoir constaté l'existence de l'Invisible, après nous être élevés par la vue du monde à l'auteur du monde, il faut, avant d'aller plus loin, nous faire quelque idée de cet Être, que nous ne voyons pas, mais dont ce que nous voyons nous révèle la nécessité.

Cet Être est une intelligence. L'invisible est un voyant.

En affirmant l'intelligence de la cause cosmique, nous rencontrons sur notre route un adversaire, la théorie du hasard. C'est la vieille objection. Il faut l'examiner sous toutes ses faces.

CHAPITRE PREMIER

Le Hasard.

Τὸ ’Αυτόματον.

L'objection. — Le hasard. — Absence de cause. — Cause ignorée. — Cause aveugle. — Le monde a une cause intelligente. — *Première démonstration tirée des vérités déjà établies.* — La cause du monde est intelligente parce qu'elle est cause totale, cause créatrice, cause libre. — La cause totale d'un être faisant passer cet être de la possibilité à l'existence le considère d'abord comme possible; ce premier rapport suppose l'intelligence. — La cause créatrice tire un être du néant, ce qui ne se peut sans la volonté; la volonté suppose l'intelligence. — La cause d'un être contingent ne peut produire cet être que par un acte libre; la liberté suppose la volonté et l'intelligence.

Personne n'a mieux parlé du hasard qu'Aristote. Nous le suivrons.

Quelques-uns pensent, dit le maître de ceux qui savent, *que tout arrive par une cause déterminée.*

Ceux-là nient absolument le hasard. Car le hasard et la cause déterminée sont en opposition diamétrale.

Quelques-uns pensent, au contraire, que le hasard est la cause du ciel et de toutes les choses de ce monde.

Ceux-là mettent le hasard partout.

D'autres mettent le hasard au commencement et à la fin des choses, les causes déterminées au milieu.

Ne serait-ce point là l'opinion des positivistes exprimée assez nettement par Taine? Cette opinion fait sortir l'*intelligence* de la *matière* et la matière du *vide* par un *accident*.

Il en est, enfin, qui mettent les causes déterminées comme principe et comme but, tout en laissant une place au hasard, dans le milieu des temps et des êtres.

Pour savoir que penser de ces systèmes, il faut nous faire une idée nette du hasard.

1° *Le hasard au point de vue subjectif.*

Le hasard n'est-il, *au point de vue subjectif*, que l'ignorance des causes?

On ne peut rigoureusement le définir ainsi. Beaucoup de choses, en effet, arrivent d'une façon constante, sans que nous connaissions leurs causes. Mais nous *savons* qu'elles *ont* une cause *déterminée*. Ces effets ne sont appelés par personne des effets du hasard.

Le hasard est-il l'ignorance des causes, pour les événements qui se produisent *rarement*, ou très *irrégulièrement*? Il faut le reconnaître, souvent le hasard n'a pas un autre sens.

Le hasard des jeux est cela. Ce n'est pas en réalité par hasard, par un hasard *objectif*, qu'une bille, lancée sur une surface parfaitement unie, s'arrêtera à un endroit plutôt qu'à un autre. Si nous connaissions dans leur totalité les lois de la pesanteur, et si nous pouvions les appliquer exactement, nous serions maîtres de la bille.

Mais il n'en est pas ainsi.

C'est pourquoi, sachant que des dés, d'apparence semblable, secoués dans le même cornet, tombent tantôt sur une face, tantôt sur une autre, sans qu'il nous soit possible de prévoir ni de diriger ces chutes, nous appelons cela hasard.

Le mélange des cartes, n'est hasard que par là.

2° *Le hasard au point de vue objectif.*

Si les partisans du hasard se contentaient du point de vue subjectif, nous ne les combattrions pas, car l'ignorance des causes dans les hommes qui les recherchent ne peut se nier. Admettre l'aveuglement dans les spectateurs de ce monde est une nécessité. Mais on va plus loin, et on prétend transporter l'aveuglement du sujet à l'objet, de celui qui scrute la cause à la cause elle-même. Le hasard serait une cause *aveugle*. Or, le hasard, pris dans ce sens, est une ineptie, car la cause du monde est précisément une cause *intelligente*.

L'ESPRIT

Νοῦς

Deux écueils bordent la voie des recherches philosophiques, l'écueil idéaliste et l'écueil matérialiste. Voir partout la pensée ou ne la voir nulle part, identifier l'être et la pensée, ou identifier l'être et la matière, c'est se tromper avec Hegel ou avec Littré. La voie est entre ces deux paralogismes. Tout être n'est pas une pensée, comme tout être n'est pas matière. Mais tout être, même le plus matériel, suppose une pensée ; telle est la voie.

Le monde suppose un esprit.

Pour que la démonstration soit complète, nous procéderons d'abord en nous appuyant sur les conclusions déjà obtenues. En d'autres termes, partant de ce point établi, que le monde a sa raison d'exister dans un autre être, a une cause différente de lui-même, nous induirons que cette cause est nécessairement intelligente. Ce sera la première démonstration. Elle tracera la voie à la seconde.

La seconde démonstration partira du monde considéré

dans sa perfection et indépendamment de ce que nous pouvons déjà savoir de son origine.

Nous déduirons de ces perfections cosmiques que leur raison d'être est nécessairement une intelligence, nous constaterons que cette intelligence ne peut se confondre avec le monde, et nous en conclurons encore une fois que le monde n'a pas en lui-même sa raison, et que l'être dans lequel il a sa raison d'exister est une intelligence.

PREMIÈRE DÉMONSTRATION

> Προαίρεσις οὐκ ἄνευ διανοίας.
> (Aristote, *Phys.*, l. II.)
>
> Il n'est pas de préférence sans réflexion.

La cause du monde est intelligente.
1° Comme cause *totale*,
2° Comme cause *créatrice*,
3° Comme cause *libre*.

1° — *La cause totale.*

La cause totale d'un effet est la cause qui par elle-même est complètement capable de produire ce qui se trouve dans l'effet. C'est la cause suffisante. C'est la la cause vraie.

Évidemment, en établissant que le monde a une cause, nous avons établi qu'il avait une cause totale. Tout ce qui a une cause a nécessairement une cause totale. Une cause insuffisante est évidemment partielle et suppose une cause suffisante, c'est-à-dire totale.

La cause totale du monde est nécessairement une cause intelligente et volontaire.

La cause totale et dernière du monde doit tendre par elle-même, et directement, à produire le monde.

Qu'est-ce que produire un être ?

C'est le faire passer de la simple possibilité à l'existence.

Il faut donc, de toute nécessité : 1° que la cause soit d'abord en rapport avec l'être, en tant que simplement possible.

2° Que cette relation avec l'être possible ait pour but de le faire passer à l'existence.

Si la cause n'avait de rapport avec l'être qu'en tant qu'existant, il est clair que cette cause supposerait et par conséquent ne produirait pas l'existence de l'être ; voilà pourquoi la cause d'un être est nécessairement et préalablement en rapport avec un être en tant que simplement possible.

C'est là ce qui constitue l'*antériorité essentielle* de la cause à l'effet. Il faut de plus que cette cause tende positivement à donner à l'être l'existence *qu'il n'a pas encore, en tant qu'il ne l'a pas encore;* autrement la cause ne produirait pas l'effet.

Ces conditions sont évidentes.

Qu'en résulte-t-il ?

C'est que la cause doit *connaître* l'effet.

Une cause ne peut être en rapport positif avec un être purement possible, que par la connaissance.

Elle ne peut tendre positivement et complètement à produire un effet qui n'est pas, en tant qu'il n'est pas, que par la volonté, laquelle suppose la connaissance. La cause totale d'une existence à produire est donc exemplaire, finale et efficiente.

Une cause aveugle ne se portera jamais totalement et par elle-même et par elle seule à un effet déterminé en tant que n'étant pas encore et en tant que devant être.

La tendance d'une cause aveugle à un effet n'est pas une tendance complète à cet effet. Elle peut *être portée* à cet effet, mais elle ne *s'y porte pas* totalement. Elle y est portée par un autre.

Donc la production du monde exige, abstraction faite de toute autre considération, comme production, *un esprit*.

On ne peut concevoir cette production que comme une production artistique dont le plan est d'abord dans l'intelligence de l'artiste.

Oui, l'auteur du monde est une intelligence, une intelligence proprement dite : il ne peut produire ce qui n'est pas, tendre formellement à cette production, produire véritablement et totalement ce qui n'est pas, sans le connaître préalablement. Une connaissance quelconque ne suffit pas ; puisqu'il produit l'être en lui-même, l'essence de l'être, il faut que sa connaissance atteigne par avance l'essence de ce qu'il produit. La connaissance de l'essence, c'est l'intelligence de l'être.

2° — *La cause créatrice.*

La cause du monde est essentiellement créatrice. Elle tire le monde du néant ; elle le fait passer sans intermédiaire du rien à l'être. Elle agit sans matière préexistante pour supporter son action.

Il n'y a qu'une puissance qui puisse agir de façon à produire un être sans agir sur une matière préexistante. C'est la puissance de la volonté.

La création est l'œuvre d'une volonté.

Elle est par conséquent l'œuvre d'une intelligence, parce qu'il n'y a pas de volonté sans intelligence.

3° — *La cause libre.*

La cause du monde est une cause libre.

Le monde n'ayant pas en lui-même la raison de son existence est par lui-même indifférent à l'existence ; par lui-même, il peut exister comme il peut n'exister pas. C'est donc par un autre qu'il doit être déterminé à l'existence. Tel est le point de départ. C'est-à-dire que par *sa nature*, le monde n'est pas un *effet nécessaire*.

Le monde peut-il *exiger* d'un autre l'existence qu'il tient d'un autre?

Cette question a un double sens.

Le monde, *à supposer qu'il existe*, exige-t-il par sa nature d'être produit par un autre? Evidemment oui, *de par sa nature contingente.* Ce premier sens demande donc une réponse affirmative.

Mais le monde peut-il exiger *absolument* qu'un autre être le produise ?

Il faut répondre négativement.

Car, pour exiger l'existence il faut l'avoir. Le fondement du droit à l'existence, ne peut être que l'existence par soi. Le monde n'ayant pas l'existence par soi, il implique que, par soi, il exige que l'existence lui arrive soit de lui-même, soit d'un autre.

Un être qui n'a pas l'existence en lui-même ne peut l'exiger en aucune façon. Car la source de toute exigence est l'existence elle-même.

Si donc un être produit nécessairement un être contingent, la nécessité de cette production ne viendra pas de la nature de l'être produit, mais de la nature de l'être producteur.

Par sa nature, l'être produit ne peut exiger d'être produit par sa cause.

Par sa nature, l'être contingent dépend de sa cause dernière et complète, autant qu'il peut en dépendre. Il en dépend *le plus possible.*

Il faut certainement plus de puissance vis-à-vis de l'effet pour pouvoir produire un effet et pouvoir en même temps ne pas le produire, que pour pouvoir le produire sans pouvoir, en même temps, ne pas le faire. Réciproquement, l'effet dépend plus de sa cause, quand il peut être, ou ne pas être produit par cette cause, que quand il ne peut pas ne pas être produit par elle. La dépendance de l'effet vis-à-vis de sa cause, et la puissance de la cause vis-à-vis de l'effet, sont essentiellement corrélatives.

Mais d'où l'être contingent tient-il sa nature ? Evidemment de l'être qui le produit en dernier ressort.

Donc, l'être producteur d'un être contingent ne peut pas le produire nécessairement. Car alors, il lui donnerait une nature dépendant totalement de lui, par un acte en contradiction avec cette dépendance totale. La cause enlèverait à l'effet ce qu'elle lui donne, et par le même acte.

Comment un être qui, *par sa nature*, n'aurait pas une pleine puissance sur ses productions, pourrait-il donner à ces mêmes productions une pleine dépendance de lui-même ?

Donc : 1° la cause totale d'un être contingent ne peut pas le produire par nécessité.

2° La cause nécessaire d'un être contingent n'est pas sa cause totale.

3° La cause qui produit nécessairement un être contingent est elle-même sous la dépendance de la cause totale et dernière. La nécessité de l'effet n'est pas une nécessité absolue et définitive, mais conditionnelle et intermédiaire.

La cause productrice du monde pouvait donc ne pas produire ce monde. Elle n'était pas déterminée à le produire, mais elle l'a produit. Par conséquent elle s'est déterminée elle-même.

Une cause qui se détermine est une cause libre.

La cause du monde est libre.

Elle a choisi entre les deux contradictions, produire ou ne pas produire ce monde. Elle s'est portée à la production du monde après la vue double préalable et comparative des deux contradictions.

Elle est donc intelligente, et parce qu'elle a connu d'avance le monde qu'elle voulait produire et parce qu'elle a rapproché d'avance l'hypothèse de la production du monde et l'hypothèse de son maintien dans l'état de pure possibilité.

Enfin, la cause du monde a évidemment *choisi* ce monde entre la multitude infinie des autres mondes possibles égaux ou supérieurs à celui-ci. Elle a *préféré* librement le monde qu'elle a produit aux mondes qu'elle a laissés dans les profondeurs insondables du Rien.

» Il n'est pas de *préférence* sans *réflexion*. »

CHAPITRE II

Seconde démonstration.

Seconde démonstration. — Cette preuve part, non plus des déficits qui sont dans le monde, mais de ses perfections. — L'ordre du monde. — Résumé de la preuve. — Il y a de l'ordre dans le monde ; l'ordre du monde suppose une intelligence ; cette intelligence supposée par l'ordre du monde n'est pas dans le monde ; elle est donc hors du monde. — Définition de l'ordre : *Juste disposition de plusieurs choses, relativement à leur fin.* — Évidence de l'ordre. — Ordre interne. — Concours des parties à la perfection du tout. — Adaptation des organes à leurs fonctions. — Ordre externe. — Multiplicité et subordination des espèces. — Harmonie de l'univers.

Le chemin que nous avons suivi jusqu'à présent est âpre et rude, sans ombrage et sans fraîcheur. Il gravit les escarpements, il côtoie les précipices, il est bordé de tombeaux : c'est le chemin des imperfections. Le monde par sa nouveauté possible, ses vicissitudes, sa caducité, la multiplicité de ses éléments, la finitude qui le pénètre de toutes parts, nous a démontré que son être venait d'un autre. Partant de cette vérité acquise, que le monde est produit par un être distinct du monde, inaccessible à nos sens, mais s'imposant à notre raison, nous en avons déduit que l'auteur du monde, comme cause totale, créatrice et libre, est une intelligence.

Nous allons arriver à la même conclusion par une voie nouvelle.

C'est une route d'aspect différent. Les fleurs de la terre tapissent son parcours, les belles constellations l'éclairent : c'est la route qui monte à l'invisible, à travers les perfections du monde, à travers le *cosmos* sublime et étincelant : c'est la route aimée des philosophes, et c'est aussi la route suivie par le torrent des générations humaines. Elles s'y précipitent en aspirant l'air pur, en contemplant l'azur des célestes hauteurs et en chantant l'hymne immortel de l'adoration. C'est la route signalée par la voix des enfants et par la voix des humbles. C'est en même temps une route scientifique. Le devoir d'un philosophe est d'y marcher dans cet esprit. Les fleurs que nous y cueillerons auront donc, malgré leur éclat, l'austérité de la recherche.

En deux mots, nous allons nous élever à l'intelligence invisible par l'*ordre* du monde.

L'ORDRE

Omnia disposuisti.

Nous commencerons par jeter un coup d'œil sur l'ordre universel et nous constaterons son existence.

Nous chercherons ensuite la cause de cet ordre dont resplendit l'univers, et nous nous convaincrons qu'il suppose une intelligence.

Nous nous demanderons enfin où est cette intelligence, et ne la trouvant pas dans l'univers, nous conclurons qu'elle est en dehors de lui, dans un être supérieur à lui.

L'EXISTENCE DE L'ORDRE

Sans nous arrêter à la discuter, nous prendrons comme définition de l'ordre la définition de San-Severino : « La juste disposition de plusieurs choses, relativement à leur fin. » Quand même elle ne s'appliquerait pas, ainsi que quelques-uns pourraient le prétendre, à toute espèce d'ordre, il est clair que la juste adaptation des moyens à la fin constitue un ordre; cela nous suffit, car cet ordre-là est le seul qui importe à nos recherches.

L'ordre éclate dans toute la nature : dans ses parties et dans son ensemble, dans chacun des êtres qui la constituent, et dans leurs relations avec les autres êtres.

Il y a l'ordre interne et l'ordre externe.

ORDRE INTERNE

Toutes les parties des êtres concordent entre elles pour la perfection de l'être.

Tous les organes de l'être vivant concourent à sa vie.

Les organes de la circulation du sang, de la respiration, de la nutrition, de la sensation, sont en harmonie parfaite les uns avec les autres.

Ils se fortifient mutuellement.

Les sens intérieurs sont d'autant plus parfaits que l'assimilation intérieure est plus parfaite elle-même. Celle-ci à son tour est d'autant plus puissante que les sens extérieurs sont plus vigoureux ou plus délicats.

Les moyens extérieurs d'appréhension répondent aux besoins particuliers de l'être. Dans les carnivores, la disposition des intestins répond infailliblement à la forme des dents et des griffes. Dans les herbivores, les intestins sont plus grands, les dents plus aplaties, les extrémités des membres plus désarmées. La main de l'homme est le résultat de sa perfection totale. Que pourrait, par exemple, l'homme avec ses facultés étendues, si au lieu d'une main il avait un sabot de cheval ?

Chaque organe est admirablement approprié à sa fonction.

Rien de plus admirable que l'appropriation de l'œil à la vue et l'appropriation de l'oreille à l'ouïe.

Chaque partie de l'organe répond au tout; et il n'est pas une fibre qui ne soit en rapport harmonieux avec les autres fibres.

C'est là l'ordre interne le plus apparent. Quant à l'ordre interne qui régit les êtres du règne minéral, aux innombrables harmonies mécaniques, physiques et chimiques constatées par la science dans les éléments terrestres, quant à la trace de ces harmonies saisies jusque dans les sphères sidérales par l'analyse spectrale, nous ne saurions les parcourir toutes, ni même les indiquer. Nous ne pouvons pas non plus nous enfoncer dans l'étude des êtres vivants, dont la petitesse échappe à nos sens. Nous ne prenons que ce qu'il y a de plus manifeste. Du reste il est inutile de multiplier les exemples, car ce que nous dirons d'une partie de l'ordre universel, s'appliquera à toutes les autres parties.

Les conclusions, qu'elles portent sur un point, ou sur mille, demeurent les mêmes.

ORDRE EXTERNE

L'ordre externe resplendit aussi nettement dans ses grandes lignes que l'ordre interne.

L'ordre extérieur est l'ordre qui règne, non plus entre les différentes parties d'un même être, mais entre les différents êtres cosmiques, les uns par rapport aux autres. Nous entendons les êtres cosmiques d'espèce différente. Car la différence qui existe entre un être et les autres êtres de la même espèce peut être considérée comme le complément de l'ordre interne.

Il est clair qu'il y a variété et unité dans les espèces.

Les espèces sont nombreuses, innombrables pour nous, admirablement différenciées, et en même temps perfectionnées par la hiérarchie de leur arrangement.

L'ensemble des espèces cosmiques forme une pyramide dont le règne humain occupe le sommet, et le règne minéral la base.

Les assises les plus rapprochées du sommet sont formées par le règne animal, et les assises les plus rapprochées de la base par le règne végétal. Dans les deux règnes intermédiaires, dans la faune et dans la flore, il y a aussi superposition d'espèces.

L'ensemble forme un tout complet ; et ceci est déjà de l'ordre : l'ordre d'une progression graduée et achevée.

Qu'il nous suffise, pour le moment, d'avoir tracé ces grandes lignes.

CHAPITRE TROISIÈME

Réalité des deux ordres.

Réalité des deux ordres, interne et externe. — 1° *La nature tend à un but.* — L'événement fortuit ne peut arriver que par une cause tendant directement à un autre but. — 2° *Le but de la nature est toujours le même.* — La constance des lois de la nature est manifeste. — La presque totalité des événements naturels se compose d'événements réguliers. — Les événements fortuits ne pouvant dépasser le nombre des événements réguliers, ce sont les événements réguliers qui sont directement voulus par la nature. — Les anomalies dépendent des événements réguliers, et les événements réguliers ne dépendent pas des anomalies. — 3° *Le but uniforme voulu par la nature est le développement de la nature.* — Tout être perfectible tend à se perfectionner. — 4° *La nature tend à se développer par des moyens qui, en réalité, la développent.* — Perfection de ces moyens. — Donc, il y a véritablement un ordre dans la nature.

Bien que toute intelligence constate facilement l'ordre dans la nature, il est nécessaire de descendre dans l'essence de cet ordre, et de le faire ressortir contre les négateurs des causes finales.

L'ordre, avons-nous dit, est la *juste disposition de plusieurs choses relativement à leur fin.*

Nous aurons mis l'ordre de la nature à l'abri de toute attaque si nous établissons que la nature, dans l'admirable disposition de ses parties et la suite de ses actes, tend à un but par des moyens adaptés à l'obtention de ce but.

LA NATURE TEND A UN BUT

Le but considéré comme le terme vers lequel tend un mouvement est évident dans la nature, parce que les mouvements de la nature sont eux-mêmes une évidence.

Pénétrons-nous de ce qu'est, de ce que peut être un événement fortuit.

L'événement fortuit est un événement amené par une cause qui ne tend pas à cet événement.

Certains de ces événements sont amenés par un acte de la liberté humaine. D'autres sont purement naturels. Socrate va au Pirée pour recevoir un ami revenant de voyage. Il ne rencontre pas cet ami, mais il rencontre Platon. Voilà un événement fortuit du premier genre.

Les éléments du calcaire, se combinant selon les lois de ce corps, dessinent dans le marbre certaines lignes. Ces lignes se trouvent représenter une fleur, un fruit, etc. La représentation du fruit n'est pas l'effet auquel tendent directement les éléments du calcaire. Voilà un événement fortuit du second genre.

Que faut-il donc pour qu'un événement fortuit puisse se produire?

Il faut qu'il soit précédé ou accompagné d'un autre événement non fortuit, poursuivi directement par sa cause, et auquel l'événement fortuit se rattachera accidentellement, indirectement.. Il faut pour que Socrate rencontre Platon sur le Pirée, sans le vouloir, que Socrate veuille se rendre sur le Pirée. Il faut, pour qu'il y ait une ressemblance fortuite entre les taches d'un marbre et une fleur, que les éléments du marbre se combinent entre eux d'après les fins poursuivies directement par la nature.

En un mot, aucun événement fortuit ne procède *immédiatement* de sa cause. Il en procède par le moyen d'un événement non fortuit; il en procède médiatement. Le lien, qui unit à la cause un effet accidentel de cette cause, est un effet immédiat de cette même cause. Il faut, pour que les causes cosmiques produisent des événements fortuits que préalablement ou concomitamment elles en produisent de naturels.

Il ne suffit pas qu'elles *tendent* à les produire; il est nécessaire qu'elles les produisent réellement.

Car si une cause tendant à produire un effet ne produisait à aucun degré l'effet voulu, mais en produisait un autre non voulu, cet effet non voulu n'aurait pas sa raison d'être. Il ne procéderait de la cause ni par lui-même ni par un autre.

Il y a donc contradiction à ce qu'une cause produise fortuitement un effet, sans en produire directement un autre.

C'est là la raison de ce principe affirmé si souvent par Aristote que la cause accidentelle suppose toujours une cause directe.

La nature, outre les effets fortuits qu'elle peut produire, a donc des effets directs auxquels se rattachent les événements de hasard; la nature tend donc directement à certains effets.

La nature a donc un but.

LE BUT DE LA NATURE EST TOUJOURS LE MÊME

La constance des lois naturelles est attestée par l'observation. La tradition la plus ancienne fortifie le témoignage de l'observation. Parfois, il est vrai, on croit saisir un manque d'uniformité; c'est seulement une apparence. Ce manque d'uniformité lui-même est une loi. Car il reparaît périodiquement, uniformément, toutes les fois au moins que les circonstances qui l'ont amené viennent à se reproduire.

La constance des lois universelles est le fait le plus manifeste, après l'existence de l'univers.

Les êtres conservent la même manière d'agir durant toute leur existence. Le chêne, qui a commencé par porter des glands amers, ne porte jamais des glands doux ; celui qui, la première année de sa fécondité, donne des glands doux, en donne jusqu'à son épuisement.

Si quelques êtres subissent de véritables métamorphoses, ces métamorphoses sont régulières et se reproduisent dans tous les êtres de même espèce. Tout papillon a été chenille, et ensuite chrysalide.

La durée des êtres est fixe, comme leur nature ; on connaît combien dure, dans les conditions actuelles, la fougère, et combien dure le passereau. Ces durées oscillent dans des limites assez larges, mais dont le maximum peut être constaté.

Les êtres se reproduisent et cette reproduction est régulière.

Tous produisent leurs semblables.

Le mode de reproduction, très varié selon les espèces, ne varie jamais dans la même espèce, ou s'il varie, varie régulièrement.

Dans certaines espèces, dans l'huître, dit-on, l'individu se reproduit lui-même. Dans la plupart des cas, deux individus s'unissent pour en former un troisième.

La plupart des êtres produisent d'autres êtres qui apparaissent semblables aux générateurs dès leur naissance. Ce sont les *vivipares*. Il en est d'autres dont les descendants ont une naissance à moitié cachée. Ce sont les *marsupiaux*. Un certain nombre produisent d'abord des œufs. Ils sont *ovipares*. La plupart des animaux qui sortent d'un œuf ressemblent au père dès leur sortie. D'autres cependant ne parviennent à la ressemblance paternelle qu'après une suite de changements. D'autres aussi n'y parviennent qu'après plusieurs générations. Dans ce cas, l'animal engendré meurt avant d'avoir atteint la ressemblance paternelle, mais après avoir produit un être se rapprochant du type générateur jusqu'à ce qu'une série plus ou moins longue de générations ramène le type du premier ancêtre. C'est la *genéagenèse*.

Toutes ces reproductions sont très variées et en même temps très régulières. Jamais une hirondelle ne sera vivipare : jamais un chien, ovipare.

La même régularité gouverne le monde inférieur.

Les mouvements chimiques apparaissent de plus en plus uniformes à mesure qu'ils sont mieux connus.

Les effets produits par l'arsenic ne ressemblent pas aux effets de l'aconit.

Toute la médecine est basée sur la fixité et la permanence des effets thérapeutiques dus aux différents remèdes. Il ne faut pas être prophète pour affirmer à coup sûr quel effet produira le vin, et quel effet produira l'eau.

Les mouvements sidéraux sont tellement réguliers qu'on peut prédire des siècles à l'avance et à quelques instants près le retour de ces mouvements.

Cette partie régulière de la marche de la nature, la plus considérable sans aucun doute, est évidemment la partie de sa marche par laquelle la nature tend à son but. Les événements fortuits qui peuvent se produire dans le monde sont nécessairement en dehors de cette uniformité.

Pourquoi?

Si les événements fortuits étaient les événements qui se produisent uniformément, leur nombre l'emporterait sur les événements amenés directement par la nature. Il serait, en conséquence, impossible de rattacher ces événements fortuits à un nombre suffisant d'événements directs. La plus grande partie des événements fortuits serait donc sans cause.

Du reste, il est évident que les événements irréguliers dépendent des événements réguliers ; il est évident que les événements réguliers ne dépendent pas des anomalies. Il est évident que ce qui se produit presque toujours ne peut dépendre de ce qui ne se produit presque jamais.

Aristote voit, dans la seule uniformité des effets, le signe que ces effets sont dus à la nature de la cause qui les produit, c'est-à-dire à une cause directe.

« Quand nous voyons certaines choses arriver *toujours*, et d'autres choses arriver *presque* toujours de la *même manière*, il est évident que ni les unes ni les autres ne peuvent avoir pour cause la fortune, ou quoi que ce soit qui lui ressemble. » (Aristote. — *Phys.*, l. II. c. 5.)

Cette pensée d'Aristote a la valeur d'un premier principe.

Puisque l'événement fortuit est un effet produit par une cause qui ne se porte point par elle-même et directement à cet effet, il est clair qu'un événement produit par une cause naturellement portée à produire cet effet n'est point fortuit.

D'autre part, l'uniformité des effets recule dans une clarté que rien ne peut obscurcir, la nature de la cause. Cette cause est directe, ordonnée à l'effet produit.

Elle est destinée à produire cet effet puisqu'elle le produit toujours et le produit à l'exclusion de tout autre effet.

La nature tend donc à sa fin par ses actes uniformes.
Le but de la nature est donc uniforme.

LE BUT UNIFORME VOULU PAR LA NATURE EST LE DÉVELOPPEMENT DE LA NATURE

Tout être qui n'est pas parfait et peut le devenir tend naturellement à acquérir la perfection dont il est capable.

Tout être cosmique qui se modifie se modifie pour son bien. Tout corps du règne minéral tend à exercer les influences mécaniques, physiques et chimiques qui sont en son pouvoir. Tout être vivant est porté à accomplir les actes propres de sa vie, à se conserver, à se nourrir, à croître et à se reproduire. Toute plante tend à végéter. Tout animal tend à voir, à entendre et à sentir. Tout homme tend à penser.

C'est là le but universel indéniable. La raison nous convainc, à *priori*, qu'il ne peut en être autrement. L'observation nous montre tout être, dans l'agitation pour atteindre ce but, dans le repos dès qu'il l'a atteint.

C'est le but le plus direct qu'il soit possible de concevoir.

LA NATURE TEND A SON BUT PAR DES MOYENS ADAPTÉS
A L'OBTENTION DE CE BUT

La nature n'arrive pas d'un seul coup au but qu'elle poursuit. Elle y arrive par des intermédiaires. Ces intermédiaires sont des *moyens*.

Le moyen n'est pas le but, mais ce par quoi on tend au but.

La nature humaine pense et aime par le moyen de ses facultés.

La nature animale sent par ses puissances et par ses organes.

La nature végétale vit par ses puissances, ses organes et les actes de ses organes.

Ce sont là de véritables moyens.

Ce ne sont pas des buts.

A quoi servirait la faculté de penser sans la pensée ?

A quoi bon des yeux et des oreilles, s'il n'y avait ni vision, ni audition ?

Pourquoi y aurait-il une manducation, si l'assimilation de l'aliment au corps de l'être vivant ne devait pas suivre la manducation ?

Ce ne sont donc pas plus que des moyens, mais ce sont de véritables moyens, c'est-à-dire des intermédiaires destinés par eux-mêmes à procurer le but final de la nature.

Il est évident d'abord que ces intermédiaires sont, en fait, d'une nécessité absolue pour que la nature arrive à son développement. Sans facultés, sans organes et sans usage des organes, il ne faut songer ni à la pensée, ni à la sensation, ni à la conservation de la vie.

Ces moyens procurent régulièrement, uniformément et immanquablement le développement de la nature. Ils ont donc pour fin directe de procurer ce développement.

L'examen attentif de ces moyens nous fait toucher du doigt quelle est leur destination.

Ces intermédiaires, dans la vie supérieure, sont intimement liés à la cause qui s'en sert et à l'effet qu'ils amènent. Il n'y a pas autre chose, il ne peut y avoir autre chose, entre l'âme qui pense et sa pensée, que sa faculté de penser.

Dans la vie supérieure organique, c'est-à-dire dans la sensation, la puissance de sentir se manifeste par une chose visible et actuelle, par l'*organe*.

L'organe tient pour ainsi dire le milieu entre la puissance et l'acte.

L'organe est multiple. Il y a l'organe intérieur, le cerveau, ce qu'il y a de plus rapproché, pour ainsi dire, de l'âme. Le cerveau est lié par les nerfs avec les extrémités nerveuses capables de sentir, avec les nerfs optiques, auditifs, etc., etc. Enfin des appareils particuliers, l'œil, l'oreille, etc., etc., reçoivent les premières impressions des objets extérieurs. Il faut donc une assez grande quantité d'actes préliminaires pour que l'animal voie : introduction de la lumière dans l'œil, impression du nerf optique, transmission par les nerfs au cerveau. Ces différents actes étudiés avec soin se subdivisent en une quantité presque infinie d'autres actes. Mais entre le premier acte préliminaire, par exemple, l'introduction de la lumière et le dernier, l'acte du cerveau, il y a un enchaînement sans rupture. Tout se tient parfaitement.

Dans la vie inférieure, c'est-à-dire dans la vie végétative, la conservation de la vie est amenée par un ensemble d'organes et d'actes plus considérable encore. La cause première, la puissance de vivre, et l'effet final, la vie, apparaissent dans une séparation plus grande et une liaison plus compliquée. Les intermédiaires sont plus en saillie. Il y a l'appareil moteur, l'appareil de la préhension, l'appareil de la mastication, de l'absorption, etc., etc., de l'assimilation. Le sang une fois formé doit circuler ; de là appareils de la circulation. Il faut respirer ; appareil de la respiration. En définitive, une multitude d'actes parfaitement distincts les uns des autres, parfaitement unis les uns aux autres, doivent précéder et amener le résultat final.

Enfin, étudiés attentivement, ces moyens apparaissent non pas simplement comme amenant un résultat, mais comme l'amenant d'une admirable manière. Il y a adaptation parfaite entre l'œil et la vision, entre l'oreille et l'audition. C'est le résultat harmonieux d'une foule de conditions à la fois nécessaires et merveilleusement vérifiées.

Donc les intermédiaires par lesquels la nature passe pour arriver à son développement sont réellement des moyens.

La nature s'en sert comme de moyens.

En passant par les différents actes préliminaires qui doivent amener le résultat final, elle tend au résultat final. En employant le moyen et au moment où elle l'emploie, elle vise plus loin que le moyen, elle vise le but.

Il est question ici évidemment de tendances naturelles et non pas de tendances libres.

Quand la cause est libre, elle peut vouloir le moyen, et ne pas vouloir explicitement la conséquence du moyen, c'est-à-dire la fin ; ou même exclure positivement la fin de sa volonté ; ou encore, empêcher, jusqu'à un certain point, la réalisation de la fin, en employant le moyen d'une façon anormale. Par exemple, un homme peut manger sans songer à la nutrition qui est la fin de la manducation. Il peut vouloir le plaisir qui accompagne la manducation, sans se proposer positivement un résultat ultérieur. Il peut aussi exclure positivement le résultat et s'isoler, autant qu'il est en lui, dans le plaisir, en faire sa fin. Il peut même tellement excéder dans l'acte destiné à la nutrition, que la nutrition soit arrêtée.

Mais ces tendances libres sont distinctes des tendances naturelles. C'est même par leur conformité ou leur manque de conformité avec des tendances naturelles que les tendances libres deviennent morales ou immorales.

Dans l'ordre de la nature, les tendances sont enchaînées les unes aux autres et on ne peut s'arrêter en route. La nature tendant nécessairement à se conserver, à aller en A, tend à prendre les moyens nécessaires pour cela, soit B. Elle ne peut donc pas tendre à B. sans tendre par le fait même à A. Une fois arrivée à B. elle va plus loin, elle va jusqu'à A. Elle ne peut même pas arriver à B. sans tendre préalablement à A.

Telle est la base inébranlable de l'ordre interne.

La finalité n'est pas moins évidente dans les relations entre les différents êtres. Nous avons constaté que les êtres rassemblés ici-bas formaient des groupes variés et gradués, un *ensemble*, en un mot.

Ce qui donne l'unité à cet ensemble, c'est la fin des êtres.

Chaque être se perfectionne par certains moyens et constitue ainsi l'ordre interne. Les êtres supérieurs se perfectionnent par les êtres inférieurs et constituent ainsi l'ordre externe.

Les êtres inférieurs sont *pour* les supérieurs. La plante se perfectionne par le minéral. Elle ne vit que par les règnes placés au-dessous d'elle.

L'animal se perfectionne par la plante. Certains animaux ne peuvent subsister que par une nourriture végétale. Le carnivore se perfectionne par l'herbivore.

L'humanité domine tout : elle emploie pour se conserver et se développer toutes les forces inférieures. Elle a un besoin absolu du règne minéral. Il lui faut *disjonctivement* le règne végétal ou le règne animal ; sans plantes et sans animaux, l'humanité serait réduite, pour subsister, à se dévorer elle-même.

L'humanité constitue évidemment une fin au moins prochaine et partielle de tout ce qui existe sur la terre.

En somme, la nature tend à son but par des moyens appropriés à l'obtention de ce but.

En un mot, la nature est ordonnée. Faisons un pas de plus, et voyons où nous mène l'ordre.

CHAPITRE QUATRIÈME

Ordre et Intelligence.

Conséquences logiques de l'ordre. — L'ordre suppose l'intelligence. — Démonstration : 1º par les effets de l'ordre sur l'intelligence ; 2º par les effets de l'intelligence relativement à l'ordre ; 3º par l'analyse de l'ordre. — *Effets de l'ordre sur l'intelligence.* — L'épanouissement complet de l'ordre est le beau. — La contemplation du beau plaît, par elle-même, à l'intelligence. — L'intelligence se reconnaît dans le beau. — Le beau, c'est-à-dire l'ordre en sa perfection, est donc ou une intelligence ou le reflet d'une intelligence. — *Effets de l'intelligence relativement à l'ordre.* — L'ordre dans un acte est toujours en proportion de l'intelligence qui se trouve dans l'acte ; si un acte sans intelligence pouvait produire l'ordre, cette proportion n'existerait pas ; donc l'ordre suppose l'intelligence dans l'acte qui le produit. — *Analyse de l'ordre.* — L'ordre consiste à tendre vers un but ; on ne peut tendre à un but que par l'intelligence et la volonté ; l'ordre suppose donc une intelligence.

L'ordre et l'intelligence sont corrélatifs. Il n'y a pas d'intelligence sans ordre, et il n'y a pas d'ordre sans intelligence.

L'ordre suppose l'intelligence.

La raison totale et dernière de l'ordre ne peut être qu'un esprit. C'est là l'affirmation du sens commun

Il n'est pas un homme qui n'attribue spontanément l'ordre à l'intelligence. L'ordre, dans ses éléments les plus primitifs, est pour nous un produit intelligent. Un dolmen, une large pierre supportée par deux autres plus petites, un simple menhir dressé et perdu dans l'immensité des bruyères, accuse, pour l'archéologue, la main des races antiques, pour le peuple, le souffle des génies ou des fées, pour tous, un instrument manié par un principe immatériel.

L'ombre même de l'ordre suffit pour amener cette conclusion. Bien des cailloux, vénérés par les géologues comme des haches, — n'ont jamais été striés artificiellement.

C'est une conclusion si impérieuse, que, selon la remarque de Fénelon, elle met souvent l'intelligence là où elle n'est pas. Les hommes simples constatant l'ordre dans les actions d'un animal, supposent l'intelligence dans l'animal, c'est-à-dire là où elle ne saurait être.

Kant regarde la conclusion qui tire l'intelligence de l'ordre comme une loi *subjective* de l'esprit humain, comme une forme de l'intelligence. Il est vrai que, d'après ce philosophe, rien d'*objectif* ne répond en dehors de l'intelligence à cette forme de l'intelligence. L'intelligence se représente elle-même à elle-même, voilà tout. Retenons pour le moment de cette singulière théorie que la raison humaine conclut nécessairement de l'ordre à l'intelligence.

Cherchons maintenant le motif de cette affirmation universelle, de cette tendance irrésistible de tous les esprits, de la croyance populaire et philosophique.

Nous sommes conduits à cette affirmation par trois routes, par les effets que produit l'ordre sur l'intelligence, par ce que nous révèle l'observation de la puissance de l'intelligence pour l'ordre, par l'analyse même de l'ordre.

EFFETS DE L'ORDRE SUR L'INTELLIGENCE

L'ordre dans son épanouissement complet n'est pas autre chose que le beau.

Les plus grands génies ont identifié l'ordre et le beau. Aristote place le beau dans la *grandeur* et l'*ordre :*

Τὸ δὲ καλὸν ἐν μεγέθει καὶ τάξει ἐστί.

Il affirme que les grandes lignes du beau sont l'ordre, la symétrie et la détermination. La symétrie est évidemment une espèce d'ordre.

Platon enseigne que rien n'est beau *sans harmonie*, c'est-à-dire sans ordre. Saint Augustin parle comme Aristote et Platon. Bossuet parle comme saint Augustin.

Du reste, qu'on identifie totalement l'ordre et le beau, ou qu'on renferme simplement l'ordre dans l'essence du beau, ou qu'on regarde le beau comme une espèce d'ordre, comme l'ordre à sa plus haute puissance, ou même qu'on sépare dans la réalité ces deux aspects de la perfection, il faut admettre que le monde est ordonné et qu'il est beau.

Examinons donc quels effets produisent sur l'intelligence l'ordre et la beauté, ou si l'on veut l'ordre couronné par la beauté, ou si l'on veut encore la beauté ordonnée.

Les effets produits sur l'intelligence par le beau sont indiqués dans la définition de l'école :

Pulchra sunt, quæ visa placent.

« Les choses belles sont les choses dont la vue plaît. »
Cette définition est, au point de vue des effets, très profonde, et il faut d'abord la pénétrer.

En général, l'effet produit sur l'intelligence par le beau est le plaisir. Tout ce qui est beau plaît à l'intelligence, et tout ce qui plaît à l'intelligence est beau.

Seulement, nous devons savoir exactement quel est ce plaisir et comment il se produit.

*

Il ne s'agit pas évidemment d'un plaisir qui flatte les sens, mais d'un plaisir qui affecte l'intelligence pure, d'un plaisir intellectuel.

* *

Tout plaisir intellectuel n'est pas le plaisir du beau.

Le savant, qui après de longues recherches, arrive à la découverte d'une vérité historique, ou scientifique, ou mathématique, ou philosophique, éprouve un plaisir intellectuel très profond, le plaisir de la difficulté vaincue.

Nous éprouvons un plaisir très noble à connaître ce qui est à la gloire de notre patrie ou de notre race.

L'exercice du pouvoir souverain produit certainement des impressions que ne connaissent pas les animaux et qu'il faut attribuer à l'intelligence.

La possession de grandes richesses et l'emploi de ces richesses pour le bien remplissent l'âme d'une satisfaction élevée, qui souvent n'est mêlée d'aucun arrière-goût sensuel.

La conscience du devoir accompli est la jouissance par excellence de l'ordre intellectuel et moral.

Rien de tout cela ne constitue le plaisir esthétique : ce plaisir n'est causé ni par la découverte, ni par l'origine, ni par la possession, ni par l'usage d'un objet. Il est causé uniquement par la *connaissance* de cet objet. Le *maître* d'une galerie pleine de chefs-d'œuvre peut n'éprouver aucun plaisir esthétique. Il faut qu'il voie ses tableaux et qu'il soit capable de saisir intellectuellement ce qu'il voit.

* * *

Toute connaissance ne suffit pas. La connaissance abstraite, c'est-à-dire la connaissance que nous donne la raison d'un objet absent, ne saurait produire le plaisir esthétique. Le plaisir du beau est causé par la présence de l'objet, par sa connaissance intuitive, par sa contemplation proprement dite. Il faut le voir.

Le plaisir du beau commence à la contemplation de l'objet, à la contemplation elle-même ; on peut être bien aise de contempler un objet, ou pour satisfaire sa curiosité, ou afin de pouvoir dire qu'on l'a vu, ou pour un autre motif, distinct de la contemplation. Le plaisir du beau suppose la contemplation actuelle de l'objet. Plus l'objet est contemplé, plus il plaît. On ne se lasse pas de le contempler, on regrette sa disparition, on désire sa réapparition, on le maintient exposé aux regards, on ne le voile que pour le conserver.

Ce plaisir, qui commence à la contemplation, ne peut s'isoler de l'objet contemplé. La contemplation d'une chose belle ne plaît point, par le seul fait que c'est une contemplation, c'est-à-dire l'exercice très noble de l'activité intellectuelle, mais parce que c'est la contemplation de *cette* chose.

En un mot, la définition de l'école doit se prendre dans le sens le plus exact, le plus strict, le plus réflexe, le plus *formel*.

Cette définition du beau par ses effets, n'est pas contestable, car elle sépare parfaitement ce qui est beau de ce qui ne l'est pas. Elle s'applique avec une merveilleuse justesse au *seul défini*. Pour qu'une chose soit belle à nos yeux, il faut évidemment que sa vue plaise par elle-même à l'intelligence. Elle embrasse tout ce qui est beau. Car, toutes les fois qu'une chose plaît par sa présence à l'intelligence, elle est belle.

*

Le beau a donc pour effet direct, naturel, caractéristique, de plaire à l'intelligence. Le beau a pour nous des attraits irrésistibles. L'intelligence mise en face du beau se dilate, s'épanouit, se repose dans cette contemplation. Il se produit en nous une sorte d'ivresse spirituelle, qui souvent envahit les sens, enflamme les passions et entraîne celui qui en est victime dans les plus grands excès. La vue du beau plonge les artistes dans l'extase. Elle surexcite leurs facultés, elle double leur énergie, elle leur fait produire des chefs-d'œuvre, elle abrège leurs jours et leur donne l'immortalité de la gloire. La vue de la beauté morale ravit les saints jusque sur les hauteurs de l'héroïsme.

En définitive, le beau exerce sur l'intelligence une action puissante. Il s'impose à elle. Il l'envahit. Il la remplit de jouissances et lui donne la fécondité.

Quelle peut être la raison d'un effet semblable produit sur l'intelligence par la vue du beau ?

L'intelligence pourrait-elle se complaire dans quelque chose qui lui serait inférieur ? Une faculté peut-elle être subjuguée par ce qui serait au-dessous d'elle ? Si le beau n'était pas au même niveau que l'intelligence, l'effet produit par le beau sur l'intelligence ne dépasserait-il pas la puissance de sa cause ?

Une faculté ne peut trouver son contentement que dans ce qui la perfectionne. Elle ne peut donc point se reposer dans ce qui ne l'égale pas.

Par conséquent le beau produisant sur l'intelligence les effets irrésistibles que l'on sait, le beau immobilisant l'intelligence dans le repos de la jouissance, le beau attirant l'intelligence et la satisfaisant, le beau ne peut être au-dessous de l'intelligence elle-même. Le beau sera donc ou une intelligence ou le vestige d'une intelligence.

Pour égaler l'intelligence, le beau doit participer à l'intelligence, car l'intelligence est au-dessus de tout. Il participera à l'intelligence ou parce qu'il sera d'une nature intellectuelle comme le beau moral, ou parce qu'il reflétera l'intelligence de sa cause, comme le beau matériel.

Dans toute contemplation du beau, l'intelligence reconnaîtra son image dans l'objet contemplé et y prendra plaisir.

Il est donc facile de conclure des effets produits par la beauté et l'ordre du monde sur nos intelligences, que l'ordre et la beauté cosmiques dérivent d'une source intellectuelle, supposent, en un mot, une intelligence.

PUISSANCE DE L'INTELLIGENCE POUR L'ORDRE

Descendons maintenant des hauteurs du beau, et voyons dans un cercle plus modeste ce que peut l'intelligence pour l'ordre le plus élémentaire.

Observons ce qui se passe dans l'activité humaine.

L'ordre est le fruit de l'intelligence.

A. — Toutes les fois que nous agissons avec intelligence nous agissons avec ordre. Sans doute cet ordre ne sera pas toujours éclatant ou parfait ; mais il y aura toujours ordre. Nos paroles se suivront, nos démarches aboutiront, nous nous proposerons un but utile, et nous prendrons les moyens nécessaires pour y arriver.

B. — L'ordre sera en proportion directe de l'intelligence déployée. Plus nous mettrons d'intelligence dans nos actes, mieux ces actes seront ordonnés. La prudence est le fruit d'une intelligence plus qu'ordinaire. Le génie pratique consiste à atteindre son but par les moyens les plus rapides et les plus propres. Le génie des batailles n'est pas autre chose.

C. — D'autre part, moins nous employons d'intelligence dans nos actes, moins il y a d'ordre dans les résultats obtenus.

Si l'acte est absolument dénué d'intelligence, le résultat de l'acte sera sans ordre. Le sommeil, l'ivresse, la colère, la folie, l'enfance, la sénilité, tout ce qui suspend en nous l'exercice de l'intelligence, amène le désordre dans nos actes. Le désordre d'un acte est même le signe unique et le signe infaillible qu'il n'y a point d'intelligence employée par l'auteur de l'acte.

Mais si un acte sans intelligence pouvait produire l'ordre, il le produirait souvent, il le produirait la plupart du temps. Il ne le produit jamais. Il ne peut donc pas le produire.

Donc, l'ordre constant qui régit le monde a pour auteur une intelligence. La puissance de l'ordre sur l'intelligence et la puissance de l'intelligence pour l'ordre amènent les mêmes conclusions. L'analyse de l'ordre complète la démonstration.

ANALYSE DE L'ORDRE

Toute cause qui précède son effet doit tendre à cet effet pour le produire.

Toute cause totale qui tend à un effet subséquent ne peut tendre à cet effet que par un acte d'intelligence et de volonté.

Ces deux principes établis plus haut, et rapprochés de l'ordre des choses naturelles, ne permettent pas de méconnaître l'intelligence qui préside à l'ordre du monde.

La nature marche des moyens au but ; par conséquent la nature, en employant le moyen, tend au but.

Quod priùs est in intentione, ultimum est in executione.

La nature ne peut donc tendre au but *futur* que par une représentation *intellectuelle* de ce but et un acte de *volonté* amenant ce but.

Plus il y a de moyens interposés et subordonnés les uns aux autres, entre le premier moyen et le dernier but, plus il y a d'actes intellectuels et volontaires précédant nécessairement la réalisation du but final.

Prenons pour exemple l'acte de la nutrition par lequel la nature animale se conserve et se développe.

On distingue : 1° la préhension ; 2° la mastication ; 3° la déglutition ; 4° la digestion ; 5° l'absorption ; 6° l'aération ; 7° la circulation ; 8° l'assimilation ; 9° l'accroissement. Ces opérations sont successives.

On peut considérer la préhension comme le premier moyen, et l'accroissement comme le but final. En conséquence, dès le premier acte qui est la préhension, la nature doit se représenter intellectuellement par elle-même, ou par un autre, à savoir par son auteur, toutes les autres phases de son action, à commencer par la dernière. Elle doit se représenter ces phases avec la liaison qui lie la dernière à celle qui la précède immédiatement, celle-ci à l'antépénultième, et ainsi jusqu'à la première, par laquelle commence l'action de la nature.

De plus comme ce développement de l'être vivant s'accomplit à l'aide d'autres êtres, soit sans vie, soit même doués de vie, il est clair que l'existence des êtres inférieurs est intimement liée avec la vue intellectuelle et anticipée des êtres supérieurs auxquels ils sont subordonnés. L'existence du règne minéral ne se conçoit pas sans la vue intellectuelle du règne végétal, animal et humain, qui sont comme les fins du règne minéral. L'existence du règne végétal suppose la représentation intellectuelle des deux autres et l'existence du règne animal la représentation intellectuelle du règne humain.

L'ordre de la nature examiné dans son fond, réfléchit, dans ce fond même, l'intelligence nécessaire à cet ordre.

CHAPITRE CINQUIÈME

Intelligence et nature.

L'intelligence supposée par l'ordre du monde n'est pas dans le monde. — Les règnes inférieurs au règne humain ne sont pas intelligents. — Ils sont *pour* le règne humain. — L'homme *n'est pas l'auteur* des règnes inférieurs à lui et créés pour lui. — Il y a dans l'homme une foule d'actes ordonnés et qui ne sont pas ordonnés par lui. — Dans les actes de l'homme ordonnés par lui, beaucoup de choses ne dépendent pas de lui. — Les individus humains sont, à un certain point de vue, les uns *pour* les autres. — L'humanité entière est *pour* un être distinct d'elle-même. — Synthèse. — L'homme n'étant point par soi et étant intelligent est par une autre intelligence.

L'intelligence dont le monde laisse passer le rayonnement, comme l'albâtre laisse passer la lumière, l'intelligence qui est la raison d'être de l'univers, et qui nous est révélée par l'ordre cosmique ; cette intelligence n'est pas dans le monde. Elle n'a pas sa source ici-bas : elle ne fait pas partie des choses visibles ; elle les domine. C'est une intelligence distincte de tout ce que nous voyons arrangé avec tant d'intelligence.

LES ÊTRES ININTELLIGENTS

Le plus grand nombre des êtres visibles est dépourvu d'intelligence. Tout le règne minéral, tout ce qui fait la partie la plus considérable des masses sidérales, est absolument inerte. Il n'y a rien de si intelligent que les mouvements des astres, et il n'y a rien de moins intelligent que les astres.

> Les astres roulent en silence
> Sans *savoir* les routes des cieux.
> LAMARTINE.

Les révolutions des éléments terrestres sont pareillement régulières, ordonnées, intelligentes, et venant *prochainement* de causes aveugles.

> L'aquilon, d'une aile rapide,
> Sans *savoir* où l'instinct le guide,
> S'élance et court sur vos sillons.
> LAMARTINE.

Les merveilles du règne végétal proviennent évidemment de plus haut que ce règne. Le chêne est organisé et il ne connaît pas son organisation.

> Il vit, ce géant des collines ;
> Mais avant de paraître au jour,
> Il se creuse avec ses racines,
> Des fondements comme une tour.
> Il sait quelle lutte s'apprête
> Et qu'il doit, contre la tempête,
> Chercher dans la terre un appui.
> Il sait que l'ouragan sonore
> L'attend un jour, ou *s'il l'ignore*,
> Quelqu'un, du moins, le *sait* pour *lui*.
> LAMARTINE.

Les actions les plus savamment combinées du règne animal dépassent ce règne que la raison n'éclaire pas.

De plus, ces trois règnes sont faits pour le règne humain. Leur existence suppose la représentation intellectuelle et préalable de l'humanité.

Ces règnes, en supposant qu'ils aient l'intelligence, ne l'auraient certainement pas à un degré tel qu'ils pussent, *avant* d'exister, se représenter *intellectuellement* le règne supérieur *pour lequel* ils existent.

Aucun être ne saurait s'ordonner soi-même à un autre être, comme à sa fin naturelle. La représentation intellectuelle de la fin, précédant l'intelligence du moyen, l'être qui se constituerait une fin naturelle en dehors de lui aurait la vue de cette fin, avant d'être.

Donc l'intelligence qui brille dans l'organisation, dans les actes et dans la finalité des règnes inférieurs, ne saurait venir de ces règnes.

LES ÊTRES INTELLIGENTS

Il s'agit de l'homme, c'est le seul être intelligent visible.

*
* *

L'intelligence qui a organisé le monde, et qui n'est pas dans le monde, n'est pas non plus dans l'homme. Quoi de plus apparent ?

L'homme n'est pas l'auteur des règnes inférieurs.

*
* *

Dans l'homme lui-même, il y a une foule d'actions ordonnées et intelligentes, qui ne viennent pas de l'intelligence de l'homme, et qui ne dépendent en aucune façon de sa volonté. Tout ce qui se passe à l'intérieur de l'homme et dans la sphère purement physiologique en est là : la circulation du sang et des humeurs ; la formation des acides, des sels, de la lymphe ; l'assimilation, etc., etc. En un mot, le torrent intérieur de la vie coule en l'homme sans aucune participation de l'intelligence et de la volonté humaines.

∴

Beaucoup d'actes sont en la puissance de l'intelligence humaine pour leurs préliminaires seulement. L'homme pose sciemment et librement la condition. Ensuite l'acte s'accomplit en dehors de la science et de la liberté.

L'homme sème et il arrose, mais ce n'est pas l'homme qui opère la germination.

L'homme engendre son semblable, mais il ne sait pas quel homme sera son fils.

∴

Dans les œuvres qui sont le produit propre et réel de l'intelligence humaine, qui proviennent de cette intelligence et pour les préliminaires et pour le corps de l'œuvre, combien d'effets se produisent sans que notre tête et notre cœur y aient aucune part?

Nous cherchons la richesse et nous tombons dans la pauvreté. Nous creusons en pleurant un tombeau et nous rencontrons un trésor. Nous avons l'aventure, la bonne ou la mauvaise.

Nos œuvres d'art tantôt dépassent notre idéal, tantôt et plus souvent ne l'atteignent pas.

∴

Nous nous constituons en corps de nation, et nous ne sommes complètement maîtres ni de leur naissance, ni de leur gloire, ni de leurs abaissements, ni de leur destruction. Les destinées des nations ne sont pas entre leurs mains; elles ne sont pas même entre les mains des autres nations. Les constellations nationales gravitent vers des centres inconnus, poussées par des souffles plus forts qu'elles, s'acheminant à des fins qui leur sont imposées.

Le chœur des nations est gouverné par une intelligence qui n'est pas dans les nations.

*
* *

Le règne humain, abstraction faite des nations, présente un phénomène analogue au phénomène présenté par les règnes inférieurs. Pendant que les inférieurs sont pour lui, il est manifestement lui-même pour un autre être. L'humanité est faite pour le bonheur parfait. Elle y tend par toute son activité. Elle ne le trouve pas en elle-même. Elle est donc ordonnée à un autre règne supérieur au règne humain.

L'existence de l'homme suppose donc la vue intellectuelle d'un être naturellement antérieur à l'existence de l'homme, cause de cette existence et principe de sa finalité.

Ce n'est donc pas l'homme qui a pu avoir cette vue.

Il y a donc une intelligence supérieure et antérieure à l'intelligence humaine.

SYNTHÈSE

Tout raisonnement sur le monde nous conduit à la lumière, à l'invisible voyant, à l'esprit créateur et ordonnateur, à l'intelligence. La raison totale du monde est véritablement raison, raison substantielle et personnelle, raison sans nuages dans ses plans, sans ignorance de ses fins et des moyens pour les atteindre, sans défaillance dans l'application de sa force productrice. Cette cause a précédé le monde, et si le commencement de ce monde a été un chaos, ce chaos était dirigé vers un ordre à venir, ce chaos n'avait de chaotique que l'apparence, ce chaos était ordonné.

Anaxagore a donc vu une partie seulement de la vérité, quand il a décrit l'intelligence comme survenant pour mettre l'ordre dans le désordre. En réalité, l'intelligence était à la source de toutes choses. Elle ne se superpose pas au monde. Elle soutient le monde. Elle est avant tout ce qui n'est pas elle.

In principio erat Verbum.

Le Λογος a le premier et le dernier mot.

Nous arrivons donc à la lumière par tous les chemins.

Nous y arrivons en prenant pour point de départ les imperfections du monde. Constatant par la finitude du monde le nombre de ses éléments, la dépendance de ses mouvements, la nouveauté toujours possible de ses origines, que le monde existe par un autre, qu'il existe par création, qu'il subsiste par la continuation de l'acte créateur, nous comprenons qu'une intelligence seule est la cause suffisante de son être, qu'une intelligence seule a pu le créer de toutes pièces, qu'une intelligence seule a pu décréter librement son existence.

C'est là le premier chemin.

Prenant ensuite pour point de départ les perfections du monde, l'ordre, la régularité, l'harmonie, la beauté des choses visibles, nous remontons par cet ordre à une intelligence, cause de cet ordre. Nous comprenons que cette intelligence, cause de ce monde, n'est pas dans ce monde, et nous identifions cette intelligence avec la première intelligence découverte par les imperfections du monde.

C'est là le second chemin.

Il y a une troisième voie qui est comme la synthèse des deux premières ; si l'on veut, comme un raccourci. Cette voie est directe. Elle ne demande point d'explications : il suffit qu'on l'expose.

Le monde n'est point par lui-même. Dans ce monde qui n'est point par lui-même, la meilleure part est aux intelligences.

L'intelligence humaine occupe le sommet des choses cosmiques. Cette intelligence est, en un sens premier, la lumière du monde. Elle pénètre le monde inférieur, elle découvre ses lois, elle perfectionne jusqu'à un certain point les espèces ; elle lutte et très souvent victorieusement contre les forces matérielles. Cette intelligence se développe elle-même, manifeste sa beauté dans les chefs-d'œuvre des arts, s'épanouit dans les langues, dans les récits, dans les poèmes, dans les philosophies, dans les théologies.

Puisqu'il en est ainsi, l'auteur d'un monde intelligent ne peut être qu'une intelligence ; car toute la perfection de l'effet est dans la cause. La cause des intelligences humaines doit être au moins aussi parfaite que ces intelligences. Elle sera donc au moins une intelligence.

Elle sera une intelligence *au moins* et *au plus*, parce qu'il n'y a rien de plus parfait que l'intelligence.

Voilà le raccourci.

CHAPITRE SIXIÈME

L'épisode.

Retour à l'objection. — Le hasard ne peut être un effet sans cause. — Il ne peut être que l'effet accidentel d'une cause. — Il existe ainsi entendu dans les actes libres de l'homme. — Il suppose que la cause dont il est l'effet accidentel tend à un autre but. — Si le monde est l'effet du hasard, il suppose comme cause prochaine un autre monde produit par une cause directe. — L'hypothèse de la production par le hasard de tous les mondes existants est une contradiction dans les termes.

Revenons au hasard par lequel nous sommes entrés dans ces considérations.

Notre lumière est une lumière sans ombre. Elle pénètre tout. Rien n'est opaque devant elle : le hasard, comme l'ordre, est diaphane pour ses rayons.

Le hasard, considéré comme un effet sans cause, n'est nulle part. C'est la chimère des chimères. Il n'y a pas à s'en préoccuper. Définir ainsi le hasard, c'est le faire évanouir.

Le hasard, s'il est, ne peut être qu'un effet produit par une cause qui ne tend pas directement à cet effet. C'est l'effet *accidentel* d'une cause.

Le hasard, entendu ainsi, existe incontestablement pour les actes libres de l'homme. Très souvent, nous obtenons par ces actes un résultat que nous n'avions pas l'intention d'obtenir.

Ce même hasard existe-t-il pour les œuvres de la nature ? Beaucoup l'ont nié. Admettons-le cependant.

Dato, non concesso.

Admettons que les causes naturelles produisent certains effets auxquels elles ne tendent pas directement comme causes prochaines.

Ce terrain est, pour le hasard, un territoire restreint. Tous les effets constants et réguliers que produit la nature, tous les résultats aboutissant à sa constitution, à sa conservation, à son développement et à son perfectionnement, sont voulus directement par la nature ; tout l'ordre des choses visibles accusant une intelligence ; en un mot l'ensemble du monde échappe au hasard. Le hasard revendique pour lui quelques phénomènes rares, irréguliers, sans lien nécessaire avec leurs causes prochaines.

Ces résultats fortuits exigent pour leur production, pour la possibilité de leur production, deux points d'appui sans lesquels tout hasard croule. Le hasard ne saurait se soutenir seul.

Un éclat de marbre laisse paraître l'image d'une fleur. Voilà le hasard ; la ressemblance entre le marbre et la fleur n'a pas été le but du marbre. Elle vient accidentellement du marbre et accidentellement aussi de la fleur. Ni le marbre, ni la fleur n'ont tendu directement à se ressembler.

Tout résultat pareil nécessite une *cause prochaine* qui commence par produire un *effet direct* : l'effet fortuit n'est possible que par sa liaison accidentelle avec un effet direct. Si l'effet fortuit provenait immédiatement d'une cause unique, il n'aurait pas de cause suffisante, puisqu'il serait produit par une cause qui ne tendrait pas à le produire. Le lien qui justifie le résultat fortuit est l'effet direct d'une cause prochaine.

Donc, le hasard procède immédiatement et accidentellement d'un effet, médiatement d'une cause prochaine et directe qui a produit cet effet.

Voilà donc deux causes qui concourent à l'effet fortuit : 1° une cause amenant un effet direct ; 2° cet effet direct amenant accidentellement l'événement fortuit.

Socrate et Platon, voilà la cause amenant l'effet direct.

L'arrivée de Socrate et de Platon au Pirée, voilà l'effet direct voulu par Socrate et par Platon.

Cette arrivée produit la rencontre et cette rencontre est fortuite, parce que l'arrivée au Pirée a été voulue par Socrate et par Platon, abstraction faite de la rencontre qui devait la suivre.

Le moindre effet fortuit nécessite donc un effet voulu ; la cause accidentelle est précédée d'une cause directe. Plus l'effet fortuit sera grand, plus puissantes seront le deux causes.

Si l'on suppose contre toute possibilité, qu'une partie du monde, le *ciel*, par exemple, est un effet du hasard, il faudra trouver au ciel une cause accidentelle et une cause directe. La cause accidentelle sera le reste du monde et la cause directe l'auteur de toutes les parties du monde ; ainsi raisonne Aristote.

« Rien de ce qui est par accident n'est antérieur aux choses qui sont par elles-mêmes (proposition évidente). En conséquence, la cause accidentelle ne peut précéder la cause directe. Le hasard et la fortune sont donc postérieurs à l'intelligence et à la nature. C'est pourquoi, si le hasard est cause du ciel, il est nécessaire que préalablement l'intelligence et la nature soient la cause de *cet univers*, et de *beaucoup d'autres choses*. »

Si, poussant à bout les impossibilités, on prétendait que le monde visible en entier, que la collection complète des êtres finis est l'œuvre du hasard, on arriverait à un résultat inattendu sans aucun doute, et tout à fait extraordinaire.

Il faut admettre, dans cette hypothèse, que le monde dépende d'une cause, qui ayant l'intention de produire une œuvre immense, dont rien ne peut nous donner l'idée, a abouti, dans sa production, et par une sorte de ricochet, d'une façon indirecte, à ce monde visible.

Si le monde visible est un effet du hasard, il suppose, en dehors de lui, un autre monde beaucoup plus vaste et beaucoup plus beau, produit directement par une cause encore plus parfaite.

Si le monde visible est un effet du hasard, c'est un simple épisode dans le poème incompréhensible de la création.

Ce qui rend alors le poème incompréhensible, c'est que l'épisode est suspendu entre deux absurdités. Il part d'une absurdité et il aboutit à une autre absurdité.

Il suppose ce qu'il n'est pas possible d'admettre. Il est impossible que le monde visible, avec son ordre admirable, soit le produit d'une cause aveugle. Il n'est pas possible non plus que la nature, avec ses fins nécessaires, ne soit pas la cause directe de résultats voulus.

C'est là une première absurdité, l'absurdité du point de départ.

Voici la seconde, l'absurdité à laquelle aboutit l'épisode.

D'une part, toute la collection des êtres visibles est supposée l'effet du hasard. D'autre part, cette collection comme effet du hasard suppose une autre collection d'êtres finis, produite par une cause directe.

L'hypothèse de l'univers entier produit par le hasard se détruit par le seul fait qu'elle se pose. Elle se nie en s'affirmant.

Mentita est iniquitas sibi.

III

EN HAUT

TROISIÈME PROPOSITION

L'INTELLIGENCE CRÉATRICE EXISTE PAR ELLE-MÊME

Puisque le monde n'a pas en lui-même la raison de son existence, puisqu'il doit son existence à une intelligence distincte de lui, cette intelligence est l'Être par lui-même, c'est Dieu.

C'est cette conclusion qu'il s'agit de mettre en saillie. Nous avons découvert l'Invisible ; nous allons constater que cet Invisible n'est autre que le Très-Haut. C'est un pas de plus vers le terme. C'est le dernier. Il nous introduira dans la plénitude de la vérité, en un mot, dans celui qui est.

Ce dernier pas est facile à faire. Il est même inévitable ; car il est le résultat fatal de l'impulsion donnée à l'intelligence, par les premières vérités. Rien ne peut arrêter l'esprit. Aucune hypothèse, si fausse qu'elle soit, ne saurait empêcher cette conclusion :

Il y a un être par lui-même.

CHAPITRE PREMIER

Les hypothèses.

L'Intelligence qui a créé le monde existe par elle-même. — Si l'auteur du monde n'existe pas par lui-même, les êtres sont créés les uns par les autres, ou en se donnant réciproquement l'existence, ou en provenant d'une série indéfinie de créatures; s'il n'y a pas d'être premier, il y a cercle, ou ligne sans fin. — Ces deux hypothèses sont métaphysiquement impossibles. — Impossibilité du diallèle. — Le diallèle suppose : que chacun des êtres qui le composent existe avant de recevoir l'existence; que chacun d'eux se donne à lui-même sa propre existence; que chacun est en même temps et sous le même rapport plus grand et plus petit que les autres pris un à un; que chacun est à la fois plus grand et plus petit que lui-même. — Le diallèle est donc impossible.

Deux hypothèses ont été imaginées pour échapper à l'existence de l'Être par lui-même; l'hypothèse du diallèle et l'hypothèse de la série sans fin. Les partisans des deux hypothèses soutiennent que toutes les existences sont bornées et sont par d'autres existences. Le diallèle admet que ces existences sont en nombre déterminé et fini; la série prétend qu'elles sont en nombre indéterminé et infini. Le diallèle considère l'univers comme un cercle dont les points sont engendrés les uns par les autres, en ce sens qu'ils se donnent *mutuellement* et se *renvoient* l'existence. A engendre B, et B engendre A. Telle est l'expression condensée du diallèle. De cette façon, il n'y a aucun être par soi. La série ouvre le cercle et considère le monde comme une ligne dont le commencement est A et dont le terme est à l'infini, ou plutôt dont le terme n'existe pas. A est engendré par B, B est engendré par C, C est engendré par N. De cette façon aussi, tous les êtres sont par d'autres êtres.

Donc, un cercle fermé, ou une ligne droite qui a une fin, mais qui n'a pas de commencement, — voilà les hypothèses substituées à l'existence de l'Être par lui-même.

Ces hypothèses ont trois caractères : elles sont une nécessité logique pour ceux qui n'admettent pas l'Être par lui-même ; elles renferment en elles-mêmes une *impossibilité métaphysique ;* elles se distinguent par une *impuissance radicale* à expliquer l'existence du monde.

NÉCESSITÉ LOGIQUE

Il ne paraît aucun mérite à avoir imaginé les deux hypothèses du cercle et de la série. Car, ce sont là les deux bornes auxquelles aboutissent forcément les négateurs de l'Être par soi.

Nec plùs ultrà.

Soit : A, B, C, etc., les êtres produits.

Du moment que A est produit par B, il faut, de toute nécessité, pour que B ne soit point par lui-même, qu'il soit produit par A ou par C ; car si B n'est produit ni par A, c'est-à-dire par l'être qui le suit, ni par C, c'est-à-dire par un être qui le précède, il est par lui-même. Il faut donc qu'il soit produit ou par A ou par C.

Si l'on admet que B, après avoir produit A, est à son tour produit par A, il y a cercle.

Si on admet que B n'est point produit par A, mais par C, C à son tour sera produit ou improduit. S'il est improduit, il est par soi ; il est donc produit par D. Pour que la série soit composée uniquement d'êtres produits, il est nécessaire qu'elle ne s'arrête jamais.

Car l'être auquel s'arrêterait la série, D par exemple, ne serait pas produit, c'est-à-dire serait l'Être par lui-même.

Il faut donc admettre ou le cercle, ou la ligne sans commencement, si l'on refuse d'admettre l'Être par lui-même.

Ce sont là les seules hypothèses possibles. Elles sont donc absolument inévitables. Si l'Être par soi n'est pas, une de ces deux hypothèses est vraie, vraie de toute nécessité. Si l'Être par soi est, ces deux hypothèses sont fausses, il est vrai que l'Être par soi existe. Si l'on ouvre le cercle et si l'on arrête la ligne, il y a un Être par soi.

La question est donc parfaitement circonscrite, elle ne s'étend pas au-delà de ces deux hypothèses : ces deux hypothèses étant sondées, la question sera éclairée dans ses dernières profondeurs.

IMPOSSIBILITÉ MÉTAPHYSIQUE

On ne peut nier l'existence de l'Être par lui-même, sans tomber dans l'impossible, le contradictoire et l'absurde. La chute est certaine, et l'abime où l'on se voit choir ne saurait se mesurer, car c'est l'abime du faux poussé aux dernières limites.

LE DIALLÈLE

Le cercle imaginaire et fermé des êtres finis ne change pas de nature avec le nombre des êtres qui dessinent sa courbe. Que ces êtres soient les êtres mêmes dont se compose le monde; que ce soient des êtres, des mondes, si l'on veut, distincts du monde visible, prenant leur origine dans ce monde et lui rendant cette origine; qu'il y ait, en un mot, des milliards d'êtres, se produisant mutuellement, ou qu'il y en ait *deux*, le résultat sera le même.

C'est pourquoi, pour plus de simplicité, réduisons à deux les êtres finis.

Soient A et B, ces deux êtres.

A produit B et B produit A.

Si l'hypothèse réduite à ces termes est réalisable, elle le sera pour toutes sortes de nombres; si elle ne l'est pas, l'augmentation du nombre ne fera que multiplier les impossibilités.

Cette hypothèse est tellement irréalisable, qu'il est impossible de se la représenter par l'imagination; on ne peut la reproduire par aucune figure, soit géométrique, soit de fantaisie.

A et B sont essentiellement différents l'un de l'autre, deux substances distinctes, deux êtres qui par leur être ne rentrent en aucune façon l'un dans l'autre. Ces deux êtres doivent se donner l'existence réelle.

Pour qu'A donne l'existence à B, il faut qu'A existe. Car on ne donne que ce que l'on a, et, pour faire quoi que ce soit, il faut être.

La production de B est nécessairement le fruit de l'existence de A.

Comment alors B produira-t-il A?

Ce ne sera point par l'acte même de A. Ce sera donc par un acte distinct de l'acte de A. C'est-à-dire que B donnera l'existence à ce qui existe. *Non bis in idem*, surtout en fait d'existence. On ne peut recevoir ce que l'on a déjà.

De plus, si A et B se produisent mutuellement, A, en produisant B, produira le principe de sa propre existence, se produira lui-même, se fera passer lui-même du non-être à l'être. Il n'y a rien de plus impossible.

* * *

Quelles seraient du reste les relations établies entre A et B, par cette production mutuelle ? Ce seraient des relations contradictoires.

A ayant la puissance de donner l'existence à B, d'être la source d'où découle B, se trouve par là même au-dessus de B et plus grand que lui. Si A était un générateur ordinaire et semblable aux générateurs naturels, hommes, animaux et plantes, la production de B par A ne supposerait pas une supériorité spécifique de A sur B. Mais c'est précisément cette égalité des générateurs et des engendrés qui révèle l'imperfection de la génération naturelle. Dans cette génération, le générateur n'est pas la cause totale de l'engendré. Il en est une cause seconde et incomplète. Car la causalité totale suppose nécessairement une supériorité essentielle de la cause sur l'effet.

Ici, rien de semblable.

A est la cause génératrice unique. Il faut donc que A produise B totalement. Il faut, en conséquence, qu'il lui soit supérieur. Si d'autre part B produit A, B à son tour sera supérieur à A.

A et B seront donc plus grands l'un que l'autre, au même point de vue, c'est-à-dire au point de vue de l'existence. A sera en même temps plus grand et plus petit que B. B à son tour sera en même temps plus petit et plus grand que A.

* * *

Enfin, la contradiction des rapports descendra de l'ensemble de deux êtres dans la sphère de chacun d'eux.

A produisant la source de sa production, se produira. Nous savons déjà cela.

Il se produira : donc, en tant que se produisant, il sera plus grand que lui-même.

En tant que produit, il sera plus petit que lui-même.

Il sera, puisqu'il est en même temps producteur et produit, il sera, *en même temps*, plus *grand* et plus *petit* que *lui-même*.

Nous ne pensons pas qu'on puisse accumuler plus d'antilogies.

En un mot, le cercle vicieux est plus vicieux encore sur les hauteurs de la métaphysique que dans les rigueurs de la logique.

Il faut donc rompre le cercle, et, en commençant par le monde existant, remonter à l'Infini.

CHAPITRE DEUXIÈME

ΕΙΣ ΑΠΕΙΡΟΝ

Impossibilité de la série infinie. — La série infinie est nécessairement simultanée ou successive. — Elle ne peut être ni l'une ni l'autre. — Impossibilité de la série infinie simultanée. — 1° Elle constituerait un nombre infini d'êtres finis ; 2° elle constituerait un nombre à la fois fini et infini. — Impossibilité de la série infinie successive. — 1° La disparition des causes ferait disparaître le monde ; 2° le nombre infini des causes ne permettrait pas au monde de jamais paraître. — Toute série infinie est impossible.

A l'infini ! Voilà la chimère favorite des athées. C'est le dernier refuge, et ce dernier refuge est une absurdité infinie.

La série infinie des causes se représente ainsi :

(L'infini) N produit D.
            D — C.
            C — B.
            B — A (le monde actuel).

En somme, le monde A est produit par une série infinie de causes finies.

Cette série infinie est nécessairement simultanée ou

successive. Ces causes se produisent mutuellement et en même temps, ou elles se produisent les unes après les autres. La série est éternelle dans chacun de ses membres ou ces membres, arrivant à l'existence les uns après les autres, ne constituent que par leur collection l'éternité de la série.

Il n'y a pas de milieu.

LA SÉRIE INFINIE SIMULTANÉE

Qu'est-ce qu'une série infinie de causes finies et simultanées ?

C'est un nombre d'êtres finis si grand qu'on ne peut pas le concevoir plus grand. C'est une collection d'êtres finis existants qui comprend tous les êtres finis possibles.

En d'autres termes, c'est l'impossible. Car quelle que soit la grandeur de l'être fini existant, on peut toujours concevoir un être fini plus grand que lui. Un être fini existant, si grand qu'on n'en pourrait pas concevoir de plus grand, serait l'être infini.

Qu'on ne parle donc plus d'une série infinie de causes finies, puisque c'est affirmer ce qui ne peut être.

Cette série infinie et simultanée se heurte en outre à une impossibilité qui lui est particulière.

Dans la série infinie des causes amenant l'existence du monde A, on peut parfaitement ne pas compter le monde A, car les causes du monde et le monde constituent des catégories distinctes. Le monde A est seulement *effet* par rapport aux *causes* qui le produisent, et les causes sont seulement *causes* par rapport à l'effet A.

Mais alors, comment le nombre des causes finies de A peut-il constituer un nombre infini d'êtres finis, puisque l'être fini A n'est pas compris dans ce nombre ?

Enfin, la dernière cause B, la cause immédiate, termine certainement le nombre des causes relativement à A. *Comme causes*, les causes de A sont donc un nombre qui a une fin, à savoir B. Elles ont donc aussi *comme causes* un commencement. Tout nombre qu'on peut épuiser par soustraction d'unités est fini.

LA SÉRIE INFINIE SUCCESSIVE

La série infinie successive est aussi inconcevable que la série infinie simultanée.

Elle ne saurait se composer d'êtres qui viendraient à l'existence et en sortiraient après avoir produit d'autres êtres pour tenir leur place dans la série des causes.

Le monde ayant sa raison d'exister en un autre être, ne cesse pas un instant de dépendre de cet autre être pour son existence. Il ne passe pas de l'existence imparfaite à l'existence parfaite. Il dépend perpétuellement pour sa production et sa conservation de B; à son tour B dépend perpétuellement de C et ainsi à l'infini.

Pour que le monde subsiste, il faut le concours perpétuel de toutes ses causes. Si dans la série infinie un point quelconque de cette série, un seul chaînon venait à disparaître, les chaînons qui le suivent disparaîtraient pareillement avec le monde, terme de tous les chaînons.

Si D disparaissait, immédiatement disparaîtrait C qui dépend de lui. La disparition de C entraînerait celle de B; avec B disparaîtrait l'univers.

La subsistance du monde démontre donc que toutes ses causes subsistent.

La série successive des causes ne peut donc s'entendre de causes qui périraient après avoir produit leur effet.

Cette série se composerait-elle de causes qui apparaîtraient les unes après les autres sans disparaître jamais?

Cette série est possible, mais à la condition inéluctable qu'elle ne sera pas infinie. Car la série augmente évidemment à mesure que surgissent des causes nouvelles. Prenons la série à la cause D, et avant l'apparition de C et de B. Cette série se termine à D, est-elle ou n'est-elle pas infinie? Si elle est infinie, elle ne saurait augmenter et cependant elle augmente. Si elle n'est pas infinie, elle ne le deviendra jamais, car elle augmente perpétuellement d'une quantité finie.

Comme on le voit, l'infini nous échappe de toutes parts.

Il nous échappe enfin, si nous considérons l'effet produit qui est le monde, effet dont nous cherchons la raison d'être. La série successive et infinie des causes supprime le monde au lieu de l'expliquer. Bien plus, elle supprime toutes les causes du monde au lieu de les multiplier à l'infini. Elle supprime tout. C'est l'anéantissement total.

Quelque singulière que paraisse cette déduction, c'est la rigueur même.

Le monde arrive à l'existence par ses causes, et il ne peut y arriver autrement. Cette existence est amenée par des causes qui se produisent les unes les autres en suivant une marche *descendante*. Notre esprit *remonte* de l'effet à la cause, mais la réalité *descend* de la cause à l'effet. Si donc le nombre des causes successives est infini, la descente devant traverser toutes les causes avant de produire son effet, cette descente n'aura jamais de fin. Jamais elle n'aboutira au monde. Car l'infini ne peut se traverser.

Voilà le monde, c'est-à-dire l'effet, supprimé.

Jamais la cause immédiate du monde, la cause B n'arrivera à l'existence et pour la même raison, puisque le nombre des causes est réputé infini.

Il faut en dire autant de la cause C qui touche immédiatement B; car si C pouvait arriver à l'existence, B y arriverait pareillement. B ne saurait y arriver, C ne peut y arriver davantage. Même raisonnement pour D qui touche à C; même raisonnement pour toutes les causes.

Le nombre infini des causes successives aboutit donc à zéro.

CHAPITRE TROISIÈME

Impuissance radicale.

Quand même le diallèle et la série infinie seraient possibles, ils ne dispenseraient pas de l'Être par soi. — L'être ne peut venir du néant. — L'être qui n'est point par soi, suppose l'être par soi. — Le Très-Haut. — Le fuseau de la nécessité. — L'être nécessaire.

Le diallèle et la série infinie, seules hypothèses possibles *pour* échapper au premier être, sont donc impossibles *en elles-mêmes*.

Il n'est donc pas possible d'échapper à l'être premier, à l'être existant par lui-même et par lui seul.

Ce n'est pas tout.

Ces hypothèses, qui au premier coup d'œil paraissent éviter l'être par lui-même, qui ont été imaginées dans ce seul but, ces hypothèses ne donnent pas ce qu'elles promettent.

Non seulement elles sont impossibles, mais à supposer même qu'elles fussent possibles, elles n'obtiendraient pas le résultat qu'on en attend. Elles n'évitent pas l'être premier. Elles constituent une véritable illusion d'optique.

Admettons le diallèle, admettons la série infinie et l'être premier, éloigné un instant, reparaît plus loin, nécessaire au diallèle et à la série infinie.

Quand même le cercle pourrait se fermer, quand même il pourrait s'ouvrir à l'infini, ni le cercle, ni la ligne infinie ne rendraient compte de l'existence du monde.

Les athées embrassent des absurdités inutiles.

Un être qui n'est point par soi est un être qui n'a pas en lui-même la raison de son existence.

Un être qui n'a pas en lui-même la raison de son existence l'a nécessairement en un autre.

Un être, pour avoir la raison de son existence en un autre, doit l'y avoir *complètement*. Car une raison d'exister *insuffisante*, ou une raison d'exister *nulle*, sont identiques, au point de vue du résultat. L'être qui a *quelque* raison suffisante pour exister n'existera pas davantage que l'être qui n'a *aucune* raison d'exister.

Puisque le monde existe, il a une raison suffisante d'exister. N'ayant pas en lui-même cette raison suffisante, il l'a en un autre.

Or, l'illusion des athées consiste en ce que, cherchant pour un être une raison d'exister, et la cherchant dans un autre, ils s'inquiètent trop peu de ce que sera cet autre être ; ou plutôt ils ne s'en inquiètent pas. C'est assez pour eux d'avoir trouvé un autre être ou plusieurs autres êtres. Ils les chargent de donner l'existence au monde : et ils semblent croire que tout est fait parce qu'ils ont disposé les générateurs en cercle, ou sur une ligne sans fin.

Ils ne s'aperçoivent pas que rien n'est fait ; et que, pour trouver dans un autre être la raison de notre existence, il faut préalablement s'assurer que cet autre être peut rendre raison de nous complètement.

Pourquoi un être, sans raison d'exister en lui-même,

a-t-il besoin d'un autre être pour arriver à l'existence ?

C'est parce que, pour arriver à l'existence, il passe du non-être à l'être, et qu'il ne peut passer à l'être, par la seule force du néant d'où il sort, par la seule puissance du *rien*.

Si le *rien* absolu pouvait produire quelque chose, il serait superflu de chercher en dehors d'un être quelconque un autre être pour l'expliquer. Le *rien* produirait *tout*.

Comme le *rien* ne peut produire, il faut que l'être qui passe du non-être à l'être soit amené à l'être par un autre.

Mais le premier être venu ne suffit point pour cela. Il est nécessaire que cet être soit lui-même dans l'existence, sans sortir du rien. Autrement il aurait besoin d'être amené à l'existence par un autre être. L'être qui se rattache au néant, soit immédiatement, soit par son générateur, ne saurait être la cause totale d'un autre être. Il pourra, à l'extrême rigueur, et *abstraction faite de toute autre considération*, être sa cause partielle immédiate, transitoire, mais il ne saurait être sa cause totale, dernière et définitive. Si un être sortant du néant suffisait, par lui seul, à produire un autre être, cet autre être aurait pu tout aussi bien sortir du néant par lui-même et par lui seul.

L'ordre dans lequel des êtres sortis de rien peuvent se trouver disposés entre eux ne saurait suppléer à leur insuffisance radicale. Supposons-les en face l'un de l'autre et se produisant mutuellement : chacun d'eux a le rien derrière soi, et devant soi l'être ; qu'en résultera-t-il ? *Deux* êtres qui sortent du néant absolu, au lieu d'*un* seul, voilà tout. Le nombre ne changera pas le résultat. Si une collection infinie d'êtres sort du néant, le néant produira l'infini.

Tout être qui est par un autre suppose comme raison suffisante de lui-même un être qui ne soit pas par un autre.

Plus les êtres créés sont nombreux, plus ils exigent, pour arriver à l'existence, de puissance créatrice et incréée. Si la collection des êtres ayant leur raison d'exister en un autre était infinie, elle n'en exigerait que plus impérieusement, en dehors d'elle-même, un être ayant sa raison d'exister en soi, et pouvant à ce titre rendre compte des autres existences.

Le diallèle et la série infinie ne sauraient donc remplacer l'être par soi.

CONCLUSION

Ceux qui, admettant la puissance de la raison humaine, veulent exclure de l'existence l'*existence par soi*, se voient forcés de recourir à deux hypothèses, le diallèle et la série infinie.

Ces deux hypothèses sont deux écueils. Que la raison touche à l'un ou à l'autre, elle sombre infailliblement. Ni l'une ni l'autre des deux hypothèses n'est soutenable. C'est de part et d'autre l'absurdité.

Ces deux écueils ne peuvent faire perdre de vue l'être par soi qu'un instant. A peine a-t-on admis, par une violence faite à la raison, le diallèle ou la série infinie, qu'au-dessus du cercle et par delà la ligne sans fin apparaît de nouveau l'image inévitable, l'image du Très-Haut, sollicitée par ce qu'on s'imaginait devoir l'écarter à jamais.

Au-dessus des êtres dont la raison est en un autre, plane l'être dont la raison est en soi.

Si haut qu'on remonte dans la série des causes, il faut arriver à un premier être, cause des causes, et trouvant en lui toute la raison de son existence.

Le Très-Haut existe.

Son trône rayonne dans une lumière inaccessible. Car il est intelligence.

Comme l'auteur du monde est une intelligence, l'être

par soi est une intelligence, puisque le monde procède de lui, médiatement ou immédiatement.

L'être par soi est l'intelligence par soi.

C'est la lumière substantielle.

Il brille de son éclat propre. Il voit toutes choses par la force éclairante qui est en lui. Aucun rayon ne lui vient du dehors, et tout rayon part de lui.

« Là, dit Platon, elles (les âmes) virent que les extrémités du ciel aboutissaient au milieu de cette lumière qui leur servait d'attache et qui embrassait toute la circonférence du ciel, à peu près comme ces pièces de bois qui ceignent les flancs des galères et qui en soutiennent la charpente. A ces extrémités était suspendu le fuseau de la *Nécessité*, lequel donnait le branle à toutes les révolutions célestes... Le fuseau lui-même tournait sur les genoux de la *Nécessité*. »

Ce n'est pas une nécessité abstraite et allégorique. C'est une nécessité réelle et substantielle, une nécessité personnelle, un être dont le fond est nécessaire, un être compénétré par la nécessité, constitué par la nécessité, l'*Être Nécessaire*.

Dieu est nécessaire, et seul il est nécessaire. La nécessité fondamentale ne se trouve qu'en lui. Lui seul existe, sans pouvoir ne pas exister. Comme la nécessité de l'existence ne se trouve pas en dehors de Dieu, on pourrait appeler Dieu *la Nécessité*; mais, pour éviter tout danger d'abstraction, pour ne pas perdre de vue l'essence *solide* entre toutes les essences, il vaut mieux appeler Dieu l'*Être Nécessaire*.

IV

LA MARCHE DE L'INTELLIGENCE

L'Intelligence ne peut s'immobiliser dans le monde. — Elle ne peut se mobiliser éternellement en dehors du monde. — Elle s'arrête sur deux fondements. — Le principe de la *raison suffisante*. — Le fait de l'*existence du monde*. — Le principe est immuable. — Le fait est extensible. — L'existence personnelle. — Jonas. — La première existence du monde. — Adam. — Le développement des sciences· — Le développement des sociétés. — Les crises nationales. — Dieu dans le passé. — Dieu dans le présent. — Dieu dans l'avenir.

Voilà donc quelle est la marche de l'intelligence.

L'intelligence ne peut s'immobiliser dans le monde visible. Il faut qu'elle aille au delà. Une fois au delà du monde, elle ne peut revenir en arrière. Elle ne peut même s'arrêter à rien de ce qui rappelle l'univers visible. Quels que soient les mondes qu'elle rencontre sur sa route, ou que lui jette en pâture l'imagination, il lui est impossible de se fixer en ces mondes. Elle traverse d'un vol rapide et irrésistible tout ce qui est fini, multiple, mobile, tout ce qui peut commencer, tout ce qui n'a pas en soi la raison de son existence. Elle monte au-dessus de tout ce qui n'est pas la hauteur infinie.

Mais une fois dans les espaces libres, il est nécessaire qu'elle aboutisse quelque part. Elle ne saurait aller dans un vague sans terme. Elle doit arriver à l'être par soi.

L'intelligence ne peut ni s'immobiliser dans le monde, ni se mobiliser indéfiniment hors du monde. Elle s'éloigne de la création pour s'approcher du Créateur.

Le point de départ est le monde.

Le point d'arrivée est Dieu.

C'est là le grand raisonnement. Il prime toutes les autres déductions scientifiques. Toute intelligence qui ne le fait pas est une intelligence incomplète. Tout homme qui ne songe pas à Dieu tombe sous ce terrible anathème des Écritures inspirées : *Vani sunt omnes homines in quibus non subest scientia Dei.*

Tous les hommes qui ignorent Dieu sont des insensés. De même que sans l'aide de Dieu ces hommes ne seraient jamais sortis du néant, et que, sans son aide persistante, ils y retomberaient ; de même leur intelligence privée de la pensée de Dieu, qui est la lumière des âmes, est plongée dans les ténèbres, qui sont le néant de la pensée. On croit qu'ils pensent, et ils ne pensent pas. On les croit des hommes, et ils n'en ont que les apparences. Ils n'ont presque point d'existence ; ce sont des ombres d'hommes. Ombres malheureuses et coupables, qui errent dans la nature sans la comprendre, sans se comprendre elles-mêmes, parce qu'elles ne comprennent pas Dieu, qui est la lumière du monde. — *Vani sunt...* Vanité de tous les hommes en qui ne se trouve pas la science de Dieu.

Aucun ne peut arguer d'ignorance, car la pensée de Dieu est facile. Elle entre dans l'âme par tous les sens de notre corps ; et à quelque époque de l'histoire du monde qu'on se transporte, si l'on veut oublier Dieu, il faut se faire une violence coupable ; la pensée de Dieu est pénétrante, importune, obsédante, persistante : persistante comme la vue du firmament et l'aspect de la terre. L'esprit, par une irrésistible pente, monte de la terre à celui qui a fait la terre, et quand nous regardons les étoiles, nous sommes ravis, malgré nous, jusqu'à celui d'où viennent les étoiles. Or, est-il un lieu en ce monde d'où l'on ne puisse apercevoir un coin du firmament ? Dieu a fait la terre ronde, et il l'a placée au milieu même des astres, afin que de tous les points de la terre l'homme eût la vue la plus longue possible sur les merveilles des cieux. La terre tourne perpétuellement, mais l'horizon des hommes change simplement de beauté ; il ne disparaît pas, et l'homme a beau parcourir son séjour terrestre, il n'échappe point à la pensée divine. S'il fuit Dieu se révélant à lui à travers les nuits embaumées des tropiques, il retrouve Dieu faisant éclater sa gloire dans les aurores sanglantes des régions polaires.

Le raisonnement qui mène à Dieu comprend essentiellement deux parties, le principe et le fait.

Le principe est le principe *de la raison suffisante*. Nous cherchons la raison suffisante du monde. Cette raison est ; il faut la trouver. Cette partie du raisonnement est la partie immuable. Elle brille d'un éclat qui ne saurait ni diminuer, ni augmenter. Elle subjugue notre intelligence comme elle a subjugué l'intelligence des premiers hommes, c'est-à-dire avec une puissance souveraine. Il n'y a point de degrés dans la toute-puissance.

Le fait est la seconde *partie* du raisonnement. Ce fait, c'est l'*existence du monde* dans laquelle nous ne découvrons pas la raison suffisante que nous poursuivons. Les existences cosmiques ne sont point par elles-mêmes. Ici, il y a des degrés.

Le raisonnement pourra revêtir un éclat accidentel plus ou moins grand, selon que nous examinerons un nombre plus ou moins considérable d'existences cosmiques, et selon que nous examinerons ces existences plus ou moins.

Ces degrés d'éclat sont accidentels. Car, quelque restreint que soit le nombre d'existences soumises à notre examen, le fond du raisonnement reste invincible.

Il suffit d'une seule existence contingente pour nous porter à l'Être Nécessaire.

Huit siècles avant l'incarnation, Dieu ordonna à Jonas de prêcher la pénitence dans la ville de Ninive. Jonas se représenta vivement les dangers de cette mission. La cité immense, sa population, ses guerriers, ses chars, son roi armé et puissant l'épouvantèrent. Il ne voulut pas obéir et il résolut de fuir jusqu'à Tharsis la face du Seigneur.

Il s'apprête à traverser la mer intérieure. Il s'embarque au port de Joppé. Mais les eaux et les tempêtes et les monstres de la Méditerranée sont là pour rappeler Jonas à Dieu. Il glisse sur les eaux, il soulève les tempêtes, il est englouti par une baleine. Ne semble-t-il pas que Jonas doive être soustrait complètement à la pensée divine? Il ne peut descendre dans des ténèbres plus profondes. Néanmoins, du fond de ce sépulcre, Jonas se tourne vers Dieu et lui adresse ces magnifiques paroles : « J'ai crié à Dieu de la tribulation, et il m'a exaucé. J'ai été jeté au cœur de la mer ; tous les gouffres ont passé sur moi ; les eaux ont envahi jusqu'à mon âme ; j'ai été bercé par l'abîme : je suis descendu au pied même des montagnes sous-marines, et j'ai entendu les verrous de la terre fermer sur moi les portes de la vie. Cependant, Seigneur, je me suis souvenu de vous : vous me sauverez de la mort et je chanterai encore vos louanges dans votre saint temple. »

C'est là l'image de l'humanité qui ne peut oublier Dieu, même en oubliant le spectacle sublime qui l'entoure perpétuellement. Quand bien même un homme fermerait les yeux à la lumière des astres, pour ne pas y voir un reflet de la lumière divine ; quand bien même il fermerait les oreilles à l'harmonie des mondes, pour ne pas entendre retentir le nom de Dieu ; quand même cet homme se priverait de tous ses sens pour interdire l'entrée de son âme à la pensée divine; cette pensée ferait invasion en lui. Car cet homme resterait toujours en face de lui-même, et cela suffirait pour le porter à Dieu.

L'existence personnelle suffit pour atteindre Dieu. *Je suis, donc Dieu est*, constitue un irréfutable raisonnement. Je suis fini, je puis avoir des égaux et des supérieurs en quantité innombrable. Ma vie s'écoule à travers de perpétuels changements; je suis dépendant de tout ce qui m'entoure. J'ai un berceau : j'aurai un tombeau. Je ne suis donc point par moi-même.

Il est clair que ces considérations étendues de moi à ce qui m'environne, acquièrent une ampleur imposante. La contemplation du monde extérieur complète la vue de moi-même.

Il est clair que plus j'étudierai l'ensemble de l'univers, plus je m'enfoncerai dans les secrets de la nature, plus en ce sens la démonstration de Dieu grandira.

Sous ce rapport, la démonstration de Dieu grandit avec les siècles.

Au premier abord, nul temps ne nous paraît avoir été plus propre à parler de Dieu aux hommes que les temps de l'enfance du monde. Alors, tout près du berceau des choses, en face d'une terre favorisée des premières caresses divines et envoyant au ciel l'encens de ses parfums les plus enivrants, qui n'aurait pas songé à Dieu?

La jeune terre, la jeune humanité, « la jeune aurore au front du beau printemps », tout cela bégayait doucement la fécondité divine.

Mais, si ces premiers temps parlent de Dieu, les temps qui les suivirent eurent une éloquence sinon plus touchante, au moins de plus en plus mâle et vive; car, aux premiers temps du monde, tout était *enveloppé*. Il y avait quelques hommes, quelques fleurs, quelques printemps; la terre était comme une rose en bouton. Le bouton ne dure pas toujours. Que les temps marchent, que Dieu épanouisse la rose, que Dieu développe, déplie, déploie les siècles, et chaque développement du monde sera un complément de la démonstration de Dieu.

Voyez : les hommes se multiplient et couvrent la terre. Les fleurs et les animaux pullulent plus encore que les hommes ; le nombre, des nombres innombrables sortent d'un homme, d'un animal, d'une plante, et en définitive de l'unité divine. Les révolutions des astres enfantent d'autres révolutions ; les printemps succèdent aux printemps ; les soleils semblent naître des soleils ; et, avec la marche des temps apparaît la solidité de l'œuvre divine, et par conséquent la puissance de l'ouvrier divin. Tout est constant, tout est inébranlable ; les formes données par Dieu ne peuvent être changées par l'homme : nous ressemblons à Adam, les grains de blé trouvés dans les sarcophages des momies d'Égypte reproduisent exactement nos grains de blé. — Depuis Aristote le règne animal n'a pas varié d'une ligne. Si le monde à son premier jour démontrait Dieu, qu'en est-il du monde à son premier siècle ? Combien Dieu parut grand à Adam, lorsque ce premier des hommes mourut témoin du neuvième siècle de l'univers ! et nous en sommes, nous, au soixantième siècle ! Ah ! la persistance de la matière dans l'existence, la persistance de l'ordre dans la matière, la persistance de la beauté dans l'ordre, me ravissent d'admiration et me font songer avec stupeur à la force éternelle qui soutient un monde vieux de six mille ans !

Non seulement, pour parler avec saint Augustin, Dieu développe les siècles en eux-mêmes, mais il développe à mesure et à proportion l'intelligence des hommes, afin que cette intelligence, voyant de plus en plus clair dans ce développement des siècles, se tourne de plus en plus vers le Père de tous les siècles. Longtemps on ne connut qu'un continent ; longtemps on regarda comme une mer infranchissable, comme un grand abîme, l'Océan qui nous entoure ; et voilà que maintenant une autre moitié de la terre s'est révélée à nous, sortant des eaux avec une verdure que ne connaissait pas l'ancien monde, et des richesses que nous n'avons pas épuisées.

Christophe Colomb, en découvrant l'Amérique, a élevé d'une marche l'autel du Très-Haut. Nous sommes plus à même que nos ancêtres de connaître Dieu par la *plénitude* de la terre. Nous devons mieux comprendre qu'eux l'étendue de cette parole : *Credo in Deum... creatorem terræ...* « Je crois en Dieu..., créateur de la terre. »

Nous devons mieux comprendre aussi l'étendue de cette autre parole : *Creatorem cœli...* « créateur du ciel. »

Le ciel s'est développé devant nos instruments d'optique. Les étoiles se sont multipliées. Elles se sont agrandies. Elles ont revêtu les couleurs de l'arc-en-ciel. Elles paraissaient à nos pères quelques centaines, et nous les comptons, nous, par dizaines de millions. Elles paraissaient plus petites que le soleil, et le soleil plus petit que la terre : nous savons maintenant que le soleil est plusieurs millions de fois plus grand que la terre, et que la plus petite des étoiles est plus grande que le soleil. Nos lunettes nous les montrent blanches, jaunes, rouges, vertes, bleues. Le ciel est devenu pour nous une immense prairie, dont les fleurs sont des mondes, les ruisseaux des torrents d'étoiles, et le fond un éther dont nous ne pouvons concevoir l'étendue !

Oui, certes, pour nous plus que pour nos pères, les cieux racontent la gloire de Dieu. — *Cœli enarrant gloriam Dei.*

Nous nous élevons de plus en plus dans les hauteurs sidérales.

Nous descendons de plus en plus dans l'intime de cette nature sur laquelle repose notre pied, et qui est à la portée de notre main. Cette descente nous révèle les forces effrayantes que cette nature recèle en son sein. Nous savons aujourd'hui qu'un peu de vapeur peut soulever des montagnes et entraîner avec la rapidité de l'éclair les plus gigantesques monuments. Les compositions explosibles peuvent détruire en un instant l'œuvre des siècles. Il est certains gaz dont une seule aspiration carboniserait toute créature vivante, plante, homme ou animal. Qui empêche que ces gaz viennent à se trouver en proportion anormale dans l'univers ? Dans ce cas, le monde aurait vécu. Nous maintenons ces forces dans les récipients fragiles de nos laboratoires. Mais qui les maintient dans leurs bornes naturelles depuis le commencement du monde, si ce n'est le créateur du monde ?

C'est la puissance qui se manifeste à nous dans l'exiguïté. Car ces forces redoutables sont limitées; elles se combattent les unes les autres. Elles sont dominées par nous, en maintes circonstances. Les plus terribles sont les plus petites. Tel conquérant qui a vaincu le monde succombe sous les coups du microbe.

En un mot, ces forces de la nature ne dépouillent pas la faiblesse de la finitude. Plus elles sont merveilleuses, plus elles accusent l'omnipotence de celui qui est et par lequel tout existe, végète, sent ou pense.

En vérité, le savant qui nie Dieu s'enfonce dans l'idiotisme à mesure qu'il avance dans les découvertes scientifiques. On comprend l'orgueil du ver qui se balance au sommet d'un brin d'herbe : mais on ne comprend plus l'orgueil du ver écrasé sous le pied de l'homme. Nous sommes tous sous le pied de Dieu et nous le savons.

En même temps que Dieu écrivait son nom sur des terres nouvelles, qu'il espaçait les lettres étincelantes en reculant pour nous les bornes des cieux, qu'il éveillait l'écho du nom sublime dans les profondeurs de la nature inanimée et animée, en même temps ce grand Dieu manifestait sa puissance sur le théâtre terrestre par des coups nécessairement ignorés des premiers hommes. Ces coups de la puissance divine sont le développement même de l'humanité. Ils se sont succédé aussi nombreux que les jours et ils constituent ce que nous appelons l'histoire.

L'histoire est une démonstration de Dieu.

L'histoire est le récit des sociétés humaines et de leurs relations mutuelles. Elle considère les hommes unis entre eux.

Toute réunion d'êtres vivants manifeste la puissance de Dieu, quand même cette réunion ne serait qu'une fourmilière. Dieu seul, en effet, peut donner à de petits insectes dépourvus de raison les instincts qui leur font accomplir des œuvres pleines de raison, qui les poussent à se rassembler et à unir leurs forces, soit pour le travail, soit pour le combat. Dieu seul peut maintenir ces rudiments de sociétés pendant des années souvent très longues.

Si on suppose une fourmilière retirée dans le fond d'une forêt et pouvant échapper à ses ennemis extérieurs, rien n'empêche que cette fourmilière soit aussi ancienne que le chêne sous lequel elle s'abrite. Puisqu'une fourmilière montre la puissance infinie, que doit-on dire, non plus d'une réunion d'insectes, mais d'une réunion d'hommes ? Pour réunir et maintenir dans une réunion stable des milliers d'insectes, il faut que Dieu supplée par son intelligence souveraine à la raison qui fait complètement défaut dans de chétives créatures ; mais pour réunir et maintenir dans une union stable des milliers d'hommes, il faut non pas que Dieu supplée à l'intelligence, mais aide la volonté et la force des bons. C'est là une œuvre beaucoup plus grande et plus difficile. Les insectes, il est vrai, n'ont point de raison, mais ils n'ont point non plus de liberté. Ils ne peuvent rien faire sans Dieu ; mais ils ne peuvent non plus résister en rien à Dieu ! Certes, il n'en est pas ainsi des hommes. Quand on examine ce que la société renferme d'éléments divers et d'intérêts opposés ; quand on connaît la profonde scélératesse dont tout homme est capable ; quand on considère quels moyens de destruction peuvent tomber entre les mains des scélérats ; quand on se demande qui empêche que les mauvais deviennent plus nombreux et plus forts que les bons, il n'y a qu'une réponse à faire : c'est Dieu, et Dieu seul. Encore une fois, qui empêche que la majorité des hommes soit mauvaise ? Qui empêche que cette majorité mauvaise vienne à prévaloir contre la minorité bonne ? Qui ?... Je défie tous les penseurs, libres ou non, de me répondre autre chose que le nom de Dieu, s'ils veulent répondre quelque chose. Admettez un seul instant la majorité humaine mauvaise, admettez-la un seul instant omnipotente, et c'en est fait de la société humaine.

Par conséquent, chaque cité, en avançant dans l'histoire, chaque nation en progressant dans la durée, disent la puissance divine. Il vient des instants dans la vie des peuples où cette vérité passe presque dans l'ordre physique. Un moment arrive où les chefs de la société voient s'échapper de leurs mains les rênes du pouvoir ; où les mouvements de la rue font ressembler les empires à de grands vaisseaux battus par l'ouragan ; où les plus scélérats d'entre les hommes semblent sur le point de prédominer. Le feu brille dans leurs mains, l'incendie s'allume. Qui arrêtera les flammes ?... En ces heures suprêmes, les princes qui veulent sauver les nations adressent à Dieu les prières de la nation. C'est le seul moyen ; car Dieu est le seul conservateur. Dieu est le grand acteur dans la vie des nations. C'est lui qui double leurs forces ou flétrit leur gloire ; qui les endort d'un sommeil léthargique ou leur procure un réveil plein de lumière et de vengeance. C'est le Dieu des armées, c'est le Dieu des batailles, c'est le Dieu des victoires, c'est le Dieu des revanches ! Oui, c'est là notre Dieu !

ÉPILOGUE

Dieu dans le passé, Dieu au premier jour du monde, Dieu dans la série de soixante siècles, Dieu dans le présent et Dieu dans l'*avenir !*... Quelle plus écrasante manifestation de Dieu peut-on imaginer que l'avenir ? L'avenir nous révèle Dieu, en nous faisant toucher au doigt notre ignorance, notre faiblesse et le besoin que nous avons de lui. Plus cet avenir renferme de terribles incertitudes, plus nous sentons la nécessité de nous abandonner aux mains de celui qui est le maître absolu et manifeste de l'avenir ! Car c'est une chose trop claire, que Dieu nous donne l'existence goutte à goutte comme un breuvage qu'il nous est permis de prendre par gorgées et posément. Dieu tient la coupe, il ne l'approche de nos lèvres qu'autant qu'il le veut et comme il le veut. Nous pouvons nous croire jusqu'à un certain point libres du passé et maîtres du présent ; mais pour l'avenir...

L'avenir... l'avenir est à Dieu !

Dieu est le père incontestable du siècle futur, *pater futuri sæculi*. Nous nous avançons vers l'avenir comme un homme qui explore une caverne une lumière à la main. La lumière n'illumine qu'un cercle autour de lui. Au delà de ce cercle règnent les ténèbres. Les ténèbres reculent, à mesure que l'homme avance. Elles ne reculent pas plus vite. La lumière ne marche qu'avec l'homme, et devant l'explorateur se dresse une ombre impossible à percer.

L'homme de la caverne c'est le monde entier. La caverne c'est le temps. La lumière c'est l'instant actuel. Le monde est dans la lumière, mais pour la portion présente de la vie. Les lumières du monde n'éclairent pas une ligne au delà du présent. Pour l'instant d'après, c'est la nuit et le fond de la caverne.

L'avenir échappant à notre connaissance, échappe à notre puissance. Il est pour nous incertain et insaisissable. Il nous révèle donc la science et le pouvoir de Dieu.

L'éclat accidentel de la démonstration divine ira en augmentant avec les âges ; c'est une aurore qui croît. Elle croîtra jusqu'à ce que Dieu lui-même se lève sur nous, et se montre à nous sans nuages pour rester sur notre horizon, sans décliner jamais.

Alors la *démonstration* prendra fin pour faire place à la *vision*.

V

LE TERME

Dieu existe.

Qu'est-ce que Dieu ?

Nous savons déjà que Dieu est Esprit, que tout être fini lui doit l'existence, et qu'il ne doit son existence à aucun être distinct de lui ; il est Intelligence, il est Créateur, il est l'Être par soi.

Il est Intelligence. Dieu a la personnalité au degré le plus haut. Il voit et il aime. Il a une pensée et un cœur.

Il est Créateur. Tout procède de lui. Tout a été tiré par lui du néant, et il n'est rien dans le monde de si grand et de si petit qui ne trouve sa source en lui.

Il est, et il n'est point par un autre.

Ce n'est pas un effet, parce qu'un effet dépend de sa cause. Ce n'est point un accident, puisqu'un accident ne se soutient que par sa substance. C'est encore moins un rapport, puisqu'un rapport repose sur deux extrêmes comme sur deux fondements distincts de lui.

En un mot, le caractère qui pour nous et selon notre manière de voir sépare l'être par lui-même de tout ce qui n'est pas lui, ce caractère consiste dans une négation, dans l'exclusion de tout ce qui serait en dehors de lui, la raison de son existence et de sa détermination.

« Il est », chantaient les Sibylles.

Αγενητος, απατωρ και αματωρ, και αποιητος.

Sans générateur, sans père, sans mère et sans créateur.

En définitive, l'être par lui-même ne dépend en aucune manière et à aucun degré d'aucune autre réalité quelle qu'elle soit. Puisqu'il a en lui-même toute sa raison d'exister, tout ce qui n'est pas lui est exclu de cette raison d'exister. C'est l'être sans cause, sans condition, sans lien nécessaire avec ce qui ne relèverait pas de lui-même. C'est l'être sans hypothèse, sans rien de relatif. C'est l'Absolu.

Ce caractère négatif enferme en lui-même un élément positif.

Raynaud dit excellemment :

« La raison de l'être par lui-même se conçoit négativement, en sorte que ce soit une même chose d'être par soi et de n'être point par un autre. Mais la négation, *comme négation*, ne constitue pas l'essence d'une chose *positive*. C'est pourquoi, sans aucun doute, ce concept négatif est comme une circonlocution intellectuelle par laquelle nous exprimons un fondement positif sur lequel s'appuie cette négation. »

Le fondement positif dont parle Raynaud, n'est autre chose que l'existence trouvant en elle-même sa raison d'être.

L'être par lui-même est l'être qui existe par son essence seule.

Tels sont les premiers linéaments de Dieu.

Nous allons achever le portrait.

Notre marche est sans péril. Lorsque Cuvier, à l'aide d'un os, reconstruisait le squelette, et par le squelette arrivait aux organes, et par les organes à la configuration extérieure des êtres anciens, il ne pouvait être cru sur parole. Il lui fallait, malgré son génie, attendre qu'une rencontre heureuse vînt justifier ses nombreuses déductions.

Plus heureux que Cuvier, nous allons, en suivant les lois seules de l'intelligence humaine, indiquer d'une façon infiniment imparfaite, mais suffisamment exacte, le portrait de l'être antique par excellence. L'intelligence du lecteur nous contrôlera à mesure que nous écrirons. Elle nous approuvera ou nous improuvera selon que les déductions écrites se trouveront ou ne se trouveront pas conformes à ses propres déductions. Car cette image sera une déduction. Nous partirons des points établis.

Puisque tout être fini existe par un autre, l'être par soi n'est pas fini.

Dieu est Infini.

Puisque tout être capable d'avoir un égal ou un supérieur est par un autre, l'être par soi ne peut avoir ni égal, ni supérieur.

Dieu est Unique.

Puisque tout être composé est par un autre, l'être par soi n'est pas composé.

Dieu est Simple.

Puisque tout être changeant est par un autre, l'être par soi ne change pas.

Dieu est Immuable.

Puisque tout être qui commence est par un autre, l'être par soi n'a point de commencement.

Dieu est Éternel.

L'infinitude, l'unité, la simplicité, l'immutabilité, l'éternité, sont comme les traits de Dieu. Ces traits nous arrivent par voie de conséquence rigoureuse. Essayons de nous les représenter.

L'INFINITUDE

I. — Faisons un premier pas.

L'être divin contient en lui-même une perfection équivalente, pour le moins, aux perfections qui ornent la nature.

Tout ce qu'il y a de réel dans l'ordre, dans la grandeur, dans la lumière, dans l'harmonie, dans la beauté du monde, se trouve également en Dieu. Toute la puissance, toute la vie, toute la connaissance, toute l'intelligence, tout le génie, que peuvent mettre dans leurs opérations les êtres créés, sont l'apanage des opérations divines. Aucun amour désintéressé, aucune délicate tendresse, aucun dévouement sublime n'a fait battre le cœur de l'homme sans avoir fait battre le cœur de Dieu. Il n'est pas une blancheur, pas une vertu, pas une pureté terrestre, dont le type ne s'épanouisse dans la pureté divine. Enfin, rien de ce qui est véritable bonheur ici-bas ne saurait dépasser la béatitude du Très-Haut.

En un mot, les magnificences, les inspirations intellectuelles, les inclinations au bien, les fécondités supérieures, les nobles jouissances, les perfections répandues dans les créations connues de nous, disséminées dans les mondes inconnus, éparpillées dans les temps les plus distants les uns des autres, perdues dans le passé, encore en germe dans l'avenir ; tout ce qui a été, tout ce qui est, tout ce qui sera hors de Dieu : tout cela se trouve concentré et immortellement fixé dans l'Être divin.

L'Être divin rassemble dans son unité, ce qui se partage entre les myriades d'êtres finis, à travers les siècles et les espaces.

Ce qui est sur la terre est aussi dans le créateur de la terre.

La raison en est évidente.

Dieu étant la source de tout ce qui n'est pas lui, ne peut communiquer la moindre perfection, s'il ne l'a préalablement.

C'est là le commencement.

Ce n'est que le commencement.

II. — L'Etre divin contient en lui-même, avec la perfection des êtres existants, la perfection de tous les êtres possibles.

Les êtres possibles, s'ils venaient à l'existence, émergeraient du néant par la puissance de l'Etre par soi.

Ces possibles sont innombrables. Il n'est donc pas concevable que chacun d'eux ait sa raison d'être dans un être distinct; en d'autres termes, il ne saurait y avoir autant d'êtres existants comme fondements des êtres possibles, qu'il y a d'êtres possibles. Car cette multitude de fondements constituerait un nombre à la fois déterminé et infini, ce qui ne se peut. Il n'est pas même concevable qu'il y ait plusieurs êtres existants, fondements derniers des êtres possibles; car ces existences se partageraient ce qui ne saurait se partager. Il y aurait une partie des possibles fondée sur une existence, et une autre partie des possibles fondée sur une autre existence. Mais qu'est-ce que la partie d'un nombre infini?

Un seul être existant peut donc être la raison dernière des êtres possibles, à savoir l'être par soi.

C'est le signe incontestable que l'être par soi contient en lui-même la perfection de tous les êtres finis possibles.

La perfection contenant en elle-même la perfection de tous les êtres possibles, c'est la perfection infinie.

Habere autem simul in se, omnem hanc omnium perfectionum possibilium innumeram numerositatem, est habere puritatem illam, seu illimitationem et infinitatem essendi, quam Deo indicare et tanquàm differentiam tibuere intendebamus.

(REYNAUD.)

Avoir en soi et en même temps toute cette multitude innombrable de toutes les perfections possibles, c'est avoir cette pureté, cette *illimitation*, cette infinitude de l'être, que nous prétendons *différencier* Dieu de ce qui n'est pas lui.

Une puissance, en effet, qui peut produire sans fin des êtres de plus en plus parfaits ne s'épuise pas. C'est donc la puissance infinie.

III. — Quelle distance sépare l'être infini de l'être fini ! Quel abîme entre Dieu et la créature !

A. — L'être fini, bien que venant de Dieu, n'a rien en lui de l'être divin. L'être créé n'est pas une émanation de l'Être créateur.

Le sang qui coule dans nos veines est bien le sang de nos ancêtres. Mais le sang de nos ancêtres les plus reculés n'est pas une parcelle détachée de celui qui est.

Il n'y a rien, il ne peut rien y avoir de *consubstantiel* entre Dieu et le monde. Rien ne saurait se détacher de l'Être infini. L'Être Infini ne peut rien perdre. Rien ne saurait se communiquer par l'Être Infini à l'être fini. L'Être infini est incommunicable. Il garde ce qu'il a. Il est lui, lui seulement.

Une essence qui serait à la fois et comme essence infinie et finie, épuiserait la contradiction.

B. — Il est même certaines perfections cosmiques qui ne peuvent se trouver en Dieu, avec la *forme* qu'elles affectent ici-bas.

Ce sont les perfections matérielles.

Toute une immense division d'êtres ne peut parler de Dieu que par *signes*. Tous les corps, quelque brillants qu'ils soient, quelque élégantes que soient leurs formes, par cela seul qu'ils sont corps, ont quelque chose de ravalé qui les empêche d'être la vraie image de Dieu. Dans ce grand tableau que forment les choses visibles, il n'y a que l'ombre de Dieu projetée d'en haut et flottant sur la nature. Le naturaliste, après une étude approfondie des êtres matériels, s'écriait: « J'ai vu passer l'ombre de Dieu. » Oui, l'ombre seulement. Dieu s'imprime dans la nature, non par manière d'*image*, mais par manière de *vestige*. Dieu a passé et passe par tout l'univers : il met le pied sur les astres et les astres ruissellent la lumière ; il marche sur les sommets élevés et ces sommets laissent tomber des sources fécondes. Il se promène dans la plaine et chacun de ses pas fait mûrir les fruits ; partout les vestiges de Dieu sont manifestes ; mais ces vestiges ne révèlent pas plus la figure de Dieu, que la cendre ne peut donner une idée de sa cause. La cendre est un vestige du feu, mais peut-on dire qu'il y ait aucune ressemblance entre cette poudre terne, froide, morte, et l'élément brillant, brûlant, mobile, presque vivant, qui produit la cendre ? Le monde entier est donc une pincée de cendres, attestant le passage de Dieu, mais ne peignant pas Dieu. C'est comme la signature du prince au bas d'un acte public ; ce n'est pas le portrait du prince sur les monnaies. Et le corps humain lui-même qui est le chef-d'œuvre de Dieu, dans l'ordre visible, n'est qu'une trace de Dieu, la plus voyante, la plus admirable, mais une trace, une simple trace.

Par conséquent, toutes les œuvres qui sortent des mains de l'homme sont incapables de représenter Dieu ; quand même nos peintres parviendraient à délayer sur leurs palettes, en guise de couleurs, des rayons dérobés au soleil, leurs efforts pour représenter Dieu par la peinture n'aboutiraient point. Ce serait une tentative impossible, et par conséquent téméraire, et par conséquent criminelle, et par conséquent interdite en ce sens : *Non facies tibi sculptile, neque omnem similitudinem quæ est in cœlo desuper, et quæ in terrâ deorsùm, nec eorum quæ sub aquis in terra.* Tu ne tenteras pas de représenter la divinité par aucune ressemblance de ce qui est dans les hauteurs du ciel, ou plus bas sur la terre, ou dans les profondeurs de l'eau et des continents.

Tout ce qui est corps étant nécessairement fini, Dieu ne peut pas être corps.

Dieu est l'Immatérialité même.

Il a la perfection de la matière, mais il n'en a pas la nature.

C. — Les perfections des êtres créés qui n'impliquent pas une imperfection essentielle, comme l'intelligence, l'amour, la vie, la puissance, ces perfections se trouvent dans la divinité, sans aucun des déficits qui les accompagnent dans la créature.

Dieu réunit en lui-même toutes les beautés d'ici-bas; mais ces beautés en Dieu excluent toute tâche : c'est une intelligence sans ignorance ; c'est une justice sans cruauté; c'est un amour sans faiblesse; c'est une vie sans aucun mélange de mortalité.

D. — Enfin, la Divinité contient ces perfections non seulement dans une pureté absolue, mais avec une surabondance qui n'a pas de limites.

C'est là le dernier trait.

Comment le rendre ?

Quelle distance n'y a-t-il pas, pour la beauté, d'un grain de poussière au diamant le plus limpide, le plus sidéral qui ait jamais étincelé au front des rois ? Le diamant resplendit dans la poussière, il éclate dans la nuit. Comparez maintenant le diamant de la terre à cet autre diamant attaché au front du ciel, à ce globe de feu roulant, à cette sphère enflammée qui nous illumine ?... Que deviennent les feux du diamant devant les feux du jour?... Encore un pas, ou plutôt encore un long voyage, encore un voyage immense dans les hauteurs. Combien y a-t-il du soleil à un ange, d'un ange à un archange, d'un archange à un séraphin ?... Les distances s'étendent sans mesure. Que si, revenant en arrière, nous voulions évaluer par des chiffres l'espace qui sépare un séraphin d'un grain de poussière ; un séraphin, le premier des anges, d'un grain de poussière, le dernier des êtres, les chiffres se suivraient si longtemps, qu'à la fin ils ne présenteraient plus aucune idée à notre esprit. Eh bien, il y a encore plus de distance de Dieu à un séraphin que d'un séraphin à un atome.

Cette distance est incalculable. Elle est infinie. Cette distance empêche qu'il y ait entre Dieu et le monde une ressemblance proprement dite. Les créatures les plus parfaites n'ont avec Dieu qu'une analogie lointaine, une certaine ébauche de proportion ; ces rapprochements sont des esquisses, des ombres, des imitations, des participations infiniment distantes et *défaillantes* de la stricte similitude.

Saint Denis appelle Dieu « l'essence superessentielle ». C'est-à-dire que l'essence divine est infiniment au-dessus de ce qu'il y a de plus réel dans les essences créées.

C'est une substance, dirons-nous, en continuant cette manière de parler, c'est une substance supersubstantielle, une vie supravitale, une intelligence surintelligente, un amour plus élevé que l'amour ; c'est une perfection qu'il est, en conséquence, impossible d'exprimer par les termes des langues humaines.

Quand il s'agit des choses créées, c'est souvent par exagération ou abus de termes, par hyperbole ou métaphore, que nous les disons parfaites. Quand il s'agit de Dieu, nous ne pouvons jamais ni *hyperboliser*, ni *métaphoriser ;* nous restons nécessairement et infiniment au-dessous.

Ce que nous ne pouvons pas dire, nous ne pouvons pas davantage le comprendre. Dieu est ineffable et incompréhensible. Nous ne comprenons pas Dieu ; mais nous comprenons qu'il est incompréhensible. Il faut nous contenter de cela.

En un mot comme en mille, Dieu est Infini.

L'UNICITÉ

L'infinitude place Dieu dans une solitude absolue. Il n'a pas, il ne saurait avoir d'égal. Car s'il avait un égal distinct de lui et infini comme lui, il manquerait évidemment des perfections de l'autre Dieu ; c'est-à-dire qu'il aurait en lui-même un déficit infini. L'infinitude suppose donc que les perfections sans limites sont concentrées dans un seul et ne sauraient se partager en plusieurs.

LA SIMPLICITÉ

Les perfections infinies concentrées en un seul être se concentrent à leur tour dans cet être unique, en une seule et même perfection. En même temps que la circonférence de la sphère divine n'est nulle part, son centre est partout.

« Dieu ne contient pas toutes choses par une certaine diversité de parties ; mais par la raison unique et très simple de sa déité. C'est par la déité qu'il est tout, formellement ou éminemment. Par la déité, non seulement il est Dieu, mais il est encore toute-puissance, bonté, sainteté, justice, miséricorde, immensité. » (Lessius.)

De là vient qu'en Dieu tout est identique. Son intelligence ne diffère pas de son amour. Sa bonté se confond avec sa justice. Sa vie ne se distingue pas de sa béatitude.

L'IMMUTABILITÉ

Voici les paroles de la théologie égyptienne :
« Il existe nécessairement un acte pur, qui n'a aucun besoin d'être amené à l'état actuel. Cet acte est l'être né-

cessaire, qui ne peut pas passer en nulle autre substance, ni subir de diminution, ni éprouver de changement... Être immuable, parce qu'il n'a pu être procréé par aucun autre. Rien ne lui arrive accidentellement, parce que sa nature est dans un acte perpétuellement nécessaire... On ne peut concevoir qu'il ait été, même pour un instant — et pour quoi que ce soit — dans le sommeil de la puissance. Car alors il aurait eu besoin d'un autre pour arriver au réveil de l'acte. »

Ce qui est nécessairement infini ne peut ni augmenter, ni diminuer, ni se modifier.

L'ÉTERNITÉ

L'éternité est le comble, le couronnement, l'irradiation des perfections infinies et de celles qui découlent de l'infinitude.

Exister, sans commencement ni fin, dans la possession immuable de la vie parfaite, voilà l'éternité.

Ce qui est nécessaire a toujours été et sera toujours.

L'Être Nécessaire voit donc la durée sans commencement et sans fin descendre de sa nécessité même sur son immuable infinitude.

> Son empire a des temps précédé la naissance.
> Son nom ne périra jamais.
> L'Éternel est son nom.

VI

ÉLÉVATION

> O Dieu, que la gloire couronne,
> Dieu, que la lumière environne,
> Qui voles sur l'aile des vents,
> Et dont le trône est porté par les anges.

O Infini ! O océan sans rivages, d'être, d'essence, d'entité, de réalité ! O immense ! O sphère sublime, dont le centre est partout, et la circonférence nulle part ! O vous, si grand qu'on ne peut rien concevoir qui vous surpasse ou qui vous égale ! O beauté ineffable ! O vivant par excellence ! O intelligence incompréhensible ! O amour insondable et inépuisable ! O tout-puissant ! O éternel ! sans commencement, sans progrès, sans décadence, toujours le même et toujours infini ! Quelle sera la première parole que vous adressera mon âme ?

> O mon souverain roi,
> Me voici donc tremblante et seule devant toi.

Vous avez sur moi, sur tout ce qui m'est inférieur, sur les êtres de même nature que moi, sur les esprits les plus haut placés dans la hiérarchie angélique, un domaine sans restriction. Ce que vous appelerez plus tard à la vie ne sortira du néant que pour entrer dans ce domaine. Les êtres finis possibles les plus parfaits ne sont concevables que dans cette dépendance.

C'est un domaine plein, une juridiction immédiate, une seigneurie en toute justice, une royauté absolue, un empire total, une puissance à laquelle nous pouvons appliquer les titres humains les plus fastueux, sans pouvoir jamais la désigner suffisamment; un droit de propriété, dont aucune possession terrestre ne saurait rappeler le caractère dominateur.

Le pouvoir terrestre n'est pas entre les mains d'un seul homme. Aucun père ne rassemble en sa personne toute la puissance paternelle. La puissance paternelle ne constitue même pas toute la puissance domestique. La puissance politique est partagée. Plusieurs ont rêvé la monarchie universelle, et pas un ne l'a réalisée. Enfin, la puissance religieuse n'a pas les mêmes dépositaires que la puissance civile. En Dieu, point de séparation de pouvoirs pour les droits. C'est la source unique d'où découlent tous les pouvoirs humains. Le pouvoir ne peut se diviser qu'au sortir de sa source. Le droit de Dieu a toute la puissance du droit paternel, seigneurial et religieux. Il est tout cela et plus que cela. Le domaine de Dieu est un. Dieu est le seul véritable *monarque*.

Souvent les hommes ont dépassé leurs droits. Les titres expriment à l'origine le simple usage de la puissance souveraine, ils en expriment depuis de longs siècles l'abus le plus criant. Quoi de plus odieux que la tyrannie? Dieu ne peut abuser de son droit, parce que ce droit n'a pas de limites.

Souvent les hommes ne peuvent exercer leur autorité. Ils ont le droit, et ils n'ont pas la force. En Dieu, le droit et la force ne divorcent jamais. Le droit illimité s'appuie sur une force irrésistible. Vouloir et pouvoir sont une même chose en Dieu.

Où est le titre de la divine monarchie ?

Le souverain domaine de Dieu sur ce qui n'est pas Dieu découle de la perfection infinie.

Dans les sociétés humaines, ce ne sont pas toujours les plus parfaits qui commandent aux autres.

Dans l'échelle des êtres, il ne suffit pas que l'ange ait une nature plus élevée que les hommes pour régir l'humanité.

Dans la hiérarchie des purs esprits, la perfection séraphique ne peut point par elle-même et par elle seule lier et délier la volonté des derniers anges.

Dans la série innombrable des créatures possibles, on ne saurait en concevoir une qui, par le fait unique de sa haute nature, puisse imposer une obligation quelconque au plus misérable des hommes.

D'où vient cela ?

C'est que la puissance de commander, la puissance d'obliger une volonté libre, la puissance de peser sur un être de telle façon que cet être ne puisse refuser d'obéir sans devenir prévaricateur, cette puissance suppose que celui qui la possède est lui-même la règle du bien. Nul être fini ne peut être règle suprême de ce qui est bon. Rien de fini ne saurait être suprême en aucun sens. Rien de fini ne saurait être mesure première et universelle. Tout ce qui est fini est mesuré, réglé, dirigé, commandé.

Mais l'infinitude de la déité emporte immédiatement, entraîne inévitablement la domination pleine et universelle sur ce qui est fini.

L'infinitude est la sainteté infinie, comme elle est l'infinie grandeur.

Le fini s'enfonce au-dessous de l'infini dans les profondeurs sans limites de l'abaissement, il lui est donc soumis totalement. D'une part, la sainteté infinie de Dieu ; d'autre part, la dépendance infinie du monde. Voilà les éléments du *dominium* divin sur le monde.

Et puis, le monde tient de Dieu son entité infiniment

abaissée au-dessous de Dieu. Il la tient totalement de son créateur, et il n'y a point de *tenure* terrestre, si étroite qu'on la suppose, qu'on puisse comparer à cette *tenure* céleste.

Nous sommes, ô Dieu ! votre chose. C'est vous qui nous avez fait le peu que nous sommes. Vous pouvez disposer de nous, en toute propriété. Vous pouvez nous imposer tous les commandements, nous laisser toutes les latitudes, nous faire toutes les défenses, qui ne seront pas une négation de votre domaine. Vous pouvez nous infliger toutes les punitions conformes à votre justice. D'homme à homme seulement, le *summum jus* peut devenir *summa injuria*. De vous à nous, le droit reste immuablement le droit. Vous pouvez nous accorder toutes les récompenses qui plairont à votre miséricorde. Vous pouvez nous combler de toutes les faveurs compatibles avec notre nature finie. Vous ne pouvez, il est vrai, changer notre nature en la vôtre ; mais vous pouvez tout le reste.

Le domaine de Dieu s'exerce sur le monde des êtres créés comme une immense attraction :

Omnia traham ad me.

Dieu attire tout à lui. Mais il n'attire pas tout à lui de la même manière.

Il attire à lui les atomes, les soleils, les semences, les oiseaux, les hommes, les anges, par une attraction qui, une dans sa source, se manifeste d'une façon distincte et produit des effets distincts, selon la distinction des natures attirées.

La force qui attire le brin de paille vers le centre de la terre est la même force qui y attire un aérolithe tombé des autres mondes. L'effet, cependant, n'est pas le même. Le brin de paille se balance mollement avant de toucher le sol, et, quand il repose sur la surface de la terre, il n'y adhère pas ; le moindre souffle le soulève. L'aérolithe tombe comme la foudre et entre dans les couches terrestres comme un boulet de canon dans la coque d'un navire.

Ainsi, c'est par la même force que Dieu attire à lui les êtres inférieurs et les êtres intelligents. Mais quelle différence dans l'application de cette force !

Le commandement par lequel Dieu domine le monde des corps est un commandement impérieux et inéluctable. Les corps lui obéissent aveuglément et fatalement. Le commandement fait aux esprits se manifeste dans la lumière et s'accomplit dans la liberté. Encore ce commandement n'est-il pas uniforme pour tous les esprits.

O mon Dieu, si j'étais une nature parfaite et simple comme la vôtre, j'obéirais à votre attraction par un seul acte. J'irais à vous tout d'un coup et tout d'une pièce. Je m'élancerais vers votre divinité par un mouvement indécomposable. Mais, je ne suis pas esprit pur : bien plus, ma nature spirituelle et immortelle agit par des facultés multiples. Je vais à vous, sinon par parties, au moins par des actes distincts les uns des autres. Mon vol vers vous est une véritable combinaison de mouvements.

C'est ma volonté qui domine mes puissances et les dirige vers vous. C'est par ma volonté que je suis à vous. C'est par ma volonté que tout ce qui en moi n'est pas volonté entre sous les lois de votre empire.

D'abord, Seigneur, vous m'éclairez. Il faut, pour que je puisse agir, que votre lumière, projetée d'en haut, pénètre en moi ; qu'elle illumine les sombres profondeurs de mon être ; qu'elle disperse ses rayons sur ce qui m'entoure ; enfin, qu'elle vous désigne à moi.

Vous me signifiez votre présence par la lumière de la raison.

Vous me dites ce que vous êtes en vous-même, par la lumière plus divine et plus mystérieuse de la révélation.

Je crois, Seigneur, tout ce que vous avez dit et tout ce

que vous dites. Je croirai tout ce que vous direz encore, dès que votre parole me parviendra.

Mon intelligence adhère à votre intelligence infinie si étroitement qu'il n'y a point de vide entre ce que vous voyez et ce que je crois. Je crois absolument sans aucune hésitation ni trépidation.

En inclinant mon intelligence devant la vôtre, je sais que mon intelligence participe à la vérité incréée ; qu'elle s'élève jusqu'au centre de la certitude ; qu'elle s'affermit sur la montagne éternelle d'où jaillit la source de la lumière.

Si le plus haut des anges, par impossible, m'annonçait le contraire de ce que vous révélez, je dirais anathème.

Si les hommes s'accordaient pour contredire la moindre de vos révélations, je ne prêterais pas plus d'attention au son de leur voix qu'on ne prête attention au murmure du ruisseau, quand on est sous le grondement du tonnerre.

Si le ciel et la terre s'unissaient pour me faire nier ce que vous affirmez, ou affirmer ce que vous niez, je résisterais, par votre force, au ciel et à la terre. Je résisterais jusqu'à la mort. Je répandrais en témoignage de ce que je crois jusqu'aux dernières gouttes de mon sang. Je les répandrais avec d'immortelles actions de grâces. Car, vous êtes bon, infiniment bon, d'avoir bien voulu soulever pour nous les voiles qui nous cachent le monde invisible.

Seigneur, votre lumière m'inonde de délices.

A sa clarté, je commence à comprendre combien vous êtes aimable. Je ne le comprendrai complètement que quand je vous verrai.

Dès maintenant, mon cœur monte à vous.

Je vous aime.

Je vous aime par-dessus toutes choses.

Je vous aime par toutes les forces de mon cœur, par

toutes les puissances de mon âme, par toutes les aspirations de mon être.

Rien ne me séparera de votre amour.

Je vous aime sur la terre, je vous aimerai dans le ciel ; je vous aimerai aux extrêmes limites du monde.

C'est ainsi que je vous aime, ô mon Dieu. C'est ainsi, au moins, que je désire vous aimer. Si mon amour n'est pas à la hauteur de la confession de mes lèvres, que votre incommensurable miséricorde supplée à ce qui lui manque.

O Dieu, je ne suis pas seulement votre créature.

O Dieu, je suis votre fils.

Vous m'avez adopté.

Donnez-moi l'héritage.

Que je vous voie un jour, tel que vous êtes.

Que j'entre dans les splendeurs de votre divinité ; et rien de tout le reste ne m'importe plus.

Tibi Deus, tibi soli, tibi totus.

Tibi semper, ubique tibi.

APPENDICES

APPENDICE I

DESCARTES

DANS LE NOUVEAU PROGRAMME DES ÉTUDES

I

L'Université de France, venant à s'apercevoir en l'année 1874 que les études, avec certaines autres choses, déclinaient en notre pays, et ayant à cœur sans doute d'arrêter ce déclin, inaugura une série de réformes qui touchaient soit aux exercices du corps dans les établissements de l'État, soit aux exercices de l'esprit dans ces mêmes établissements, et par rejaillissement dans les établissements privés. Les exercices de l'esprit s'imposant à nous par l'intermédiaire du baccalauréat, nous nous permettrons, sur ce point, des observations : elles porteront sur les auteurs philosophiques, dont l'Université exige l'analyse.

II

Un programme d'auteurs philosophiques à analyser pour l'examen du baccalauréat, est une œuvre grave, qu'on est en droit d'exiger parfaite, et qu'on s'attend à trouver telle, du moment qu'elle part de l'État français. Les auteurs philosophiques du baccalauréat seront les premiers flambeaux qui frapperont l'intelligence du jeune homme et leurs œuvres comme les premiers horizons qui s'ouvriront devant son âme. C'est là que le jeune homme devra contempler, dans une sorte d'incarnation verbale, la beauté des principes toujours un peu flottante tant qu'elle n'est pas fixée par la parole. Les impressions laissées par cette lecture première ne s'effaceront plus. C'est pour tous la première admiration : ce sera pour beaucoup, l'unique. Certes, le programme du baccalauréat est une place d'honneur pour un livre ; il faut croire que cette place ne sera pas remplie par des indignes, que la logique des privilégiés sera rigoureuse, leur métaphysique solide, et leur morale irréprochable ; car comment supposer aucune contradiction entre les auteurs qui doivent servir d'exemples, et les préceptes qui doivent précéder cette lecture ?

III

Hâtons-nous de dire que l'irréprochable est irréalisable en philosophie pure ; il ne faut pas beaucoup d'observation personnelle ni beaucoup de lecture, pour constater combien l'esprit humain est mobile au souffle de l'erreur, combien il est flexible aux passions, avec quelle facilité l'orgueil nous emporte loin du vrai, comme les plus légères des feuilles légères. Une notion exacte de la vie, et une connaissance même superficielle de l'histoire nous convainquent que l'homme ne peut pas arriver par ses propres forces à l'acquisition de la vérité totale ; il serait donc injuste de vouloir que l'Université ait rassemblé, dans son programme, ce qui ne se trouve pas dans l'univers philosophique. Ces réserves faites, on est en droit d'exiger que les auteurs choisis soient les princes de la pensée, et que dans ces hommes d'élite, la somme des vérités ne soit pas contrebalancée, et à plus forte raison ne soit pas comme effacée par la somme des erreurs. Tel est l'idéal possible ; tel est par conséquent l'idéal exigible ; c'est un maximum et un minimum. Quelle est maintenant la réalité ? La réalité ne répond point à ces modestes exigences ; et pour le dire de suite, il est un ouvrage dont nous demandons formellement la radiation ; c'est le Discours de la méthode. Certes, nous savons que Descartes est un grand esprit, qu'il fut bon catholique et bon français (éloge qui dans notre pensée n'est pas mince) ; en le combattant, nous ne prétendons point patronner tous ses adversaires ; car nous croyons qu'il fut souvent attaqué par la médiocrité et la jalousie. Nous en voulons seulement à la place qu'occupe son œuvre dans les études de la jeunesse française. Descartes ne doit pas rester là ; parce que dans le Discours sur la méthode le faux l'emporte sur le vrai ; parce que le genre de faux qui s'y trouve en si forte proportion contient des conséquences particulièrement dangereuses pour la science, la foi et la patrie.

IV

Voici en raccourci le Discours de la méthode :

« La science, cachée aux plus grands génies durant plus de cinquante siècles, sortit du puits de l'abîme vers l'an de grâce 1637 et apparut à René Descartes pour se manifester par lui à toute la terre, et à la plus longue postérité. »

Annonce prodigieuse ! qu'on se fait répéter, afin d'être sûr d'avoir bien entendu, qu'on éprouve le besoin de relire pour remédier à une distraction possible des yeux ; qu'on ne peut accepter enfin, sans en avoir, texte en main, vérifié l'exactitude. Oui, vérifions. Est-il vrai d'abord, que suivant Descartes, la science, jusqu'en 1637 à peu près, fut inconnue au monde? Lisez :

« Je ne dirai rien de la philosophie, sinon que, voyant qu'elle a été cultivée *par les plus excellents esprits qui aient vécu depuis plusieurs siècles*, et que néanmoins il ne s'y trouve encore *aucune* chose dont on ne dispute, et par conséquent qui ne soit *douteuse,* je n'avais point assez de présomption pour espérer d'y rencontrer mieux que les autres..... puis, pour les autres sciences, d'autant qu'elles empruntent leurs principes de la philosophie, je jugeais *qu'on ne pouvait avoir rien bâti qui fût solide sur des fondements si peu fermes.....* » (Discours de la méthode. Première partie.)

La plume de Descartes n'aurait-elle pas, comme il arrive souvent, distancé la pensée du philosophe? Ces siècles *nombreux*, dont il est ici question, embrasseraient-ils toute l'histoire humaine, ou seulement quelques époques d'une éclipse temporaire? Ces points de la philosophie déclarés tous *douteux*, sont-ils déclarés par là même *totalement incertains*? Dans une traduction latine de la

Méthode, faite plus tard et approuvée par Descartes, nous apprenons qu'il s'agit de *tous* les siècles, et d'une incertitude *absolue :* « De philosophia nihil dicam, nisi quod, cum *scirem* illam a præstantissimis *omnium* sæculorum ingeniis fuisse excultam, et *nihil* tamen *adhuc* in ea reperiri, de quo non in utramque partem disputetur, hoc est, quod non sit dubium et *incertum ;...* » Par ces sciences qui reposent sur la philosophie, faut-il entendre toutes les autres sciences humaines, et même les sciences mathématiques? A la vérité, Descartes, dans le Discours de la méthode, semble exclure les sciences mathématiques de l'anathème universel; mais cette exclusion n'est pas sérieuse ; d'abord, parce qu'il n'est pas au pouvoir de Descartes d'empêcher les sciences mathématiques d'appuyer leurs principes sur les principes philosophiques; ensuite, parce que Descartes lui-même, poussé vivement par le P. Mersenne, reconnut cette *inévidence* des mathématiques séparées de sa méthode nouvelle, et conséquemment considérées dans l'époque ancienne. Il avoue qu'un athée ne peut avoir la certitude mathématique :

« Or, qu'un athée puisse connaître clairement que les trois angles d'un triangle sont égaux à deux droits, je ne le nie pas; mais je maintiens seulement que la connaissance qu'il en a « n'est pas une vraie science, parce que toute » connaissance qui peut être rendue douteuse ne doit pas » être appelée du nom de science; et puisque l'on suppose » que celui-là est un athée, il ne peut pas être certain de » n'être point déçu dans les choses qui lui semblent être » très évidentes, comme il a déjà été montré ci-devant. »

Encore une question : Cette assertion de Descartes est-elle bien réfléchie ? Le philosophe la donne-t-il comme une conclusion sérieuse, ou une conjecture, une boutade si l'on veut ?

C'est une affirmation explicite, expliquée, motivée, systématisée. Descartes la déroule devant nous dans une préface curieuse placée en tête de ses *Principia philosophiæ*. Voici le résumé de la théorie : Il y a cinq degrés dans les connaissances humaines : le premier comprend les notions tellement claires qu'on peut les acquérir sans aucune méditation ; le second embrasse tout ce que l'expérience des sens nous dicte ; le troisième s'étend à tout ce que nous enseigne notre commerce avec les autres hommes ; le quatrième se tire des livres. Toute la sagesse qu'ont habituellement les hommes est renfermée dans ces quatre premiers degrés :

« Omnisque sapientia quæ haberi solet, solis quatuor hisce modis acquisita mihi videtur. » Aucun de ces quatre degrés ne donne la certitude : « Dum ea tantummodo præditi sumus notitia quæ quatuor primis sapientiæ gradibus acquiritur, non esse quidem dubitandum de iis quæ vera videntur, quod ad actionem vitæ attinet ; « verum » tamen » (cependant), pro « tam certis habenda non esse, ut opi- » nionem de iis conceptam deponere nolimus, ubi eo nos evidentia » rationis adigit. » Il ne faut pas regarder ces connaissances des quatre premiers degrés comme tellement certaines que nous refusions de quitter l'opinion que nous en avons conçue, quand l'évidence de la raison nous y force.

Ou ces derniers mots ne signifient rien, ou ils signifient que les connaissances susdites ne sont pas irréformables, c'est-à-dire ne sont pas absolument certaines. Le cinquième degré, plus certain et plus sublime que tous ceux-là, est la sagesse proprement dite ; il consiste à rechercher les premières causes et les vrais principes pour en déduire les raisons de tout ce que l'on peut connaître.

« Fuerunt quidem omnibus sæculis viri magni qui quintum ad sapientiam gradum quatuor illis longe sublimiorem certioremque acquirere sunt conati ; hoc unum videlicet agentes ut primas caussas veraque principia investigarent, ex quibus rationes eorum omnium quæ sciri possunt deducerentur : et qui in hoc operam collocarunt, philosophi speciatim vocati sunt. »

Veut-on savoir maintenant combien de ces *grands hommes* qu'on appelle philosophes parvinrent, dans le cours de tous les siècles, à ce degré de la sagesse où gît le jugement irréformable, c'est-à-dire la certitude? Suivant Descartes, pas un.

« Nulli tamen hactenus, quod sciam, propositum illud feliciter successit. » Aucun, jusqu'à présent, que je sache, n'a réussi dans cette entreprise.

Ce n'est pas le lieu d'examiner comment les différentes assertions de Descartes concordent entre elles, ni la manière dont il explique l'ignorance des siècles passés, ni s'il a eu tort ou raison de ne point distinguer entre la certitude naturelle et la scientifique... etc. Pour le moment, nous constatons sa pensée; elle est claire, et elle va loin. Jusqu'à Descartes, tout est plongé dans la nuit : au plus profond de cette nuit se trouvent les philosophes; car les philosophes, ne s'occupant que des principes des choses et ignorant précisément ces principes, se trouvent par là même aux sources de la nuit. Les peuples les ont appelés *interprètes trois fois grands, génies angéliques, séraphiques, divins*. Ombres vaines de grands noms! Ce sont les interprètes du néant, des fantômes de grandeur, les génies des ténèbres, les anges de la chute, les dieux de la nuit. Si la philosophie est dans la nuit, qui sera au jour? Personne; car toute science s'appuie sur la philosophie. Les hommes *antécartésiens* s'imaginaient avoir des mathématiques, une politique, une jurisprudence, etc. Ils raisonnaient, appuyés sur le vide; ils ont élevé des monuments de granit sur des îles flottantes; ils pensaient avoir une histoire, des ancêtres; ils n'avaient pas encore raison de le penser, et leurs annales en apparence les plus authentiques pouvaient n'avoir rien de plus solide que les légendes les plus imbibées de fiction.

Les admirateurs de Descartes prétendent qu'il avait la lèvre « dédaigneuse ». Je ne sais trop ce qu'il en était de la lèvre; mais, quant au dédain, il y est, et il est immense : pour le monde antécartésien, *la vérité* n'est pas; et l'inscription placée au bas du portrait de Descartes reflète fidèlement cette pensée première de la philosophie cartésienne :

> *Primus* inaccessum qui per tot sæcula *verum*
> Eruit e tetris longæ caliginis umbris,
> Mysta sagax, natura, tuus sic cernitur orbi
> Cartesius. Voluit sacros in imagine vultus
> Jungere victuræ artifices pia dextera famæ,
> Omnia ut aspicerent quem sæcula nulla tacebunt.

O nature, voilà celui qui le *premier* tira des ombres affreuses d'une longue nuit *la vérité*, restée inaccessible durant tant de siècles, voilà ton sagace révélateur, voilà Descartes.....

V

Cette première pensée est, dans le système cartésien, une pensée fondamentale : c'est comme le caractère distinctif du cartésianisme; on a comparé la philosophie ancienne à la ville de Troie, et on a fait à Descartes l'application de ce vers de Virgile :

> Hostis habet muros, ruit alto a culmine Troja.

Guénard écrivait :

Adorateurs stupides de l'antiquité, les philosophes avaient rampé durant vingt siècles sur les traces des premiers maîtres : la raison, condamnée au silence, laissait parler l'autorité; aussi rien ne s'éclaircissait dans l'univers, et l'esprit humain, après s'être traîné deux mille ans sur les vestiges d'Aristote, se trouvait encore aussi loin de la vérité.

M. Jules Simon ne manque pas de dire que Descartes :

onsomme la ruine de l'ancienne philosophie.

Ne nous étonnons pas de l'importance donnée à ce renversement : c'est une opération préalable absolument nécessaire au système. Quiconque, en effet, veut se donner comme rénovateur, doit commencer par prouver ou par faire croire que ce qu'il vient restaurer est par terre, que ce qu'il vient réparer est usé, que ce qu'il vient réformer est corrompu. Car si tout est vigoureux, il n'y a rien à renouveler ; or, personne n'ignore, je pense, que la *nouveauté* est comme le fumet particulier qu'on prétend découvrir dans le système cartésien. Suivant les uns, Descartes a révolutionné la philosophie :

Il s'élève dans un coin de la terre un homme qui change toute la face de la philosophie. (Nicole.)

Suivant les autres, Descartes a tiré la philosophie du chaos :

Par ses méditations profondes, il tira presque toutes les sciences du chaos. (Guénard.)

Enfin, c'est comme le père de la philosophie :

Une vieille maxime régnait encore : « Ipse dixit : » le maître l'a dit ; cette maxime d'esclave irrita tous les esprits faibles contre le *père* de la *philosophie pensante :* elle le persécuta comme un novateur, et l'on vit Descartes s'enfuir emportant avec lui la *vérité* qui, par malheur, ne pouvait être ancienne, *tout en naissant.* (Guénard.)

Ceci posé, pour révolutionner licitement l'ancienne philosophie, il faut de toute nécessité que le règne de l'ancienne philosophie ne soit pas légitime ; pour que la philosophie soit tirée du *chaos*, il est indispensable qu'elle commence par y être ; pour que Descartes soit le père de la philosophie pensante, la condition *sine qua non* est que la philosophie dont Descartes n'est pas le père ne soit pas une philosophie pensante, une philosophie philosophique, en un mot une philosophie ; bref, si Descartes est le créateur de la philosophie, la philosophie n'était pas avant Descartes ; et si la philosophie était avant Descartes, Descartes n'est pas le créateur de la philosophie ; et, puisque l'essence du cartésianisme paraît être dans cette création, de deux choses l'une : ou il n'y a point de philosophie avant le cartésianisme, ou il n'y a point de cartésianisme !

Telle est, pour le système cartésien, l'importance de la première proposition. Cette importance est souveraine, car si cette première proposition est fausse, tout le système croule.

Une question maintenant : ne serait-ce pas l'importance relativement extrême de cette première proposition qui aurait fait sa fortune ? N'est-ce point parce que Descartes veut fonder un nouveau système de philosophie qu'il se met à vilipender l'ancien ? Qu'on ne croie pas cette question trop impertinente pour la mémoire de Descartes ; le procédé dont nous parlons naît comme naturellement d'un fait bien connu des psychologues, de l'influence de la volonté sur l'esprit ; quand on veut une chose, on est prêt à la croire bonne, on est disposé à la voir telle, on regarde sous un mauvais jour ce qui lui est opposé. Un tailleur, inventeur d'un costume nouveau, trouve des défauts dans les vêtements anciens les plus corrects : les couleurs éclatantes lui semblent criardes, les délicates lui paraissent ternes ; si l'habit est long, il traîne ; s'il est court, il n'aboutit pas ; s'il fait des plis, c'est un chiffon ; s'il n'en fait pas, c'est un fourreau. Qui empêche qu'un philosophe (les tailleurs et les philosophes sont hommes) désireux de fonder un système ne croie de bonne foi s'apercevoir que les systèmes précédents laissent à désirer ? Voici comment nous imaginons que se sont passées les choses dans le cas qui nous occupe : Descartes, au sortir de ses classes, s'aperçoit qu'il ne sait rien ; jusque-là, c'est bien ; il est difficile de s'apercevoir d'autre chose au sortir de ses classes ; cherchant la cause de cette ignorance, il pense la voir dans l'enseignement qu'il a reçu ; c'est moins bien ; mais c'est on ne peut plus naturel. De là, désir de fonder un système ; une fois ce désir affermi dans son âme, il examine le moins possible les systèmes anciens, de peur de les trouver bons ; quand il les examine, il passe sur ce qu'il rencontre de bien comme sur des charbons ; il s'attarde complaisamment sur les déficits. Peu à peu, les avantages de ces systèmes disparaissent pour lui ; les déficits s'étendent à perte de vue devant ses yeux ravis, et Descartes prononce l'oracle désiré :

Plus on s'applique à l'étude de l'ancienne philosophie, plus on devient inepte à percevoir le vrai. « Eos videlicet quo plus *in ea* desudarunt, tanto solere ad verum percipiendum ineptiores esse. »

On peut dire ce qu'on voudra de cette explication, on peut la rejeter, on peut en chercher une autre, on peut en donner dix autres, on peut apporter toutes les autres à l'exception d'une seule, à savoir que la première proposition cartésienne aurait été inspirée à Descartes par la vue de la vérité, car cette première proposition est fausse.

VI

Ne suffît-il pas de dire que cette proposition est fausse ? Est-il besoin de le prouver ? N'y a-t-il pas une évidente boursouflure à soutenir que, durant plus de cinquante siècles, l'humanité a été destituée de la certitude absolue ? Le bon sens ne se révolte-t-il pas spontanément contre cette flétrissure infligée au bon sens de tous les siècles, par la main d'un homme, chétive unité dans l'armée des intelligences ? Toute démonstration ne pâlirait-elle pas devant cette grande vérité que les hommes ont eu de tout temps la certitude absolue ? Peut-être ; mais il faut essayer.

Il y a deux moyens d'établir que les hommes de tous les temps ont connu les principes de la connaissance humaine. On peut d'abord déterminer quels sont ces principes et les montrer dans les textes de l'ancienne philosophie ; c'est ce que nous espérons faire dans une réfutation détaillée du cartésianisme : on peut encore montrer *a priori* qu'il est impossible qu'il en soit autrement ; et cette méthode convient mieux au coup d'œil général que nous jetons aujourd'hui sur le cartésianisme.

Puisque l'homme ne peut rien penser sans que sa pensée soit soutenue de près ou de loin par quelque objet d'une évidence immédiate, par quelque certitude absolue, par quelque jugement irréformable, puisque la certitude est physiquement nécessaire à l'exercice de l'esprit, comment l'homme aurait-il pu vivre cinquante siècles sans certitude absolue ? Que signifierait ce retard de cinquante siècles ? Il signifierait qu'on pourrait assimiler en tout l'humanité à l'homme et l'homme à l'humanité, que l'humanité aurait eu une enfance et une adolescence, que l'humanité aurait atteint son âge mûr sous Descartes, que, jusqu'à Descartes, il n'y aurait eu que des hommes imparfaits dans une humanité grandissante ; théorie enfantine, sénile, si l'on veut, et qui ne supporte pas le moindre examen. Dire que, jusqu'à Descartes, l'homme n'a pas eu la certitude absolue, c'est dire que, jusqu'à Descartes, l'homme n'a pas pensé. Dire que, jusqu'à Descartes, l'homme n'a pas pensé, c'est parler comme Guénard, quand il appelle Descartes le père de la philosophie pensante. Et dire que, jusqu'à Descartes, l'homme n'a pas eu la certitude absolue, c'est traduire exactement Descartes ; relisez : les hommes en général et les philosophes, jusqu'à moi, n'ont eu que les quatre premiers degrés de la connaissance ; et quiconque ne possède que ces quatre degrés doit être prêt à réformer son jugement dès que l'évidence l'exige :

« Pro tam certis habenda non esse, ut opinionem de iis conceptam deponere nolimus, ubi eo nos evidentia rationis adigit. »

On ne saurait trop méditer cette étonnante doctrine.
Descartes a blasphémé sans le vouloir contre l'éternelle

Providence. Comment Dieu qui, dès le commencement du monde, a fait briller son soleil aux yeux de la chair, aurait-il éclipsé aux yeux de l'esprit le soleil de l'évidence ? Ce grand Dieu, qui s'est révélé lui-même à l'homme dès le premier jour, n'a pu différer, durant cinquante siècles, de révéler l'homme à lui-même ; ce blasphème atteint donc le plan naturel et, indirectement, le plan surnaturel de la Providence divine. Car si, durant cinquante siècles, la science ne fut pas, durant autant de siècles il n'y eut aucune démonstration scientifique de l'existence, des attributs et des droits de Dieu, aucune démonstration scientifique de la religion naturelle, aucune démonstration scientifique du fait de la religion révélée, et, enfin, par une conséquence extrême, mais sûre, aucune théologie, puisque la théologie est la science appliquée à des principes qui dépassent la science. Je le demande, s'il en est ainsi, de quelles sciences le Seigneur était-il le Dieu du temps de Samuel ?

« Deus scientiarum, Dóminus est. » (Reg. I, 1, c. 2, v. 3.)

Cette intolérable assertion est de plus incompréhensible. Car qu'est-ce qui peut s'opposer à ce que l'homme découvre les fondements de la philosophie dès le commencement de la philosophie ? Qui peut expliquer comment l'humanité aurait marché dans la recherche du vrai durant cinquante siècles sans se regarder marcher intellectuellement et sans voir comment elle marchait ? Est-ce la volonté qui aurait manqué ?

La volonté n'a pas pu faire défaut, car l'homme désire naturellement savoir « Πάντες ἄνθρωποι τοῦ εἰδέναι ὀρέγονται φύσει. » Et pour savoir réellement, il faut savoir avec certitude ; et quel que soit le système qu'on embrasse sur l'origine des idées, sur la marche de l'esprit, sur l'objet des premières connaissances, il est impossible que l'esprit s'exerce pendant quelque temps sans désirer s'étudier lui-même et examiner ses propres lois : certes, rien de plus naturel que ce désir.

Du moment que l'homme aura ce désir, qui l'empêchera de le satisfaire ? Qui empêchera l'intelligence de se replier sur ses opérations, de scruter ses mouvements, en un mot de faire sur elle-même ces retours souverains, par lesquels elle établit son indépendance de toute matière ? L'intelligence est trop près de l'intelligence pour que quelque chose puisse s'interposer entre l'intelligence et elle-même.

Du moment que l'intelligence réfléchira sur elle-même, qui l'empêchera de se comprendre ? Y a-t-il quelque chose de plus intelligible que l'intellectuel ? Y a-t-il quelque chose de plus lumineux que la lumière, de plus évident que l'évidence ? Il ne s'agit pas ici de comprendre la marche de *l'homme* sur les routes visibles du monde, de pénétrer la nature et la disposition des leviers matériels qui le soulèvent du sol et le portent en avant ou en arrière, à gauche ou à droite : il s'agit de la marche de l'*intelligence humaine*. Il est certainement difficile à l'âme de comprendre la marche de son corps ; mais pourquoi ne comprendrait-elle pas la marche de son esprit ? Si l'homme marchait sur le sol par sa pensée, il saisirait immédiatement cette marche. L'intelligence ne peut pas plus ignorer la manière dont elle arrive à la vérité que les yeux ne peuvent s'empêcher de voir où les portent les jambes. Permis aux géographes du temps de Plutarque de border les extrémités de leurs cartes de géographie par des annotations comme celle-ci :

Au-delà, sables arides, marais couverts de brumes, frimas de la Scythie, mer prise par les glaces, abîme ténébreux.

On rirait aujourd'hui de cartes pareilles ; et on aurait raison : les ignorances de la terre habitée n'ont qu'un temps ; le temps où l'on ignore les lois de l'esprit est plus court encore.

Descartes l'avoue implicitement. Parlant des principes de la science, il convient que ces principes furent connus de tous les temps et de tous les hommes et tenus partout et toujours pour certains et indubitables :

« Illa omni tempore cognita, quin immo, pro veris et indubitatis a cunctis hominibus habita fuisse. »

(Nous avertissons encore une fois le lecteur que nous ne nous chargeons pas d'accorder les paroles de Descartes.) Encore suivant Descartes, toutes les connaissances humaines se déduisent de ces principes par des raisonnements très évidents :

« Ex his nihil nisi per evidentissima ratiocinia deduci debeat. »

Descartes a observé de plus qu'il n'est pas d'esprit si obtus et si lourd qui ne soit capable, non seulement de parvenir à la vérité, mais même aux vérités les plus hautes :

« Ingenia humana examinans observavi, vix ulla adeo obtusa et tarda dari, quin idonea sint, non modo ad bonas opiniones percipiendum, verum etiam ad altissimas quasque scientias addiscendum, modo via convenienti ducantur. »

Néanmoins, toujours d'après Descartes, les sciences furent ignorées jusqu'à lui, parce que personne jusqu'à lui n'a su tirer, de ces principes si clairs, les évidentes conséquences d'où découlent les connaissances humaines !

« Verum, etiamsi omnes illæ veritates quas pro principiis meis habeo, semper et ab omnibus cognitæ fuerint, nemo tamen, quod sciam, hactenus fuit qui pro philosophiæ principiis eas habuerit, idest qui agnoverit omnium aliarum rerum quæ in mundo sunt notitiam ex iis deduci posse. »

Voilà, certes, qui est étrange : les principes sont, en fait, connus de tous les hommes ; les conséquences de ces principes sont, en droit, accessibles, très accessibles à tous les hommes ; et cependant, jusqu'à Descartes, pas un homme, pas un philosophe, pas un penseur, pas un théologien, pas un génie n'est arrivé à déduire des principes si connus des conséquences si faciles à déduire ! Voici une porte ; c'est la porte de la science ; pour l'ouvrir, il suffit de la toucher. Tous les hommes, en quête de la science, passent devant elle ; tous la voient ; et, durant un défilé de cinquante siècles, aucun homme n'a l'idée de pousser cette porte ? Comment cela peut-il donc se faire ? Sans doute la fée qui devait présider à la naissance de Descartes et voulait rendre son filleul futur illustre entre tous les filleuls des fées, enchanta cette porte; ceux qui voulurent s'en approcher avant Descartes se sentirent repoussés par une puissance invisible, et la porte demeura close, à l'abri des indiscrets, comme la belle dormant au bois. Il n'y a point d'autre explication à donner de ce phénomène ; en d'autres termes, l'assertion de Descartes est un conte ; sa philosophie commence par une fable qui couvre d'ignominie les cinquante premiers siècles de la Raison ; et on ne peut accepter un semblable commencement ; c'est pourquoi nous sommes en droit de conclure ou que le système cartésien n'est pas nouveau ou qu'il n'est pas solide.

Cette conclusion, bien que sévère, n'est que rigoureuse ; et si l'on considère que nous parlons seulement de l'ensemble du système, et surtout de la méthode, on ne la trouvera pas excessive. Car, puisque la philosophie a existé avant Descartes, ou la philosophie de Descartes, s'intitulant la seule vraie, n'est pas la vraie philosophie, ou cette philosophie n'est pas plus de Descartes que d'Aristote ; c'est ou faux ou vieux, sans préjudice de ce qui pourrait se trouver dans le système et vieux et faux !

VII

Un étranger est admis dans notre compagnie, quand nous avons appris d'où il vient, et si nous ne lui demandons pas où il va, c'est qu'il ne le sait pas lui-même ; nous cherchons à connaître ce qu'il est possible de connaître des ascendants et des antécédents, nous ne nous occupons point de descendants et d'événements encore à venir. Il n'en est pas tout à fait de même pour une proposition : quand elle est manifestement vraie ou manifestement fausse, elle n'est pas interrogée sur ses origines ; on ne s'enquiert pas si son auteur était ou n'était pas un génie ; on ne s'occupe pas des motifs qui l'ont amenée ; on ne s'inquiète même pas de sa filiation logique, et on a raison : si elle est vraie, une origine obscure n'altérera pas la splendeur de sa vérité ; si elle est fausse, une origine éclatante ne saurait chasser ses ténèbres intérieures. En revanche, on peut toujours, pour plus de clarté, exiger d'une proposition qu'elle laisse voir ses aboutissants, quand il s'agit d'une proposition fausse. Toute proposition est responsable de ses conséquences mauvaises. Un auteur serait mal venu, quand nous lui demandons une anguille, de nous donner une vipère, en nous avertissant qu'il a l'intention de nous donner le serpent, non les crochets. On a donc le droit, après avoir saisi la fausseté intrinsèque d'une proposition, de poursuivre encore cette fausseté dans ses conséquences. C'est ce que nous allons faire maintenant pour la proposition cartésienne. Sa fausseté sera ainsi doublement établie.

La première assertion cartésienne que, jusqu'à Descartes, la science n'était pas, a pour première conséquence d'anéantir la science.

Dès qu'un homme a ajouté foi à cette première proposition, il se trouve, par là même, mal disposé à croire à la seconde, c'est-à-dire que Descartes a trouvé cette science ignorée jusqu'à lui. Car, comment Descartes seul, en méditant dans quelque chambre d'Allemagne bien chauffée, aurait-il pu découvrir ce qui aurait échappé à des vues, on peut le dire sans blasphème, plus perçantes que celle de Descartes? Les poêles d'Allemagne auraient-ils plus d'influence que le soleil antique des traditions, ou même le beau soleil de la Grèce pour faire éclore les idées? Il est difficile de croire cela ; et il est agréable de ne le croire point. Car croire que la racine de la science est restée enfouie jusqu'à Descartes et croire, de plus, que Descartes ne l'a pas déterrée, c'est conserver quelque espérance de la découvrir soi-même. Or, quel appât que le soupçon, même le plus éloigné, d'une pareille trouvaille, quel appât pour ce gourmet du fruit de la science, qu'on appelle l'homme !

Comment Descartes n'a-t-il pas vu que le motif inconscient, secret, caché, déguisé, tout ce qu'on voudra en ce genre, mais réel, qui lui a fait accuser d'ignorance tous les siècles humains, à savoir le désir de devenir chef d'école, aurait prise sur bien d'autres encore que sur lui? Quand Descartes écrit que l'univers s'est trompé, Descartes est cru parce qu'il désigne les siècles passés à la jalousie des siècles présents. Mais quand Descartes prétend qu'il ne se trompe point, Descartes, sans s'en douter, se met du côté des siècles passés. Quand Rhodes, le pays des roses, dit qu'Homère n'est pas né dans Smyrne la pierreuse, Chio aux grappes empourprées, et Colophon baigné par l'Halèse, et Salamine l'île des grands combats, et Argos aux murs bâtis par les cyclopes, et Athènes l'illustre, louent Rhodes aux belles forêts. Mais quand Rhodes aux eaux noires dit qu'Homère est né à Rhodes, aussitôt Chio fermente, Colophon s'indigne, Salamine embouche le clairon des batailles, Argos réclame puissamment, Athènes pousse des cris de cigale, et les princesses de Smyrne, en lavant leur linge dans les eaux du Mélésigène, déclarent que les fontaines de Rhodes sont décidément troublées. Quand un philosophe blâme un philosophe, il a pour lui tous les philosophes moins un ; mais quand un philosophe se loue, il a contre lui tous les philosophes, sans soustraction.

Quoi qu'il en soit de cette théorie, Descartes ne sera pas cru par tous dans sa seconde affirmation. Il aura beau nous dire que les principes trouvés par lui sont d'une limpidité parfaite, « ea maxime clara esse », que de ces principes découle toute connaissance d'homme, « ex iis omnia alia deduci posse », que la simple lecture de son livre établira ces deux points, « quod non melius præstare posse videor quam si illud experientia probavero, invitando scilicet lectores ad libri hujus lectionem », que quiconque l'aura lu avec attention se persuadera aisément qu'il est inutile de chercher d'autres principes pour parvenir aux connaissances les plus hautes dont soit capable l'humaine intelligence,

« ... ut qui illum enim attentione legent, rationem habituri sint sibi persuadendi non opus esse alia principia quærere, quam ea quæ tradidi ut ad altissimas quasque notitias quarum mens humana est capax perveniatur » ;

que ceux qui seront une fois imbus de ces fameuses opinions seront plus aptes à comprendre et à apprécier à leur valeur tous les autres écrits, que ceux qui, par malheur, n'en seraient pas imbus :

« Eos qui opinionibus meis sunt imbuti, multo minori cum negotio aliorum scripta intelligere, eorumque verum pretium æstimare, quam qui imbuti illis non sunt ; »

ces promesses si claires ne toucheront pas tout le monde ; bien des philosophes secoueront la tête, et s'isolant de l'antiquité blâmée par Descartes, et de Descartes loué par Descartes, se recueilleront pour trouver des systèmes qui ne soient ni ceux de l'antiquité ni celui de Descartes. De fait, il n'est peut-être pas un philosophe moderne un peu marquant qui ait résisté au parfum perfide de la nouveauté. Depuis Descartes, nous avons une avalanche de systèmes destinés tous à nous doter de la véritable source de la science. Qu'il suffise de nommer Malebranche, Kant, Reid, Bonald, Rosmini et Gioberti.

Le moindre inconvénient de ces recherches est de nous attarder dans le vestibule de la science : et, certes, nous avons mieux à faire ; nos ancêtres n'ont pas tout dit, il s'en faut, sur Dieu, sur l'homme, et sur nos immortelles destinées ; et au lieu d'employer notre activité à poursuivre cette brillante carrière, nous nous obstinons à changer sans cesse le point de départ ; au lieu de nous élancer vers le but nous piétinons sur place ; au lieu de progresser, nous tournons dans le cercle étroit de la critique ; et nous nous croyons en plein océan philosophique ! Hélas ! notre vaisseau est encore à l'ancre. Nous nous imaginons planer au plus haut des cieux, tandis que l'aérostat se balance sur ses câbles !

Qu'arrive-t-il ensuite ? C'est que, même dans la sphère de la critique, nous nous égarons de plus en plus. Comment pourrait-il en être autrement ? Les anciens ont connu la science, on ne peut le nier. Du moment donc que notre premier soin, dans nos recherches, est de ne pas entrer dans la route des anciens, le premier résultat que nous obtenons est de nous éloigner de la science ; car, il n'est pas deux chemins pour arriver au vrai, et plus nous nous écarterons de la route vieille comme le monde, qu'ont foulée nos pères, plus nous nous enfoncerons dans la déception.

Cette déception est amère : nous nous apercevons vite que nous nous sommes trompés, et l'esprit humain ayant essayé toutes sortes de combinaisons pour arriver au vrai finit par se dégoûter de l'inutilité de ses efforts ; et la méthode cartésienne qui commence par un doute méthodique aboutit au doute réel. Il était bien inutile de passer par ces péripéties, pour arriver à ce dénouement ; car le scepticisme est la conséquence plus qu'historique, est la conséquence logique de la première assertion cartésienne. Oui, cette première assertion, si elle est admise, démontre l'indémontrable scepticisme. Car, si durant cinquante siècles d'efforts les hommes n'ont pu découvrir la vérité, c'est que leur intelligence elle-même était incapable d'arriver à la certitude. Donc le doute sort de cette première proposition avec une force irrésistible ; et Sextus Empiricus tressaillirait de joie dans sa tombe s'il entendait de semblables prémisses ; le médecin d'Alexandrie laisserait bien vite les prétendues contradictions de l'esprit dont il armait son système pour saisir l'ignorance radicale et universelle des cinquante premiers siècles humains, et en déduire légitimement l'impuissance absolue de l'humanité à acquérir la certitude. Descartes, en bonne logique, après cette première proposition, aurait dû se taire, car il est plus que plaisant de prétendre trouver, ce qu'on déclare en même temps introuvable ; et comme la nature des principes de l'esprit règle leurs destinées, ces destinées sont d'être trouvées dès le commencement de l'homme ou de ne l'être jamais. Les cartésiens qui admettent cette première proposition ne peuvent jouir d'un privilège refusé au maître ; ils doivent arrêter là leurs recherches ; croire que l'humanité a inutilement cherché la certitude, durant plus de cent cinquante générations, et s'imaginer qu'on peut la chercher utilement soi-même, c'est tomber, par voie de conséquence, dans une contradiction.

En somme, la première assertion cartésienne, *qu'avant Descartes, la philosophie n'existait pas*, est grosse de résultats désastreux pour Descartes son auteur, pleine d'une sorte de fatalité. Car, qu'elle soit tenue pour fausse, ou qu'elle soit tenue pour vraie (et il est difficile qu'elle échappe à cette alternative), elle écrase, dans les deux cas, le système qui en fait son point de départ. Si on la tient pour fausse, on doit tenir pour faux aussi le système qui s'appuie sur elle ; si on la tient pour vraie, on doit admettre par suite le scepticisme, ruine de tout système. On peut choisir.

VIII

L'acte intellectuel est semblable à une combustion, et l'intelligence au feu inextinguible, comme parle Homère ασβεστον πυρ ; la flamme terrestre ne se fatigue pas de brûler ; elle dévore les pailles, et après les pailles la moisson, et après la moisson la bruyère, et après la bruyère la forêt, et la moisson après la moisson, et la bruyère après la bruyère, et la forêt après la forêt ; et plus elle dévore, plus elle éclate, et quand au dernier jour elle s'élèvera de quinze coudées par-dessus les plus hautes montagnes, on peut croire qu'aucun flocon de la fumée la plus légère, ne flottera sur ce clair et divin incendie. Ainsi la flamme intellectuelle est alimentée par la vérité; plus nous percevons la vérité, plus nous sommes avides et capables de la percevoir; une vérité nous mène à une autre, et plus nous voyons, plus nous voulons voir, et plus nous brillons aujourd'hui, plus nous brillerons demain. Par contre, l'intelligence s'affaiblit par l'inactivité. Comme chacun sait, la pierre d'aimant a besoin d'être armée pour conserver sa puissance; à mesure que l'armature diminue, à mesure aussi diminue la force attractive; et plus on enlève de fer à l'armature, plus ce qui reste est facile à enlever; c'est aussi une loi pour l'intelligence d'être armée, d'attirer actuellement à elle la vérité; et moins les vérités sont nombreuses, moins grande aussi se trouve la force de l'intelligence; et si quelques-unes de ces vérités viennent à nous échapper, notre force est diminuée d'autant; en nous détachant d'une vérité, nous nous préparons à en abandonner une autre; l'erreur engendre l'erreur; la défaillance provoque la défaillance; le faux pas mène à la chute, et plus on s'abaisse, plus la chute s'accélère.

Ces principes incontestables nous expliquent comment les mouvements de la pensée religieuse sont suivis parfois de mouvements analogues dans la pensée scientifique, et pourquoi aux mouvements scientifiques de la pensée répondent les mouvements politiques des nations : quand la vérité religieuse monte, il est naturel que la vérité philosophique monte pareillement ; car l'intelligence élevée au-dessus d'elle-même, par une augmentation de lumière révélée, s'élève à proportion dans sa sphère inférieure; la haute vérité l'attire tout entière sur sa hauteur ; et aux grandes époques de foi religieuse, on voit les grandes époques de philosophie. A son tour, la vérité philosophique ainsi accrue ne reste pas inféconde; elle passe de la spéculation métaphysique dans la spéculation morale, et de la spéculation morale dans la pratique qui est le cercle de la famille et de la nation, et on ne s'étonne pas de voir les siècles de foi et de science bien assis dans la vie politique. Il ne faut pas s'étonner davantage de voir les mouvements en sens contraire de la pensée religieuse se propager suivant la même loi dans la pensée philosophique et de là dans la pensée politique, de voir les philosophes s'amoindrir avec les croyants, et le dépérissement de la foi et de la science suivi du dépérissement des états. La religion, la philosophie et la politique sont comme trois bassins placés sur la même ligne au flanc d'une montagne et communiquant entre eux par des conduits secrets ; ils débordent ensemble, tarissent ensemble et mêlent leurs germes de vie ou de mort, en mêlant leurs eaux. Des circonstances accidentelles peuvent sans doute modifier ou supprimer ce parallélisme ; mais c'est la loi, et si nous voulons la voir s'accomplir, nous n'avons qu'à considérer Descartes placé dans l'histoire entre le seizième et le dix-huitième siècle, entre la réforme et la révolution, entre Luther et Mirabeau, entre l'ébranlement de la foi et le bouleversement de la patrie.

Que signifie cette place du cartésianisme entre la réforme et la révolution ? Ces trois systèmes se rencontrent-ils dans cet ordre par le même principe que les trois Calenders fils de roi se rencontrèrent à Bagdad ? Il est difficile d'attribuer à un concours purement fortuit cette coïncidence des trois derniers mouvements religieux, scientifiques et politiques qui aient agité l'humanité : la probabilité d'une hypothèse reposant sur le hasard diminue à mesure qu'on avance dans l'étude du parallélisme ; et nous espérons qu'elle aura disparu quand nous serons arrivés au bout des trois parallèles.

Nous avons vu le cartésianisme commencer par la négation radicale de tous les systèmes antérieurs, continuer logiquement par la négation du cartésianisme lui-même, se survivre dans son principe en passant par une suite indéfinie de systèmes nouveaux, mourir autant de fois par l'abandon successif de tous ces systèmes, et aboutir enfin au scepticisme, négation de la science. Cette marche ne semble-t-elle pas calquée sur la marche du protestantisme ?

Luther en effet, avant Descartes, avait inauguré la série des négations désastreuses ; il avait commencé par porter une accusation d'erreur, une seule contre l'infaillible Eglise. Cette unique accusation, dans laquelle il persista, fut sa perte. Car il se trouva bientôt amené, par le besoin de justifier logiquement une première calomnie, à accuser de mille erreurs, mille ans de l'Eglise de Dieu. Quand on entendit le prêtre concubinaire se déchaîner en termes intraduisibles contre l'Epouse de Jésus-Christ, ce fut une longue acclamation dans les tavernes d'Allemagne ; Luther alors était un ange de Dieu. Mais à peine Luther eut-il manifesté le dessein de remplacer le catholicisme par le luthéranisme, que cette prétention fut battue en brèche ; Luther eut incontinent des rivaux qui, s'emparant de ses principes, lui démontrèrent qu'on ne construit pas avec les instruments du démolissage. — A côté du luthéranisme surgirent des centaines de sectes différentes, combattant le catholicisme, le luthéranisme, et se combattant les unes les autres : ces sectes se transformèrent sans fin ; et le protestantisme se résolut en une sorte de poussière religieuse. Un coup de vent vient de l'emporter : et aujourd'hui il n'y a plus, à la place du protestantisme primitif, qu'un rationalisme en habit noir et en cravate blanche et prébendé. Ce rationalisme aidé par le libéralisme en est arrivé à ne plus distinguer le bien du mal. Encore une fois, je le demande, les hommes qui ont accusé d'erreur mille ans de révélation divine n'ont-ils pas tracé la route à ceux qui, plus tard, vinrent accuser d'ignorance cinquante siècles de la raison humaine ?

A leur tour les révolutionnaires suivront exactement la marche des cartésiens. Une fraction des états généraux déclare qu'elle ne se séparera pas avant d'avoir donné une constitution à la France. C'est là le point de départ : et quel point de départ ? Est-ce donc que la France n'aurait pas encore de constitution, après quatorze siècles de vie et de gloire ? Est-ce que ce magnifique faisceau, formé par le roi, les prêtres, les nobles, les magistrats, les bourgeois, les municipes, ne serait pas une constitution ? Non, disent les novateurs, la nation n'a pas encore de constitution : la nation n'existait pas avant nous ; la nation datera de 89.

Et voilà quatorze siècles enlevés à la patrie par les révolutionnaires, comme cinquante siècles avaient été enlevés à la science par les cartésiens, comme douze siècles avaient été enlevés à la foi par les protestants.

Nous ne sommes pas au bout des ressemblances. Quand un plébiscite, une assemblée, une coterie, un aventurier veulent doter la France de cette constitution qu'elle n'a pas, ils sont empêchés, ou ils sont supplantés par un autre plébiscite, une autre assemblée, une autre coterie, un autre aventurier. Les constitutions éternelles succèdent rapidement aux constitutions éternelles : on voit défiler la monarchie tempérée, la république une et indivisible, le directoire, le consulat, l'empire, les cent jours, la charte de Louis-Philippe, le gouvernement provisoire, la république définitive, le coup d'état, un autre coup d'état, l'essai loyal, l'autre essai, l'établissement révisable. C'est un mouvement perpétuel, comme un fleuve qui emplit et vide tour à tour nos palais de plumets nouveaux, de nouveaux galons, de nouveaux drapeaux et de nouvelles épées. Les dates appelées fatidiques se rapprochent de plus en plus ; si la France a vécu quatorze siècles sans constitution, elle s'est rattrapée durant le quinzième siècle de sa vie, siècle qui n'est pas encore fini, et qui paraît encore gros de surprises constitutionnelles.

En résumé, il y a parfaite ressemblance entre les préludes, les péripéties et le dénouement du protestantisme, du cartésianisme et du révolutionarisme : ces trois systèmes partent du chaos, passent par la tempête et aboutissent à l'abîme. Le protestantisme contempteur de la tradition divine commence, sous prétexte d'exalter les divines Ecritures, par avilir l'Eglise, dépositaire des Ecritures ; le cartésianisme contempteur de la tradition humaine commence, sous prétexte d'affranchir la raison, par dégrader l'histoire de cette raison ; le révolutionarisme contempteur de la tradition politique, commence, sous prétexte de fonder la liberté, par renier les ancêtres, pères véritables de la liberté française. Le protestantisme, le cartésianisme et le révolutionarisme subissent la loi du talion ; ils tombent de transformation en transformation ; le protestantisme devient le déisme, le cartésianisme devient le scepticisme, et la révolution devient l'anarchie : ou plutôt la négation de la religion, de la vérité et du gouvernement, en germe dans les principes du protestantisme, du cartésianisme et du révolutionarisme, se développe jusqu'à son complet épanouissement, et aujourd'hui la foi, la science et la société, ont sombré sur ces trois vaisseaux non calfatés : nous contemplons les épaves des trois grands naufrages.

Il est temps de revenir à des inspirations meilleures. Ne détruisons rien de l'ouvrage des siècles : acceptons pleinement l'autorité dans la sphère religieuse ; dans la sphère rationnelle, sans reconnaître d'autorité dogmatique proprement dite, n'allons pas repousser les lumières qui nous arrivent des temps écoulés ; en politique regardons la révolte comme le plus grand des crimes et le triomphe de la révolte comme le plus grand des malheurs. En un mot, dans toutes les sphères de l'activité humaine, suivons la méthode qui a guidé nos souverains quand ils ont décoré le palais de Fontainebleau. Autour de cette résidence pleine de merveilles, nos princes ont planté d'immortels ombrages qui nous abritent et nous charment, comme ils ont abrité et charmé nos pères ; dans les eaux qui enserrent le palais brillent les colliers et les écailles de poissons contemporains des chênes de la forêt ; à l'intérieur, chaque règne a doré sa place. Les salles du trône, les chambres royales, les galeries de réception, s'alignent à la suite les unes des autres, dans une variété de peintures et de sculptures qui forme comme un étincelant résumé de l'histoire de notre nation. Le monarque régnant a respecté la demeure de son père, et sa demeure à son tour a été respectée par son fils : les salamandres de

François Ier n'ont pas effacé les arabesques des Henry, les fleurs de lis de Louis XIII brillent à côté des soleils de Louis XIV ; on passe, d'une salle garnie de cuir ouvragé, dans une autre où éclatent les grandes tapisseries des Gobelins : les emblèmes des rois chasseurs succèdent aux emblèmes des rois guerriers : partout la conservation et le progrès ; nulle part la destruction ou l'immobilité. Que serait le palais de Fontainebleau si chaque prince avait voulu le transformer tout entier à sa mode ? Nous n'aurions plus maintenant qu'un édifice dans le genre du nouveau Louvre, couvert d'un bout à l'autre des ornements lourdement graveleux du style de Napoléon III. Ou bien, qu'en serait-il de la noble demeure, si chaque prince s'était contenté d'habiter sans les modifier dans les appartements de son prédécesseur, comme fit Napoléon Ier dans les appartements de Louis XV ? Le palais de Fontainebleau serait une enfilade de vulgaires salles gothiques. Non, il ne faut pas jeter bas les vieux arbres, ni négliger de remplacer ceux qui tombent ; il ne faut pas que César renverse la cabane de Romulus ni qu'il se loge dedans, il faut que César bâtisse à côté. Il ne faut en politique ni révolution, ni routine. En religion, il ne faut pas toucher à l'Eglise ; elle est irréformable ; mais il ne faut pas non plus s'opposer aux décisions conciliaires, car l'Eglise est vivante, et la vérité de l'Eglise, contemporaine de Jésus-Christ, s'illumine de plus en plus, à mesure que les siècles avancent, et que les pontifes parlent. En philosophie il ne faut pas se river à Aristote, mais il ne faut pas non plus commencer à Descartes ; il faut profiter des vérités anciennes pour arriver à des découvertes nouvelles : tel est notre vœu ; nous le croyons conforme à la raison, et bienveillant pour les progrès de la science : tels ne seraient pas les résultats des études philosophiques en France si on y restait attaché au cartésianisme, j'entends au cartésianisme total et pur, au cartésianisme que l'on trouve dans le *Discours sur la méthode*, les *Méditations* et les *Principes*, non à celui qu'ont travaillé certains cartésiens, au cartésianisme de Descartes, en un mot au vrai cartésianisme. Nous avons mis en lumière un point de ce système, peu observé ou peut-être à dessein dissimulé. Ce point est cependant radical et enferme le génie même de la destruction philosophique ; ce n'est pas sur ce fondement qu'on peut relever les ruines de la philosophie française. A notre avis, un point de cette importance et de cette nature devrait suffire pour nous faire abandonner et exclure de notre programme d'études tout le système. Nous croyons qu'une étude détaillée du cartésianisme appuyerait ces conclusions, et nous sommes prêts à l'entreprendre si on y tient.

IX

A. — Il est agréable de voir se détacher sur le ciel les collines qui bordent les rivages marseillais. Le soleil dore leurs crêtes et les découpe dans un azur profond ; rien n'est confondu, rien n'est indécis : cette beauté de la lumière est par excellence le plaisir des yeux, et c'est un plaisir analogue que recherche l'intelligence dans une proposition : l'esprit a soif de la limpidité : malheureusement on ne peut pas dire qu'il la trouve toujours en parcourant les méditations et explications cartésiennes. Autant Descartes est net quand il essaie de renverser les anciens systèmes, autant il est peu arrêté dans ses projets de reconstruction. Alors, en effet, Descartes s'assombrit et se voile ; il semble qu'il se transforme en brume ; métamorphose nuisible à ceux qui veulent se mesurer avec lui. On risque de le frapper à faux ; on risque de ne pas le frapper ; on risque de frapper une ombre ; et tandis qu'on comprend parfaitement ce qu'il ne veut pas, il est parfois difficile de comprendre ce qu'il veut ; cela, je le reconnais, n'est pas toujours ; mais cela arrive, et aux endroits de conséquence ; en voici un exemple : Descartes, après avoir divisé l'humanité en deux parties, une première, ténébreuse, s'étendant jusqu'à lui, et l'autre, lumineuse, partant de lui, se trouva forcé de partager sa propre vie entre ces deux portions des âges :

> Fit deux parts dans sa vie.

Car, enfin, l'illumination philosophique n'avait pas pû le saisir à la mamelle ; donc, par sa première existence, Descartes termine l'ancienne humanité ; par sa seconde, il commence la nouvelle ; mais que va-t-il faire de cette première vie, passée dans la communion intellectuelle des tristes anciens ? Il ne peut pas la garder, il faut qu'il la rejette ; c'est-à-dire qu'il modifie sa pensée antérieure, qu'il devienne en un mot un homme philosophiquement nouveau : or comment s'y prendra-t-il pour opérer ce changement ? Quelle sera la transition entre la première assertion cartésienne, très générale, exposée par nous dans les pages précédentes et les assertions tout à fait spéciales qui constituent son système ? Comment Descartes passera-t-il de la négation à l'affirmation ? Il a nié tout ce qui le précède, il va s'affirmer ; quel pont joindra ces deux rives ?

Un pont, disent les cartésiens, sublime. La transition cartésienne, entre les préjugés de l'enfance humaine et la science définitive, constituerait une des conceptions les plus hardies, les plus originales, et en même temps les plus profondes qu'il eût été donné à l'esprit humain d'enfanter : cette transition est le *Doute* appelé cartésien. Grande affaire, pour Descartes, que ce doute.

« Multis præjudiciis a veri cognitione avertimur ; quibus non aliter videmur posse liberari, quam si semel in vita, de iis omnibus studeamus dubitare, in quibus vel minimam incertitudinis suspicionem reperiemus.

« Bien des préjugés nous détournent de la connaissance de la vérité ; il ne semble pas que nous puissions autrement nous en défaire que si, une fois dans la vie, nous nous efforçons de douter de toutes les choses dans lesquelles nous rencontrerons le moindre soupçon d'incertitude. »

On l'entend ; il faut, une fois au moins dans la vie, avoir douté à la façon cartésienne. Point de saine philosophie, de dogmatisme sérieux qui n'ait été précédé de ce doute.

Tout homme doit s'y résigner : certes, s'il est un rouage fameux dans la machine cartésienne, c'est la théorie du doute : Descartes descendant jusqu'aux dernières racines du scepticisme pour de là s'élever aux plus purs sommets de la certitude, il semble que ce soit là sa gloire, que ce soit là tout Descartes. Eh bien, je porte un défi à tous les philosophes de l'univers, de démontrer avec les textes cartésiens et les explications cartésiennes de quel doute Descartes a voulu parler. Les textes indiquent un doute réel ; certaines explications semblent indiquer un autre genre de doute ; les textes sont authentiques, les commentaires aussi, les uns et les autres paraissent clairs. Les conclusions sont opposées, que croire ? Je dis d'abord que le doute de Descartes paraît réel.

B. La réalité du doute cartésien est une conséquence logique de la première proposition cartésienne. Puisque Descartes rejette sérieusement toute la pensée humaine des temps qui ont précédé la sienne, il paraît impossible qu'il ne veuille pas douter sérieusement des opinions dues aux anciennes méthodes. — La lettre de son discours confirme cette déduction : « Après m'être ainsi assuré de ces maximes et les avoir mises à part avec les vérités de la foi, qui ont toujours été les premières de ma créance, je jugeai que pour le reste de mes opinions je pouvais librement entreprendre de m'en défaire. » Rien de plus sérieux que Descartes ici. Il faut *entreprendre* de quitter ses anciennes opinions : on croit *pouvoir librement* tenter l'aventure ; on *excepte* de ce projet d'abandon certaines vérités, à savoir les vérités de foi et les vérités pratiques. S'il ne s'agit pas d'un doute réel sur certaines vérités, il ne s'agit pas non plus d'une certitude réelle sur certaines autres ; car, ici évidemment il s'agit de *conserver* ou de *rejeter* de la même façon. Comme personne ne peut douter de l'intention réelle qu'a eue Descartes de conserver intactes les vérités de la foi, il est clair aussi qu'il a voulu réellement rejeter les vérités de la raison. — Y a-t-il, je le demande, l'ombre d'une obscurité dans le texte cité, et dans l'interprétation donnée de ce texte ? Peut-on hésiter à dire que Descartes a voulu réellement *douter ?* — Que l'on réponde oui, ou non, les suites de cette réponse sont également graves, et le système cartésien en sera accablé : si Descartes impose le doute réel comme commencement nécessaire de la science, il impose une obligation qui a le défaut essentiel d'être *immorale*, et de plus parfaitement *inutile*, et même d'une exécution physiquement et logiquement *impossible*.

C. Pour comprendre l'immoralité du doute cartésien, nous devons sortir de l'idée cartésienne, nous persuader que les diatribes de Descartes sur la science antique et sur la science de l'homme dans sa jeunesse sont vaines, et bien voir que le doute proposé porte sur des vérités déjà acquises : ceci dit et admis, l'immoralité de ce doute est flagrante. N'y a-t-il pas une immoralité intrinsèque à détacher son âme de la vérité acquise, à diminuer sciemment sa vie intellectuelle ; à isoler son esprit, de ce à quoi il doit essentiellement adhérer ? — Et de quelles vérités s'agit-il, s'il vous plaît ? — De l'existence du monde extérieur, de nos semblables, de notre propre corps et de notre Dieu, et conséquemment de la loi éternelle, — rien que cela. — Et s'il plaisait à un homme, après ce beau chef-d'œuvre philosophique, et avant d'avoir reconquis ces vérités perdues, entre le jour d'hier et celui de demain, dans cette nuit intermédiaire du doute, d'agir conformément à ce doute, de ne pas s'occuper de son corps, de traiter le prochain avec le sans-façon qu'on peut mettre dans ses rapports avec des ombres, que feraient de ce philosophe crépusculaire les autres hommes ? — Ils l'enchaîneraient, et ce serait prudent. — Et combien croit-on que cette nuit puisse se prolonger ? Elle sera longue, très longue ; car ce n'est pas petite chose de reconstruire un immense édifice. Elle peut ne jamais finir. Car cet homme, en abandonnant une vérité, pour l'espoir de la reconquérir, a en termes immortels :

Lâché la proie pour l'ombre.

Il est possible que la proie suive le courant dans lequel elle est tombée, et ne reparaisse plus.

D. La méthode, en effet, n'est pas heureuse. Douter d'une vérité acquise, c'est affaiblir son intelligence, et même la fausser ; or, en quoi une luxation peut-elle fortifier notre bras ? en quoi une erreur peut-elle nous mener à la vérité ? Quand on examine de près ces élucubrations cartésiennes, on est étonné du vide qui s'y manifeste. Si nous poussons l'examen jusqu'au bout, nous découvrons au fond du doute cartésien une *impossibilité :* d'abord une impossibilité physique.

E. Quoi que puisse dire Descartes, il est impossible à un homme de douter habituellement du monde et de son propre corps ; quelle que soit la voie que prenne l'homme pour arriver à ces deux dogmes, il y parvient et rien ne peut l'en distraire ; son intelligence peut opérer, autour de ces deux faits, des efforts, des flexions pour s'en détourner ; le fait l'emporte, et l'intelligence, après des balancements plus ou moins prolongés, revient au fait. Il est encore plus impossible de douter des vérités mathématiques et des principes de la raison : l'évidence captive l'esprit, l'esprit captivé s'immobilise ; il n'y a même plus de balancement.

F. L'impossibilité physique de ces doutes, que tout le monde peut saisir, devient logique, quand on embrasse l'étendue du système ; c'est-à-dire qu'il y a dans ce doute une inconséquence : il est incompatible avec les dogmes laissés debout par Descartes.

Suivant Descartes, nous devons conserver la croyance aux vérités révélées et en même temps douter des vérités transmises par les sens et la raison, à savoir l'existence du monde, de Dieu et de la loi éternelle. Or il se trouve que ces trois existences sont en même temps objets de la révélation et objets de la raison ; ou Descartes n'a pas songé à ce point, les mystères peut-être lui paraissant être les seules vérités révélées, ou s'il y a songé, il s'est fié à une distinction que nous allons montrer, dans l'état des choses, inacceptable.

Les textes scripturaux établissant l'existence du monde, de Dieu et de la loi, sont à peu près toute l'Écriture ; inutile d'insister : « In principio Deus creavit cœlum et terram... » Etc., etc. Que suit-il de là ? Il suit que, de par la foi, nous devons croire réellement au monde extérieur, à Dieu et à la loi, et que cette croyance réelle subsistant, nous ne pouvons envelopper dans un doute réel et absolu, ces existences.

Il est vrai, nous pouvons croire à l'existence du monde pour les deux motifs réunis de la foi et de la raison, et alors notre croyance est on ne peut plus ferme ; nous pouvons séparer sans contradiction ces motifs, c'est-à-dire que nous pouvons croire à l'existence du monde par raison, sans croire à cette existence par la foi, comme font les infidèles ; ou bien croire à cette existence par la foi sans croire à cette existence par la raison, comme essaient de faire certains cartésiens. Mais ce doute alors n'a rien de positif ; il ne saurait avoir aucune conclusion pratique pour détacher l'âme de ces vérités ; il ne saurait rentrer, en un mot, dans le doute cartésien, qui est un doute absolu, s'il est réel.

Tant qu'un motif de croyance reste, on ne peut pas dire que nous ne croyons pas ; dès qu'on peut dire que nous ne croyons pas, c'est que nous avons brisé avec tous les motifs. Un homme peut tenir une épée d'une main, il peut la tenir aussi des deux ; tant qu'il emploie une des deux mains, il tient l'épée ; s'il abandonne l'épée, c'est qu'il retire ses deux mains. Si votre intelligence est réellement et absolument détachée de la croyance à l'existence du monde, c'est que vous doutez de tous les témoignages qui pourraient vous confirmer cette existence. Il serait inutile d'équivoquer sur un point si clair. On essaye néanmoins : on dit qu'on peut croire à la Révélation sans croire à la raison, par conséquent être certain de l'existence du monde d'une manière, et n'en être pas certain d'une autre. Remarquons seulement que douter ainsi ne s'appelle pas douter absolument et comme semble le vouloir Descartes. Le doute de Descartes, quand il porte sur l'existence du monde, détache véritablement l'âme de cette vérité, puisqu'il permet à Descartes de supposer que le monde n'existe pas. Le doute cartésien ne paraît donc pas compatible avec la foi, parce que l'esprit est un, qu'il ne peut être absolument détaché d'une vérité, et en même temps adhérer par un point à cette vérité, et que le système du philosophe français nous présente cet étrange phénomène d'une intelligence adhérente par la foi à l'existence du monde, et en même temps absolument détachée de cette croyance. C'est donc une impossibilité logique à joindre à l'impossibilité physique mentionnée plus haut.

G. Donc, d'un côté, les textes cartésiens renferment en leur lettre un doute réel ; d'un autre, le doute réel renferme en lui-même des conséquences dont l'immoralité, l'inutilité philosophique et les contradictions logiques sont indéniables : on dut faire remarquer tout cela à Descartes, et c'est le fond de l'observation d'Arnaud rangée sous cette rubrique :

« Des choses qui peuvent arrêter les théologiens. »

Voici cette observation :

« Premièrement, je crains que quelques-uns ne s'offensent de cette libre façon de philosopher par laquelle toutes choses sont révoquées en doute. Et de vrai, notre auteur même confesse, dans sa méthode, que cette voie est dangereuse pour les faibles esprits ; j'avoue néanmoins qu'il tempère un peu le sujet de cette crainte dans l'abrégé de cette première méditation. Toutefois, je ne sais s'il ne serait point à propos de la munir de quelque préface, dans laquelle le lecteur fût averti que ce n'est pas sérieusement et tout de bon que l'on doute de ces choses, mais afin qu'ayant pour quelque temps mis à part toutes celles qui peuvent laisser le moindre doute, ou, comme parle notre auteur en un autre endroit, qui peuvent donner à notre esprit une occasion de douter la plus hyperbolique, nous voyions si après cela il n'y aura pas moyen de trouver quelque vérité qui soit si ferme et si assurée, que les plus opiniâtres n'en puissent aucunement douter. Et aussi, au lieu de ces paroles, *ne connaissant pas l'auteur de mon origine*, je penserais qu'il vaudrait mieux mettre : *feignant de ne pas connaître*, etc. »

En somme, Arnaud, plus préoccupé des *théologiens* que de la *théologie*, semble croire à la réalité du doute cartésien, et offre au philosophe un moyen de déguiser ou même d'abandonner, à l'aide d'une correction, cette réalité malencontreuse. Quelle est la réponse de Descartes ?

Réponse aux choses qui peuvent arrêter les théologiens :

« Je me suis opposé aux premières raisons de M. Arnaud (sur la nature de l'esprit humain). J'ai tâché de parer aux secondes (sur Dieu) *et je donne entièrement la main à celles qui suivent* (celles précisément qui nous occupent), excepté à la dernière (sur la Sainte Eucharistie) au sujet de laquelle, etc. » On pourrait citer encore les réponses aux instances : dans ces réponses, Descartes appelle son doute *hyperbolique*, *métaphysique*, et ne paraît pas le regarder comme réel.

Donc, Descartes, dans le corps de sa doctrine, doute sérieusement ; et Descartes, s'expliquant, ne doute plus tout de bon ; encore une fois, que veut Descartes? Son dire est une énigme. Mettons les choses au mieux : supposons que le commentaire cartésien prime le texte.

II. Alors surgit une question nouvelle. Si Descartes n'a pas enseigné dans sa méthode un doute réel, quel doute a-t-il enseigné? En un mot, qu'est-ce que ce doute *méthodique* dont on fait tant de fracas?

Quelques-uns croient suffisamment justifier Descartes de l'accusation de scepticisme, en disant que dans le scepticisme on doute pour douter, tandis que dans le doute méthodique, on doute pour sortir du doute. Cette introduction de la cause finale n'est pas heureuse ici. Car, comme il ne s'agit pas d'un acte de la volonté, mais d'un état de l'intelligence, l'intention ne peut changer en rien la nature de cet état. Peu importe pourquoi on doute; que ce soit parce qu'on ne voit pas, ou parce qu'on ne veut pas voir, ou parce qu'on veut voir, du moment que le jugement est en suspens, que l'esprit retient son adhésion, il y a doute réel, et nous retombons dans toutes les difficultés précédentes.

I. Des cartésiens, se croyant plus avisés, ont recours, pour éviter cette rechute, à la feinte suggérée par Arnaud. Descartes aurait enseigné un doute fictif. Arnaud l'a dit, on le redit après Arnaud, et cette explication est devenue si générale, que nous devons l'examiner ici.

La fiction cartésienne, si elle est quelque chose, est quelque chose d'inintelligible, d'inconcevable, d'insaisissable. On comprend la fiction de la parole; on peut prétendre extérieurement que l'on doute de l'existence du monde, et, par cette étrange déclaration, faire beaucoup de peine à ses amis et un grand plaisir à ses ennemis. Cette fiction est un *mensonge*, et, pour cette fiction-là, il faut être au moins deux. On comprend encore la fiction dans les arts; représenter ce qui n'est pas, mais ce qui peut être, en prenant pour type des idées arbitraires, et pour instrument la couleur, ou le son, ou la parole : feindre ainsi, c'est *poétiser* pour le plaisir de l'esprit, ce n'est pas mentir aux autres, ni à soi-même, ce n'est pas chercher non plus la vérité. Mais, en méthode philosophique, le philosophe est seul avec lui-même, et il est ridicule qu'il cherche à se tromper; le philosophe pense, et il est plus ridicule encore qu'il transforme un acte d'intelligence pure en vaine imagination; la fiction du philosophe ne peut être qu'une hypothèse intellectuelle. Mais quelle hypothèse? Une hypothèse sans doute compatible avec l'état d'âme du philosophe qui la fait. Or, en admettant que le philosophe *croit réellement* à l'existence du monde, comment concevoir que ce même philosophe *suppose* qu'il n'y croit pas?

Le caprice de l'intelligence ne saurait aller jusque-là. Que le philosophe qui doute réellement de l'existence du monde suppose en sus que ce monde n'existe pas, il n'y a en cela aucune contradiction. Car la non-existence objective du monde est conciliable avec le doute subjectif de cette existence. Réduite à ces termes, la pensée de Descartes se comprendrait, mais nous rejetterait dans le doute réel. Que si nous supposons une croyance réelle à l'existence du monde, Descartes ne peut feindre, c'est-à-dire *supposer qu'il n'a pas cette croyance*. La *feinte*, transportée par Arnaud de l'existence objective du monde à la croyance subjective de cette existence, devient une puérilité; à dire le vrai, nous n'en croyons pas Descartes capable; mais nous demandons une dernière fois ce que peut être le fameux doute cartésien.

J. Résumons la route parcourue. D'abord, Descartes, pressé sur les immoralités, les inutilités et les impossibilités de son doute, se dérobe à ces inconvénients en remplaçant la réalité du doute par le méthodisme du doute. Puis, quand on cherche à pénétrer dans le doute méthodique, c'est-à-dire dans un doute qui serait ordonné à la croyance, on constate l'insuffisance d'une explication qui laisse subsister la réalité, et par conséquent les inconvénients du doute, et il faut recourir à un doute absolument fictif. Enfin, le doute fictif s'évanouit en sa notion elle-même devant l'examen, et il reste..... quoi?... un doute qui n'en est pas un, une méthode par laquelle on examine à nouveau une vérité dont on veut se rendre compte, comme si on ne l'avait jamais examinée; on ne s'*occupe pas* de sa croyance précédente, et on *appelle* cela *douter*. Je dis que c'est là l'opération à laquelle se livre nécessairement tout homme qui pense, une sorte d'abstraction que Descartes exprime par une métaphore, une ombre en fait de découverte philosophique, un rien : on a beau presser Descartes, on ne saisit que de la fumée : « C'est une image qui échappe à l'étreinte, pareille aux vents légers et très semblable à un songe fugitif. »

> Ter frustra comprensa manus effugit imago,
> Par levibus ventis volucrique simillima somno.

X

A. Telle est la transition par laquelle Descartes passe de la négation des systèmes anciens à l'affirmation de son propre système ; cette transition est un doute plein d'obscurité. Abordons maintenant le système lui-même et démontrons directement ce que nous avons indirectement établi dans notre première partie, à savoir que là où Descartes est vrai, il n'est pas neuf, et que là où il est neuf, il n'est pas vrai.

B. Commençons par enlever à Descartes son masque de révélateur. Nous n'avons pas besoin d'aller plus loin pour cela, et la première règle de la méthode confirme notre dire. « Au lieu de ce grand nombre de préceptes dont la logique est composée, je crus que j'aurais assez des quatre suivants, pourvu que je prisse une ferme et constante résolution de ne manquer pas une seule fois à les observer.

» Le premier était de ne recevoir jamais aucune chose pour vraie que je ne la connusse évidemment être telle, c'est-à-dire d'éviter soigneusement la précipitation et la prévention, et de ne comprendre rien de plus en mes jugements que ce qui se présenterait si clairement et si distinctement à mon esprit, que je n'eusse aucune occasion de le mettre en doute. »

Coupons en deux cet alinéa, avec la permission du lecteur ; retenons la première partie, qui constitue le précepte proprement dit et remettons l'examen de la seconde au moment où nous étudierons le criterium de certitude adopté par

Descartes. Qu'on le remarque, autre chose est un précepte, autre chose est un principe. — Nous ne parlons ici que du précepte. « Le premier était de ne recevoir jamais aucune chose pour vraie que je ne la connusse évidemment être telle, *c'est-à-dire d'éviter soigneusement la précipitation et la prévention...*, etc ».

C'est là le précepte.

En face de ce précepte, que celui qui lira ces réflexions veuille bien mettre la main sur sa conscience et répondre en toute franchise à cette question : Quand bien même ce précepte ne se trouverait imprimé dans les livres d'aucun philosophe, quand on n'en verrait de trace dans aucun manuscrit, quand on aurait établi authentiquement qu'il ne fut formulé dans aucun des écrits perdus pour nous par suite des invasions, incendies, inondations, tremblements de terre, et autres catastrophes, quand même enfin, jamais, au grand jamais, les hommes n'eussent énoncé de vive voix un pareil axiome, pourrait-on attribuer à Descartes l'honneur de l'avoir inventé? Est-ce que cette précaution n'est pas la première qui s'impose dans le silence de la méditation la plus vulgaire? Ne serait-elle pas du nombre de ces choses que personne ne dit, parce que tout le monde les pense; que personne n'écrit, parce que l'on croit absolument superflu de les écrire; que personne en un mot ne peut inventer, parce qu'elles sont l'instinct naturel et nécessaire de notre intelligence? Assurément, c'est cela : et il faut vouloir à toute force trouver dans Descartes un inventeur, pour trouver là une invention. — Il y a plus : quelque inutile qu'il puisse paraître d'émettre au dehors un commandement que font antérieurement à tout homme l'amour de la vérité et la crainte de l'erreur, il s'est trouvé, et bien avant Descartes, des philosophes pour commettre cette inutilité. Nous lisons dans Cicéron... Duo vitia vitanda sunt; unum, ne incognita pro cognitis habeamus, hisque temere assentiamus. Quod vitium effugere qui volet (omnes autem velle debent) adhibebit ad considerandas res tempus et diligentiam. (De Officiis. h. I, § 6.)

Quand on songe que Cicéron est un de ces hommes qui, n'émettant pas la lumière, se contentent de la réfléchir, qui ne disent rien, qui redisent, il faut croire, qu'en cherchant bien, on trouverait le fameux précepte dans des philosophes plus antiques que Cicéron ; à quoi bon chercher ? une priorité de seize siècles suffît.

C. Ce premier point de contact de Descartes avec l'antiquité n'est pas le seul ; on retrouve la seconde, la troisième et la quatrième règle de sa méthode dans les règles d'induction, d'énumération, d'analyse et de synthèse, données par Aristote, expliquées par Fonseca, appliquées dans l'arbre de Porphyre. Sa preuve de l'existence de Dieu, date manifestement de saint Anselme. Sa doctrine sur la personnalité humaine, l'essence de l'âme, l'union de l'âme et du corps n'est que du platonisme. Arrêtons-nous au célèbre *cogito, ergo sum* : après le doute cartésien, il n'y a rien de tant loué que cette première affirmation.

D. La théorie de Descartes sur l'existence personnelle a un double aspect. Pour Descartes, l'existence personnelle est d'abord la vérité la plus certaine et la plus féconde ; rien n'est plus évident que cette vérité, et par elle on peut remonter toute la chaîne des connaissances humaines. Tel est le premier aspect de la théorie ; il y en a un second, qui consiste à regarder l'existence personnelle comme la seule vérité primitive et comme le principe qui peut même seul conduire aux autres vérités. En un mot, cette théorie doit se ramener à cette proposition exclusive, c'est-à-dire composée : *L'existence personnelle est la seule vérité première.*

Descartes, en disant que l'existence personnelle est une vérité première, ne se trompe point : mais il n'est pas le premier à parler ainsi ; et tout le monde peut retrouver la doctrine, et presque l'expression cartésienne dans saint Augustin ; coïncidences frappantes, au-dessus de toute dénégation ou atténuation, remarquées dès l'apparition de la méthode cartésienne, et, à notre avis, trop oubliées depuis. Qu'est-ce donc qui a maintenu à Descartes la réputation d'inventeur du *cogito, ergo sum*, en face de saint Augustin exprimant la même pensée douze siècles avant Descartes? Ce sont deux réponses, l'une de Descartes, l'autre de Pascal. Nous nous proposons ici de montrer que ces réponses sont superficielles, qu'elles ont été acceptées avec légèreté, et qu'en définitive, le *cogito ergo sum* n'appartient pas à Descartes.

E. Quand on fit observer à Descartes qu'il parlait exactement comme saint Augustin, il répondit qu'il n'avait jamais lu ces passages de saint Augustin et cette réponse fut trouvée bonne. Un des grands admirateurs de Descartes dans notre temps, Cousin, forcé d'avouer que le *cogito, ergo sum*, non seulement est en toutes lettres dans saint Augustin, mais encore se trouve en germe jusque dans Socrate, adopte sans plus de façon la réponse du maître : « Socrate, sans doute, avait entrevu cette grande et féconde vérité et il l'avait enseignée à Platon ; mais Descartes n'en savait rien. » Et sur cette réponse, Descartes est maintenu en possession du brevet d'inventeur. En vérité, la postérité est clémente pour certains hommes et certaines doctrines! Elle se déclare ici satisfaite d'une réponse qui est sans valeur. Descartes affirme n'avoir pas lu saint Augustin, et Descartes est cru sur parole : pourquoi? Est-ce parce que c'est Descartes qui parle? Est-ce parce qu'il était impossible alors de lire saint Augustin? Que deux hommes à peu près contemporains se disputent ou même se partagent une découverte, à la bonne heure; mais, quand il y a des siècles d'intervalle entre deux hommes, que le premier s'appelle saint Augustin, qu'il est connu de toute la terre, qu'il a consigné sa découverte dans deux de ses ouvrages les plus répandus, à savoir : les *Soliloques* et la *Cité de Dieu*, il faut que celui qui prétendra avoir découvert la même vérité que saint Augustin, sans avoir lu saint Augustin, prouve ce qu'il avance ou se résigne à rencontrer l'incrédulité des hommes sensés, s'il n'a pas l'heur de rencontrer la crédulité du fétichisme; pour nous qui ne sommes pas idolâtres de Descartes, nous n'admettons pas qu'il ait ignoré saint Augustin.

F. Si nous l'admettions, si nous supposions un instant que Descartes a ignoré et Socrate et Platon et saint Augustin, que deviendrait la violente réprobation dans laquelle ce philosophe a enveloppé toute l'antiquité? Cette réprobation serait frappée par là même de nullité. Car il serait établi que Descartes condamna les vieux philosophes sans les avoir lus. Cette conséquence est nette.

G. Eh bien, admettons ce qu'il y a de plus inadmissible; admettons et que Descartes n'a lu ni Platon, ni saint Augustin et qu'il a eu raison de ne pas les lire et raison encore de les accuser sans les avoir lus; sommes-nous assez faciles? S'ensuit-il que Descartes doive être remercié comme le véritable inventeur du *cogito, ergo sum* ? Non certes, on ne doit pas de remerciements pour des inventions faites en de telles circonstances. Que dirait-on d'un homme qui se garantirait toute son enfance des connaissances du siècle, arriverait par ses seules forces à inventer la vapeur et réclamerait l'honneur d'avoir trouvé ce qui depuis quelque temps déjà fait marcher l'univers? On rirait d'une pareille prétention; on lui dirait que ce qui a été découvert une première fois n'a pas besoin de l'être une seconde, et qu'il y a plus de honte que d'honneur à employer aussi inutilement ses forces. Pourquoi des similitudes? Prenons des identités. Que dirait-on du penseur qui, s'isolant de la pensée universelle, viendrait de nouveau aboutir, par une suite solitaire de méditations, à un *cogito, ergo sum* : est-ce que cet inventeur détrônerait Descartes? Je ne le pense point : Descartes donc, par le même principe, n'a pu détrôner saint Augustin.

H. Pascal, sentant la faiblesse de la première réponse, en hasarda une autre; la voici :

« Je voudrais demander à des personnes équitables si ce principe : la matière est dans une incapacité naturelle, invincible de penser, et celui-ci : *Je pense, donc je suis*, sont en effet les mêmes dans l'esprit de Descartes et dans l'esprit de saint Augustin, qui l'avait dit 1,200 ans auparavant. En vérité, je suis bien éloigné de dire que Descartes n'en soit pas le véritable auteur, quand même il ne l'aurait appris que dans la lecture de ce grand saint; car je sais combien il y a de différence entre écrire un mot à l'aventure, sans y faire une réflexion plus longue et plus étendue, et apercevoir dans ce mot une suite admirable de conséquences qui prouvent la distinction des natures spirituelles et matérielles, et en faire le principe ferme et soutenu d'une physique entière. » (Pascal, *De l'Esprit géométrique*.)

En résumé, suivant Pascal, saint Augustin a parlé de l'existence personnelle, sans y faire réflexion, sans en tirer ses conséquences, sans la considérer comme principe d'autres vérités, et pour résumer davantage encore, « à l'aventure. » Après qu'on a cité cette tirade de Pascal, on croit la question vidée. *Pascal a parlé, la cause est finie.* Il semble que la profondeur de Pascal nous excuse d'accepter à la légère tout ce qui vient de lui; on n'a pas même pris la peine d'examiner jusqu'à quel point saint Augustin s'est exprimé *à l'aventure*. Pour nous, ce n'est pas saint Augustin qui a parlé *à l'aventure*, c'est Pascal.

I. Saint Augustin a parlé quatre fois de l'existence personnelle : dans la *Cité de Dieu*, livre XI, c. 26; dans le *Traité de la Trinité*, livre X, c. 10; dans les *Soliloques*, livre II, c. 1 et 3; et dans le *Traité du libre arbitre*, livre II, c. 3. Quand on parle quatre fois d'une chose, il est difficile d'admettre qu'on en parle à l'aventure.

J. Du reste, ce que saint Augustin dit de l'existence personnelle nous prouve qu'il en a parlé avec pleine réflexion.

L'incomparable docteur commence dans la *Cité de Dieu* par montrer quelle place occupe dans le monde intellectuel la pensée de l'existence personnelle. Passant en revue les images de la Trinité dans l'univers, il signale d'abord les idées générales de causes applicables à tous les mondes. Il voit dans la cause efficiente l'image du Père, dans la cause finale celle du Saint-Esprit. « Unamquamque creaturam quis » fecerit, per quid fecerit, propter quid fecerit. »

Contemplant ensuite la sainte cité des anges, il la voit

créée par le Père, illuminée par le Fils, béatifiée par l'Esprit. « Est, videt, amat. »

Descendant aux sciences humaines, il retrouve dans la fameuse division de la philosophie en naturelle, rationnelle et morale, les traces du Père fondateur de la nature, du Fils illuminateur de la raison, de l'Esprit inspirateur de la morale.

Arrivant enfin à la personne de l'homme, il le représente *existant, connaissant cette existence, et aimant cette existence et cette connaissance,* par cette existence reproduisant le Père, par cette connaissance réflexe le Fils, et par cet amour primordial le Saint-Esprit.

« Et nos quidem in nobis, tametsi non æqualem, imo valde longeque distantem, neque cœternam et quo brevius totum dicitur, non ejusdem substantiæ, cujus est Deus, tamen qua Deo nihil sit in rebus ab eo factis natura propinquius, imaginem Dei, hoc est summæ illius Trinitatis, agnoscimus, adhuc reformatione perficiendam, ut sit etiam similitudine proxima. Nam et sumus, et nos esse novimus, et id esse nosse diligimus. »

Donc, suivant saint Augustin, l'existence personnelle, comme substratum réel de tout le reste, est la trace du Père, créateur tout-puissant; la connaissance de cette existence, comme substratum logique, comme absolument certaine, est la trace du Fils, révélateur très véridique; l'amour enfin de cette existence et de cette connaissance, par sa nécessité, est la trace de l'Esprit, source de tout amour. Parler ainsi de l'existence personnelle, est-ce en parler à l'aventure ?

K. Personne mieux que saint Augustin n'a fait ressortir l'*évidence* absolue et de l'existence, et de la connaissance, et de l'amour.

« In his autem tribus quæ dixi, nulla nos falsitas verisimilis turbat. Non enim ea, sicut illa quæ foris sunt, ullo sensu corporis tangimus, velut colores videndo, sonos audiendo, odores olfaciendo, sapores gustando, dura et mollia contrectando sentimus, quorum sensibilium etiam imagines eis simillimas, nec jam corporeas, cogitatione versamus, memoria tenemus, et per ipsas in istorum desideria concitamur; sed sine ulla phantasiarum vel phantasmatum imaginatione ludificatoria, mihi esse me idque nosse et amare certissimum est. Nulla in his veris academicorum argumenta formido, dicentium, quid, si falleris? Si enim fallor, sum. Nam qui non est, utique nec falli potest : ac per hoc sum, si fallor. Quia ergo sum si fallor, quomodo esse me fallor, quando certum est me esse si fallor? Quia igitur essem qui fallerer, etiamsi fallerer; procul dubio in eo quod me novi esse, non fallor. Consequens est autem, ut etiam in eo quod me novi nosse non fallor. Sicut enim novi me esse, ita novi etiam hoc ipsum, nosse me. Eaque duo cum amo, cumdem quoque amorem quiddam tertium, nec imparis æstimationis, eis quas novi rebus adjungo. Neque enim fallor amare me, cum in his quæ amo non fallor : quamquam etsi illa falsa essent, falsa me amare verum esset. Nam quo pacto recte reprehenderer, et recte prohiberer ab amore falsorum, si me illa amare falsum esset? Cum vero et illa vera atque certa sint, quis dubitet quod eorum, cum amantur, et ipse amor verus et certus est? Tam porro nemo est qui esse se nolit, quam nemo est qui non beatus esse velit. Quomodo enim potest beatus esse, si nihil sit? »

« Dans ces trois choses que j'ai dites, aucune apparence de fausseté ne nous trouble. Car nous ne les touchons pas, comme celles qui sont au dehors, par aucun sens du corps... Dans ces trois vérités, je ne redoute en aucune façon les arguments des académiciens qui nous disent : Si par hasard vous vous trompiez? — Si je me trompe, je suis ; car celui qui n'est pas, ne peut certes pas se tromper; et par là même je suis, si je me trompe. Puis donc que je suis, si je me trompe, comment puis-je me tromper sur mon existence, quand il est certain que, si je me trompe, je suis? Puis donc que je serais, quand bien même je serais trompé, sans doute, je ne puis être trompé en connaissant que je suis. De même, je ne puis me tromper en sachant que je me connais ; car, comme je connais que je suis, de même je connais aussi que je connais mon existence. Et quand j'aime ces deux choses, j'ajoute cet amour comme une troisième chose également importante aux deux que je connais déjà. En effet, je ne me trompe pas en m'aimant, puisque je ne me trompe pas dans les choses que j'aime en moi ; et quand bien même ces choses seraient fausses, il serait encore vrai que j'aimerais des faussetés. Car comment pourrais-je être blâmé et empêché d'aimer des faussetés, s'il était faux que je les aimasse, etc. ? »

Je demande s'il est possible de faire ressortir avec plus de souplesse et de force d'intelligence l'évidence de l'existence personnelle ?

L. On peut rapprocher de ces passages l'endroit des *Soliloques* où saint Augustin revient à ces vérités primitives. Là encore il affirme la certitude de cette existence personnelle et insinue, non sans solennité, que la connaissance de l'existence personnelle commence la connaissance de la nature humaine, laquelle nous conduira à la connaissance de Dieu. Tout l'enchaînement cartésien est là. « O Dieu, qui êtes toujours le même, que je me connaisse, que je vous connaisse, voilà que j'ai prié. » — « Toi qui veux te connaître, sais-tu que tu es ? — « Je le sais. » — D'où le sais-tu ? » — « Je ne sais. » — « Te sens-tu simple ou composé ? » — « Je ne sais. » — « Te sais-tu en mouvement ? — « Je ne sais. » — « Sais-tu que tu penses ? » — « Je le sais. » — « Donc il est est vrai que tu penses ? » — « Il est vrai. »

« Satis intermissum est opus nostrum et impatiens est amor, nec lacrymis modus sit, nisi amori detur quod amatur. Quare aggrediamur librum secundum. — R : Aggrediamur. — A : Credamus Deum adfuturum. — R : Credamus sane, si vel hoc in potestate nostra est. — A : Potestas nostra ipse est. — R : Itaque ora brevissime ac perfectissime, quantum potes. — A : Deus semper idem, noverim me, noverim te. Oratum est. — R : Tu qui vis te nosse, scis esse te ? — A : Scio. — R : Unde scis ? — A : Nescio. — R : Simplicem te sentis anne multiplicem ? — A : Nescio. — R : Moveri te scis ? — A : Nescio. — R : Cogitare scis ? — A : Scio. — R : Ergo verum est cogitare te ? — A : Verum ».

M. Mais c'est dans le *Traité du libre arbitre* que le lien de progression qui unit la connaissance de l'existence personnelle, la connaissance de notre nature et la connaissance de

Dieu, apparaît plus clairement. Voulant montrer que le libre arbitre est un bien, saint Augustin donne l'ordre de ses études.

« Gardons, s'il vous plaît, dans nos recherches l'ordre suivant : et d'abord, voyons comment il est manifeste que Dieu est ; ensuite examinons si tous les biens quels qu'ils soient, et en tout ce qu'ils peuvent avoir de bon, viennent de lui ; enfin, cherchons si la volonté libre doit être mise au nombre des biens. »

« Quæramus autem hoc ordine, si placet : primum quomodo manifestum est Deum esse : deinde utrum ab illo sint, quæcumque in quantumcumque sunt bona ; postremo utrum in bonis numeranda sit voluntas libera. Quibus compertis satis apparebit, ut opinor, utrum recte homini data sit. »

La suite des idées ne saurait être ni plus serrée, ni plus rigoureusement exprimée. Il faut tout d'abord donner une preuve de l'existence de Dieu. Or, comment va procéder saint Augustin pour établir cette existence ? Il commence par constater l'existence personnelle comme la vérité la plus manifeste.

« Quare prius abs te, ut de manifestissimis captamus exordium, utrum tu ipse sis, an te fortasse metuis, ne in hac interrogatione fallaris, cum utique si non esses, falli omnino non posses ? — E : perge potius ad cetera. — A : ergo quoniam manifestum est esse te, nec tibi aliter manifestum esset, nisi viveres, id quoque manifestum est vivere te : intelligisne ista duo esse verissima ? — E : prorsus intelligo. — A : Ergo etiam hoc tertium manifestum est, hoc est, intelligere te. — E : manifestum. — A : Quid in his tribus tibi videtur excellere..., etc., etc. »

Saint Augustin, une fois en possession de cette vérité, part de là pour étudier l'homme dans ses *cinq sens extérieurs*, puis dans le *sens intérieur* qui sent la sensation extérieure, la modère, la juge, la domine par conséquent, enfin dans la raison qui décide et l'emporte sur tout le reste. Arrivé là, saint Augustin se demande si nous ne pourrions pas appeler Dieu ce qui serait en même temps et certain et au-dessus de notre raison.

« A : Quid si aliquid invenire potuerimus, quod non solum esse non dubites sed etiam ipsa nostra ratione præstantius, dubitabisne illud quidquid est, Deum dicere ? — E : Non continuo si quid melius quam id quod in mea natura optimum est invenire potuero, Deum, esse dixerim. Non enim mihi placet Deum appellare, quo mea ratio est inferior, sed quo nullus est superior. — A : Ita plane ; nam ipse huic tuæ rationi dedit, tam de se pie vereque sentire. Sed, quæso te, si non inveneris esse aliquid supra nostram rationem, nisi quod æternum atque incommutabile est, dubitabisne hunc Deum dicere ? Nam et corpora mutabilia esse cognoscis ; et ipsam vitam qua corpus animatur, per affectus varios mutabilitate non carere manifestum est ; et ipsa ratio cum modo ad verum pervenire nititur, modo non nititur, et aliquando pervenit, aliquando non pervenit, mutabilis esse profecto convincitur. Quæ si nullo adhibito corporis instrumento, neque per tactum, neque per gustatum, neque per olfactum, neque per aures, neque per oculos, neque per ullum sensum se inferiorem, sed per se ipsam cernit æternum aliquid et incommutabile, simul et se ipsam inferiorem, et illum oportet Deum suum esse fateatur. — E : Hunc plane fatebor Deum, quo nihil superius esse constiterit. — A : Bene habet : nam mihi satis erit ostendere esse aliquid hujusmodi, quod aut fateberis Deum esse, aut si aliquid supra est, cum ipsum Deum esse concedes ; quare sive supra sit aliquid, sive non sit, manifestum erit Deum esse, cum ego quod promisi esse supra rationem, eodem ipso adjuvante monstravero... »

« Pas immédiatement, car je n'aime pas à appeler Dieu ce qui est supérieur à la raison, mais seulement ce qui n'a point absolument de supérieur. — C'est ainsi certes qu'il faut parler ; et c'est Dieu lui-même qui vous a donné de concevoir de Lui des pensées si pieuses et si vraies. Mais, dites-moi si vous hésiteriez à appeler Dieu ce qui serait et au-dessus de votre raison et en même temps éternel et immuable. — J'appellerai Dieu ce que je constaterai n'avoir rien au-dessus de soi. — C'est bien. »

Le grand docteur montre alors ce qu'est la sagesse, qu'elle est une, et commune à tous les âges, que la vérité est la même dans tous les intelligents, qu'elle est immuable, supérieure à notre esprit, qu'elle rend heureux, et qu'on la possède en toute sécurité. Puis, il conclut :

« Tu autem concesseras, si quid supra mentes nostras esse monstrarem, Deum te esse concessurum si adhuc nihil esset superius. Quam tuam concessionem recipiens dixeram satis esse, ut hoc demonstrarem. Si enim aliquid est excellentius, ille potius Deus est : si autem non est, jam ipsa veritas Deus est ; sive ergo illud sit, sive non sit, Deum tamen esse, negare non poteris, quæ nobis erat ad disserendum et tractandum, quæstio constituta. »

« Vous m'aviez accordé que vous reconnaîtriez pour Dieu ce que je vous montrerais être au-dessus de notre raison, pourvu que cela soit en même temps supérieur à tout le reste. Prenant acte de votre concession, j'avais déclaré qu'il suffisait de démontrer l'existence de cet Être supérieur à la raison humaine ; car si quelque chose est plus excellent que lui, ce quelque chose est Dieu ; si au contraire, rien n'est plus excellent, la vérité est Dieu : que la vérité soit Dieu, ou ne le soit pas, vous ne pouvez nier qu'en tout cas, Dieu soit. Et telle était la question que nous avions à traiter. »

Nous n'avons pas à examiner ici le sens ni la valeur des preuves augustiniennes de l'existence de Dieu. Mais nous constatons la liaison et la superposition de ces trois idées : existence personnelle, nature de l'homme, existence de Dieu.

Ce n'est donc pas à l'aventure qu'a parlé saint Augustin. Si nous comparons sa doctrine à celle de Descartes, nous trouvons qu'elle l'emporte autant en profondeur et en largeur sur celle du philosophe français, que la théologie l'emporte sur la philosophie : et si Pascal, comme Descartes, a été cru sur parole, c'est sans doute par ce principe bien connu de notre temps, qu'il suffit de se poser en adversaire de l'autorité, pour prendre, sans soulever de protestation, les allures les plus autoritaires.

N. Voilà les réponses de Descartes et de Pascal réduites

à rien ; non point par nous, mais par les choses elles-mêmes qui parlent plus haut que les hommes, et que nous avons écoutées. Comme d'un autre côté, ces deux réponses sont les seules possibles, comme on ne peut concevoir d'autres moyens pour conserver à Descartes sa renommée de novateur, que d'atténuer ou la ressemblance de ses doctrines avec celles de saint Augustin, ou les conséquences d'une ressemblance parfaite, comme la ressemblance est manifestement parfaite, et sa conséquence indéclinable, il reste que Descartes n'est pas novateur. Nous voyons, une fois de plus, se réaliser les grandes et mélancoliques paroles de Salomon (Eccl., ci).

« Quid est quod fuit ? Ipsum quod futurum est. Quid est quod factum est ? Ipsum quod faciendum est. Nihil sub sole novum, nec valet quisquam dicere : ecce hoc recens est. Jam enim præcessit in sæculis quæ fuerant ante nos. Non est priorum memoria ; sed nec horum quidem quæ postea futura sunt, erit recordacio apud eos qui futuri sunt in novissimo. »

« Ce qui est a déjà été, et sera encore. » Non seulement l'antique soleil, sans perdre une seule de ses molécules, s'élève avec le commencement des nuits, revient le lendemain au lieu précis de son premier lever, renaît en cet endroit, tourne encore par le midi, et incline vers l'aquilon ; mais « il n'y a rien de nouveau sous le soleil lui-même. » A la vérité les individualités changent ; on ne se baigne pas deux fois dans le même fleuve ; les hommes qui vivent maintenant ne sont pas les mêmes que ceux qui vivaient autrefois ; mais ces eaux différentes sortent par les mêmes sources, coulent entre les mêmes rives et tombent dans le même océan ; mais les formes humaines ne se transforment point ; les types disparus reparaissent ; les œuvres de l'intelligence accusent une commune origine ; il n'est pas jusqu'aux actes libres qui ne se représentent presque identiques à intervalles presque égaux ; il y a d'étonnantes analogies dans les annales des peuples : « personne ne peut dire : voilà qui est récent ;

car cela s'est déjà rencontré dans les siècles qui ont précédé le nôtre ; la mémoire des choses primitives peut périr ; mais le souvenir de ce qui arrivera périra pareillement chez les hommes des dernières générations. »

Qui sait si une semblable fortune n'attend pas les réminiscences cartésiennes ?

XI

A. Quand nous disons que le système cartésien est une reproduction des anciennes découvertes, nous parlons seulement de sa partie *affirmative* et non de *l'exclusive*. — On se souvient que le système se formule en deux propositions : 1° l'existence personnelle est une vérité primitive ; 2° l'existence personnelle est la seule vérité. Si l'affirmation n'appartient pas à Descartes (et nous avons vu qu'elle ne lui appartient pas), l'exclusion lui appartient. Oui, certes, elle est sienne ; ni Socrate, ni Platon, ni saint Augustin ne l'avaient soupçonnée, on n'en trouve aucune trace dans les anciens, et Descartes ne partage sa théorie avec personne. Cette pensée que l'existence personnelle est la *seule* vérité primitive, appartient au *seul* Descartes.

Que les anciens se consolent de ne l'avoir pas eue ; car elle est fausse.

B. Il est faux que tout l'édifice des connaissances humaines repose sur cette unique vérité de l'existence personnelle ; car il est certain que la croyance à l'existence personnelle, isolée, par impossible, de toute autre croyance, est une croyance absolument et nécessairement stérile. Si nous parvenions à éliminer de notre âme toute autre croyance que celle-là et si nous persistions dans cette élimination, nous nous condamnerions à croire perpétuellement à notre existence seule et tous nos efforts pour sortir de cette maigre affirmation seraient vains. Nous contemplerions sans fin notre existence, comme certains mystiques indiens leur nombril.

On ne peut, en aucune façon, contester ce résultat.

Pour que l'existence personnelle seule pût engendrer d'autres vérités, il faudrait que cette existence personnelle contînt en elle-même et éminemment toute autre vérité, que cette existence personnelle, en un mot, fût une existence divine. Si telle était notre existence, il est clair que nos yeux fixés sur elle découvriraient en cette source infinie tous les ruisseaux créés. Mais l'existence personnelle reste humaine et cette existence toute nue se trouve réduite à l'impuissance totale. N'étant pas divine, elle ne peut donner raison par elle-même et par elle seule de l'existence des autres vérités. Étant de plus une notion purement abstraite, elle ne peut nous mener à l'existence du monde et de Dieu que si elle est unie à d'autres vérités. S'il n'est pas bon que l'homme soit seul, il n'est pas meilleur que la notion de l'existence personnelle soit séparée de toute autre notion, et il faut, dans l'ordre logique comme dans l'ordre réel, pour qu'il y ait fécondité, qu'il y ait hymen.

C. Que s'ensuit-il ? Il s'ensuit que ceux qui ont voulu partir de l'existence personnelle seule, en se tenant rigoureusement au moi, sont tombés dans le panthéisme; témoins Kant, et toute l'Allemagne. Quant à ceux qui, sans tomber dans le panthéisme, voulurent aller plus loin que l'existence personnelle, ils n'ont pu le faire que par une évolution sophistique. Leur argumentation est le cercle le plus immensément vicieux que connaissent les annales de la philosophie. Plus on étudie Descartes, plus on voit nettement et dans toute leur amplitude les contours de son cercle.

Descartes commence par annoncer qu'il part de l'existence personnelle pure, abstraction faite et de l'aptitude de notre raison pour la vérité et des premiers principes d'où doit découler toute démonstration. Ce premier point ne peut être pallié; il est tel que nous l'énonçons. Les cartésiens qui nient le cercle vicieux de Descartes sont victimes d'une distraction singulière; ils supposent que Descartes admet avant sa démonstration certains premiers principes, comme par exemple le principe de contradiction; cela s'appelle non pas exposer, mais compléter le système du maître par un emprunt, et un emprunt fait... *horresco referens*... à Aristote ! Le vrai Descartes part de l'existence personnelle seule et il veut arriver à démontrer, en partant de là, la véracité de la raison humaine; avant d'aboutir à ce terme il décrit une courbe en apparence majestueuse : *Dieu, sa nature, ses perfections souveraines, sa sainteté, sa véracité, sa puissance créatrice :* telles sont les étapes. Eh bien, cette courbe est vicieuse ; car Descartes la parcourt du commencement à la fin à l'aide de sa raison et des premiers principes, raison et premiers principes qui se trouvent et le principe, et la fin, et le milieu de sa démonstration ! Il démontre la raison par la raison; il suppose deux choses contradictoires, et que sa raison se démontre (puisque c'est à elle qu'il veut arriver), et qu'elle ne se démontre pas (puisque c'est d'elle qu'il part).

Cet écueil, en somme, était inévitable. Car Descartes voulant arriver à la science, et ne conservant de ses anciennes croyances, pour marcher jusqu'à ce terme, que la croyance à l'existence personnelle, ressemble à un de ces matelots riverains du Rhône, à barque et à tête légères, qui veut dépasser une autre barque. Le jeune homme, afin de glisser de plus en plus vite sur les eaux, jette hors de sa nacelle tout ce qui paraît la surcharger : engins de pêche, provisions de bouche, vêtements... Dans sa folle ardeur, il brise le gouvernail et lance par-dessus bord ses deux rames. A cet instant de grand allégement, il est bien entendu que sa barque dérive, et s'arrête ! Descartes se dépouillant de toutes ses croyances jette à l'eau son gouvernail avec ses premiers principes, et ses rames avec son aptitude à voir la vérité. C'est trop d'ardeur, ô grand maître ! Et il vous est impossible désormais d'avancer.

Certes, si un autre philosophe que Descartes eût commis une pareille bévue, on n'aurait pas assez de mépris pour son système. Car tant de tonnerres contre la philosophie ancienne, et tant de fanfares pour la philosophie nouvelle, se résolvant en une contradiction, dans le rien philosophique, c'est misérable !

APPENDICE II

LE RESPECT DE LA TRADITION

Monsieur le Préfet (1),

En acceptant la présidence de la solennité du deux août au Collège Saint-Joseph, vous nous faites un honneur que nous apprécions et dont nous sommes reconnaissants. Vous affirmez une fois de plus les bons rapports qui ont toujours uni la ville d'Avignon et notre Compagnie, et vous nous offrez l'heureuse occasion d'étendre à l'administration départementale les remerciements que nous devons, chaque année, à l'administration municipale. Du reste, vous n'êtes pas un étranger pour nous. La Bretagne dont vous sortez est une sœur de la Provence. Ces deux parties de notre France ont conservé, chacune, par un privilège peut-être unique, sa foi et sa langue; la foi qui inspire les grandes pensées, la langue qui les exprime. La Bretagne s'agenouille aux pieds de sainte Anne d'Auray et se relève armée pour les guerres saintes; la Provence puise les mêmes ardeurs au tombeau de la même sainte couronnée à Apt.

(1) Monsieur Ducrest de Villeneuve, préfet de Vaucluse, en 1877

L'Océan aux vagues sombres baigne les rives de Bretagne; la Provence est caressée par les flots bleus de la Méditerranée. De là deux poésies, qui se partagent l'énergie et la délicatesse. L'histoire de votre famille se mêle glorieusement à l'histoire des Bretons, et vous êtes entouré ici de l'élite de la Provence. Votre enfance s'est écoulée dans un collège semblable à celui-ci; elle a été pieuse et forte; elle donne maintenant ses fruits, et il est impossible de ne pas les admirer.

Les circonstances, en effet, qui vous ont amené dans cette ville ne nous permettent pas de voir en vous un administrateur ordinaire veillant avec habileté aux intérêts du département et présidant au développement paisible de ses institutions. Vous êtes plus que cela. Vous êtes un citoyen faisant acte de patriotisme. Est-il besoin de dire que les temps sont graves, qu'ils renferment en leur sein l'avenir de la patrie; que quiconque met la main à l'œuvre dans ces temps troublés, accepte d'avance tous les sacrifices? Vous êtes un de ceux-là; vous ne regarderez pas en arrière : quoi qu'il arrive, il est certain que vous sortirez de la lutte avec un honneur agrandi. Plaise à Dieu, Monsieur le Préfet, que pour vous *les honneurs* répondent *à l'honneur*.

Messieurs,

Cette assemblée nombreuse, où brille ce qu'Avignon renferme de plus noble et de plus aimable, les couronnes sacerdotales, les insignes militaires, la majesté de la loi, le sourire de la vertu, le reflet de la science, l'honneur des cheveux blancs et la fraîcheur de la jeunesse, nous avertit, par sa composition même, d'oublier un instant l'éclat et la foule, pour trouver dans une contemplation plus pénétrante des enseignements plus hauts et de plus attachantes émotions. Au fond, que voyons-nous ici? Nous voyons d'un côté des prêtres et des pères, de l'autre des fils. Je n'offenserai personne en disant que tout ici est pour eux, que tout converge pour honorer la double paternité, la paternité naturelle dont vous êtes, Messieurs, l'expression, et la paternité spirituelle dont nous sommes les représentants. Nous formons comme une famille nouvelle qui est la continuation de la famille première. Ces enfants sont vos fils et ils sont aussi les nôtres. Vous avez commencé. Vous leur avez donné la vie, don insigne et fondamental et pour lequel ils n'auront jamais assez de reconnaissance. Quant à nous, qui sommes vos délégués, nous leur donnons Jésus-Christ, le pain supersubstantiel, la vie supérieure : *Ego sum vita.* « Je suis la vie. » Nous leur donnons l'enseignement de Jésus-Christ, le pain spirituel, la vérité par excellence : *Ego sum veritas.* « Je suis la vérité. » Nous leur donnons la science humaine, le pain intellectuel ; nous leur montrons la route pour s'élever aux vérités de la foi. La science est cela, et on nous permettra de prêter ce sens au texte fameux : *Ego sum via.* « Je suis la voie. » Par conséquent, Messieurs, il y a ici autre chose qu'une multitude, et plus qu'un rayonnement. Il y a unité et vie. Il y a une âme. Ame puissante, en vérité! Elle remplit cette grande assemblée ; elle lui imprime un mouvement intérieur ; elle fait jaillir en elle une source vive, profonde, intarissable, d'une surprenante fécondité ; elle unit tous ceux qui m'écoutent et en forme comme un seul corps. Cette âme, ce lien, cette vie, ce mouvement, cette source, c'est l'amour par excellence, l'amour le plus fort et le plus pur qui ait été répandu dans le monde, l'amour des pères pour les fils et des fils pour les pères. N'est-il pas vrai, Messieurs, que c'est là ce qui nous rassemble de tant de régions diverses et de tant de positions différentes? Oui, c'est là que nous nous rencontrons, et si, ce qu'à Dieu ne plaise, nous étions divisés, c'est là ce qui nous rapprocherait. C'est cet amour que j'appelle l'âme de cette assemblée.

II

Il ne m'appartient pas de chercher à vous dépeindre la force intime et l'intensité de cette vie du cœur. Vous me permettrez seulement de fixer votre pensée sur son extension. L'âme de cette assemblée est une grande âme. Elle va plus loin que cette enceinte. Le don de la paternité n'est pas borné au présent; il vient du passé et il atteint l'avenir. Ce que nous donnons, nous l'avons reçu. Ce qui se fait s'est fait déjà et se fera encore. L'heure actuelle est un écho des temps anciens et un prélude des temps nouveaux. En un mot, Messieurs, vous n'êtes pas les premiers de vos races, vous avez des ancêtres, et plus le monde avance vers son terme, plus aussi augmente la série des aïeux. Les races parties d'un même point, du commencement des temps et des rives de l'Euphrate, s'avancent plus ou moins sur la terre et s'arrêtent dans la durée à inégales distances. Parmi celles qui ont vécu déjà autant que l'univers, beaucoup se sont écoulées dans le silence et l'ombre, comme l'onde ignorée d'un ruisseau, préparant l'avenir et la gloire de leur descendance; d'autres ont éclaté doucement par la vertu; d'autres ont rempli du bruit de leur nom les tragédies historiques et les épopées nationales. Les races françaises se sont distinguées entre toutes. Il est vrai, elles ont mis longtemps à sortir des ténèbres, et leurs obscures pérégrinations, à partir des plaines qui virent la dispersion des peuples, ont duré plus de vingt siècles. Mais à peine eurent-elles touché le sol des Gaules qu'elles se firent connaître du monde, et depuis ce temps le monde n'a pas cessé d'entendre parler d'elles. Depuis Clovis, leurs mouvements agitent l'Europe et l'Asie; elles ont partagé la conquête du continent américain; elles se sont implantées en Afrique; leurs armes ont pénétré plus loin encore que leurs colonies, et leurs idées plus avant que leurs armes. On a pu les vaincre momentanément, et les tourner en dérision ; on les craint, et on subit leur influence. En sorte, Messieurs, que vous avez derrière vous quinze siècles de glorieux ancêtres.

Nous aussi, Messieurs, nous avons des ancêtres, et notre présence ici est un héritage. Cette puissance sacramentelle, par laquelle nous vous donnons le Christ, nous vient d'autres prêtres ; notre sacerdoce touche, par une chaîne non interrompue, à l'onction du Prêtre Éternel ; pas un anneau ne manque, et sur le front de chaque prêtre repose une auréole, irradiant du front même de Jésus-Christ. Cette science que nous vous livrons, nous la tenons avec nos règles, notre institut, avec le caractère qui distingue notre Compagnie, la dernière venue dans l'Église de Dieu ; nous la tenons d'hommes que l'univers a été forcé de qualifier illustres, qui ont marché sur les traces apostoliques, ont porté le nom de Jésus aux extrémités de la terre et empourpré de leur sang les plages les plus inconnues, comme les capitales des civilisations les plus retentissantes.

Ce Collège enfin où nous enseignons n'est pas nouveau dans cette ville. A bien prendre les choses, il a plus de vingt-six ans ; il date de 1564 ; il a vécu deux siècles sans interruption ; il a sommeillé un peu moins d'un siècle, il est ressuscité depuis plus d'un quart de siècle, et, en scrutant nos archives, nous retrouvons des noms qui unissent, par un lien dont nous sommes fiers, nos pères avec les vôtres. Les Michaëlis, les Porcelets, les d'Hugues, les Granon, les Suffren, les Camaret, pour ne parler que des morts, ont marqué à la fois dans les annales de notre Collège et dans les fastes de votre Province.

Nous avons donc les uns et les autres des ancêtres ; nous avons des fils, et nos fils seront ancêtres à leur tour. Ce que nos enfants reçoivent de nous, ils le donneront à une postérité, nous l'espérons, reculée. Ainsi, nos pères sont avec nous, et nous ne cesserons d'être avec nos descendants. Nous sommes unis entre nous dans le passé, dans le présent, dans l'avenir. Or, le lien qui opère ces rapprochements merveilleux, la plus grande douceur de la vie et la grande dignité de la tombe, ce lien qui cimente les choses terrestres, qui donne l'unité au monde des intelligences, et qui constitue toute la race des hommes, ce lien s'appelle d'un nom trop oublié aujourd'hui, et qu'il est bon de remettre en honneur, il s'appelle *la Tradition*.

La Tradition peut se définir : la transmission de la vie naturelle, surnaturelle, spirituelle, intellectuelle, morale, sociale, nationale, totale en un mot, à travers les siècles, de génération en génération. Les hommes, comme des coureurs, se passent le flambeau de la vie :

Quasi cursores, vitai lampada tradunt.

Lucrèce fait allusion à un jeu athénien, dans lequel la Tradition trouve son emblème. Écoutez plutôt. La nuit s'est étendue sur les jardins du héros Académus ; des jeunes gens s'approchent de l'autel de Prométhée, élevé sous ces ombrages, y allument un flambeau et se précipitent vers la ville. Si le flambeau paraît prêt à s'éteindre dans les mains du premier coureur, un second lui emprunte les restes de sa flamme, et ainsi de suite, jusqu'à ce qu'un dernier, plus heureux que les autres, conserve le flambeau allumé jusqu'au but. Celui-là est le vainqueur. Image exacte de la Tradition. La Tradition transmet la flamme, c'est-à-dire et d'abord le mouvement, la vie, le baptême, la nationalité ; elle transmet la flamme, c'est-à-dire la lumière, la foi, la science, l'histoire des aïeux ; elle transmet la flamme, c'est-à-dire la chaleur, la vertu, l'amour de la famille et de la patrie : elle prend toute cette flamme, toute cette vie à l'autel du véritable Prométhée, du Dieu Créateur et Providence de l'Univers.

II

Eh bien, Messieurs, laissez-moi vous le dire : *il faut respecter la tradition.* Le respect de la tradition, la foi aux ancêtres, le souvenir du passé, le culte du souvenir, l'esprit conservateur, la perpétuité du foyer domestique, l'ensemble de la vie nationale, la fermeté des convictions religieuses, tout cela est synonyme, tout cela est sensé, tout cela est désirable, tout cela est saint.

Encore une fois, il faut respecter la tradition, parce que la tradition est bonne.

Si l'on considère les choses dans un sens extrême, et paradoxal en apparence, exact et philosophique en réalité (il sera permis à un professeur de philosophie de parler un peu philosophie), la tradition est essentiellement bonne. Il suffit, en ce cas, pour être dans le vrai, d'entendre par tradition ce qui s'est fait tout d'abord, ce qu'il y a de plus ancien dans le plus ancien univers, ce qui fut au commencement des choses et des temps.

La tradition ainsi entendue ne peut être mauvaise; c'est là une vérité incontestable que mit en lumière, sans le vouloir, madame de Staël, protestante et fille, comme chacun le sait, du protestant Necker. Cette femme célèbre disait un jour, avec affectation, qu'il fallait suivre la religion de ses pères. Son interlocuteur lui fit observer qu'il valait mieux suivre celle de ses grands-pères.

En effet, les monuments funestes de l'hérésie couvrent la surface du sol, mais il n'est pas nécessaire de creuser bien bas pour découvrir les cercueils catholiques.

On dira qu'en creusant davantage, on arrive à des ossuaires qui n'ont plus rien de chrétien et qui laissent voir sur leurs débris de sépulture les signes du plus honteux paganisme.

Continuez à creuser, et, par-dessous ces ossements infidèles, vous atteindrez la poudre des générations antédiluviennes. Celles-là ont précédé sur la terre le règne des divinités fausses; elles ont adoré le Créateur dans la pureté d'une foi unique, et attendu le Rédempteur dans une espérance inébranlable. Si, par aventure, vous rencontrez l'endroit où se coucha dans la mort le premier des hommes, souvenez-vous du berceau où naquit dans la sainteté celui qui devint le premier prévaricateur.

Ce que nous disons de l'humanité doit se dire des pures intelligences; il n'est pas un démon qui n'ait commencé par être un ange ; et en résumé, la vérité est plus antique que l'erreur; et en définitive la chaîne des traditions véritables ne s'est jamais brisée; et en conséquence, nous voyons se répandre jusque dans les siècles les plus récents des admirations instinctives, des respects plus ou moins conscients, pour l'antiquité universellement déclarée *vénérable*.

Cette considération, je le reconnais, est peu pratiquée puissante pour nous convaincre que l'antiquité est vénérable, elle ne nous indique pas où est maintenant l'antiquité. Elle ne saurait diriger nos respects. Aussi bien la tradition ne doit pas rester dans l'indéterminé. Il faut qu'elle apparaisse avec ses contours précis, et même sous sa double forme ; car la tradition est double. Il y a deux traditions, la tradition sacrée et la tradition humaine. Ces deux traditions diffèrent entre elles par l'origine ; leur caractère n'est pas semblable ; et elles n'ont certes pas droit à un respect égal.

IV

La tradition sacrée est de race divine : elle est sortie toute parée de la bouche de Dieu au moment où l'univers sortait de ses mains. Sa beauté est radieuse et perpétuellement virginale. Après soixante siècles, son front est aussi serein qu'au premier printemps. Une étoile y scintille comme dans un matin éternel. L'azur de ses yeux s'est conservé plus pur et plus profond que celui du firmament. Le sourire qui éclaire sa bouche séduit, les unes après les autres, les générations humaines. L'« Éphod » n'a pas cessé de couvrir son sein soulevé par l'inspiration. Les plus terribles ouragans n'ont pu détacher une frange de sa robe. Ses pieds sont nus. Ils ont foulé la boue des choses humaines, ils ont marché dans le sang et ils n'ont point contracté de souillure. Au commencement, quand elle vint s'abattre sous les ombrages du premier paradis, elle avait des ailes... ces ailes lui furent coupées sur le Calvaire ; et depuis ce temps elle ne peut quitter notre monde. La tradition sacrée s'adressera aux hommes jusqu'à la fin des âges. Quand elle parle, il faut se taire ; quand elle enseigne, il faut croire ; quand elle commande, il faut obéir ; quand elle promet, il faut espérer, car elle est l'écho des oracles éternels.

En ce moment, elle a pris par la main un vieillard ; elle le présente à l'univers comme son organe, et nous ne cesserons pas de saluer en Pie IX celui que les haines étrangères appellent avec tant de fureur et de justesse l'*Infaillible*.

V

Voilà la première tradition ; tradition d'un caractère incomparable et à laquelle on ne peut assimiler la tradition humaine.

Qu'est-ce que cette seconde tradition ? Vient-elle d'en haut ou d'en bas ? Est-ce une fille de Dieu ou une fille du péché ? Lui doit-on l'adoration ou le mépris ? On ne lui doit :

Ni cet excès d'honneur, ni cette ignominie.

Car cette tradition ne vient directement ni du ciel ni de l'abîme. C'est une simple fille de la terre, une œuvre du créateur, que les hommes peuvent altérer, mais qui parfois aussi, sait conserver sa pureté originelle. Quand nous disons qu'il faut respecter la tradition humaine, nous ne prétendons pas dire qu'il faut s'attacher opiniâtrément au passé sans choix et sans règle. Il est évident que dans le passé tout n'est pas respectable. Il faut faire un triage entre le bon grain et les *vannures* des siècles. Que les *vannures* se dispersent au souffle des âges, et qu'il n'en soit plus question. Méprisez, vous le pouvez, ces hommes qui, ne trouvant pas à s'assouvir dans les vices de leur temps, regrettent les vices d'autrefois. Méprisez les Israélites, qui se repaissent en imagination des légumes d'Égypte. Méprisez les chrétiens qui cherchent à refaire des piédestaux aux turpitudes païennes. Méprisez les Français qui voudraient vêtir à nouveau la toge à jamais souillée des Romains césariens. Ces hommes retournent à la fable ; qu'ils deviennent eux-mêmes la fable du monde !

Respecter la tradition humaine, ce n'est pas davantage vouloir retenir tout ce qui était bon dans le passé. Il est certains détails accidentels de la vie des familles et des peuples qui disparaissent sans qu'on puisse arrêter leur disparition. C'était bon en son temps : le temps passe, cela n'est plus, et il devient impossible de raviver ces choses anéanties. Ceux qui cherchent à ressusciter ce qui ne se relèvera jamais, ne sont pas à mépriser, mais à plaindre. Leur vie s'usera à poursuivre une ombre. Nous ne sommes pas de ceux-là, et je ne vous invite pas à vous mettre avec eux.

Qu'il soit donc entendu que la tradition humaine n'est ni irréprochable, ni inattaquable. Il faut la contrôler, mais la contrôler avec respect, avec le désir de découvrir ce qui est vrai en elle, avec la conviction que nous ne pouvons nous passer de son secours.

VI

Car, que serions-nous sans la tradition ? Il est évident d'abord que sans la tradition nous ne saurions presque rien des hommes qui nous ont précédés, des événements qui ont préparé ceux de notre époque, des siècles en un mot qui ont enfanté le nôtre. Nous saurions que ces siècles ont existé et ce serait tout : leurs physionomies et leurs péripéties nous échapperaient. La terre poursuivrait sa route sans laisser derrière elle aucune trace de son passage. Pareil à un flambeau perpétuellement déplacé et n'éclairant que l'endroit qu'il traverse, le monde, en regardant derrière soi, rencontrerait une muraille de ténèbres impossible à percer. Avec la tradition tout change. La route des siècles devient une traînée lumineuse ; nous mesurons l'espace parcouru ; nous admirons, comme en des tableaux fidèles, les spectacles des anciens jours ; nous connaissons nos ancêtres, nous voyons leurs traits, nous entendons leur voix, nous sentons battre leur cœur. L'absolue nécessité de la tradition est donc hors de cause au point de vue historique.

La tradition n'est pas moins nécessaire au point de vue expérimental. Grâce au témoignage des autres hommes, le Français, sans quitter sa patrie, parcourt la périphérie terrestre, contemple la verdure des végétations tropicales, savoure les parfums de l'Orient, entend la chute des cataractes, et compte les astres étincelants au front d'un autre ciel. Si quelques observateurs, plus hardis et plus heureux que leurs devanciers, assistaient un jour aux drames qui agitent le fond des mers, leur rapport ferait foi, et nous dispenserait de descendre dans l'abîme, comme nous pouvons admirer, sur parole, dans les couches terrestres, les vestiges d'une première et gigantesque création ! Croit-on qu'il soit possible à tout astronome de constater le passage de Vénus, à tout naturaliste de se procurer des représentants de la flore et de la faune universelle, à tout physiologiste de surprendre la vie en ses premiers germes, à tout chimiste de tout analyser, à tout œil humain de tout voir? Non, cela n'est pas. Les sciences expérimentales ont besoin du témoignage, afin que tous sachent ce que peu observent. L'homme dénué du secours des autres hommes ignorerait les trois quarts des merveilles de la nature.

Vous dirai-je, Messieurs, que la tradition est indispensable pour l'acquisition des connaissances qui semblent les plus personnelles? Il est inutile de le contester : si les sciences philosophiques devaient se passer de tradition, elles resteraient dans une enfance perpétuelle ; si chaque génération devait construire depuis ses fondements l'édifice intellectuel, nous n'arriverions jamais à le faire sortir de terre. Un exemple entre mille. Le jeune homme qui, en l'an de grâce 1877, comprend avec facilité les éléments de la géométrie, ne se doute guère qu'il dévore en quelques mois l'œuvre des siècles. Qu'en serait-il de lui s'il lui fallait arriver, par les seuls efforts de son intelligence, à dérouler la chaîne des propositions d'Euclide? Pascal est arrivé à la trente-troisième, on cite le trait, car il est frappant. Tout le monde n'est pas Pascal. Euclide, lui-même, ne fut certes pas le premier géomètre et si, par impossible, à un moment donné, un cataclysme venait à anéantir tous les géomètres et toutes les géométries, qui sait si ce qui reste de vie au monde suffirait pour reconstruire la science géométrique du soixantième siècle? Quand la tradition manque, on peut dire que tout manque : témoin ce Roger Bacon, moine de l'ordre de Saint-François, qui fait si étonnante figure dans le treizième siècle de notre ère. On ne peut lui disputer l'idée première des télescopes, des cloches à plongeur, des aérostats et de la poudre à canon. Une seule chose a manqué à ces pressentiments, la tradition. Les découvertes n'étant presque pas sorties des écrits de Roger Bacon, ayant été dédaignées au moment où elles parurent, s'ensevelirent en quelque sorte dans le linceul qui enveloppa l'inventeur. Si la tradition avait été fidèle au franciscain, ses découvertes exploitées plus tôt eussent fait marcher le monde plus vite, et il est impossible de calculer où nous en serions maintenant.

VII

Nos pères ne nous lèguent pas seulement leurs connaissances historiques, expérimentales et rationnelles, ils nous lèguent encore leurs œuvres, biens mobiliers et immobiliers, possessions privées et publiques, demeures et monuments, établissements de toutes sortes, institutions domestiques et nationales. Cette portion de la succession des ancêtres n'est plus une simple connaissance, c'est *une réalité*, une force, un principe vital, la société humaine dans toutes ses ramifications et avec tous ses ornements. Nous pouvons la conserver, la modifier ou la détruire ? Quelle doit être notre attitude devant cette dernière et si considérable portion de l'héritage traditionnel ? Notre attitude doit être, avant tout, respectueuse. J'appelle attitude respectueuse une prédisposition à trouver bon ce qui nous est laissé, un préjugé favorable qui nous porte tout d'abord à conserver, un premier mouvement de l'âme qui nous incline, en approuvant ce qui est déjà, à n'accepter qu'avec prudence ce qui n'est pas encore. Soyons Romains, Messieurs, Romains de la bonne époque ; imitons ce peuple, si grand qu'il en a été appelé le peuple par excellence, ce peuple si attaché à son passé que tout novateur était soupçonné par lui d'être un perturbateur, si fidèle à ses amis, que ni bonne, ni mauvaise fortune ne pouvait le détacher de ses alliances et si terrible à ses ennemis qu'il réduisit le monde à un territoire et à une capitale, à un empire et à une cité : *Urbi et orbi*.

C'est notre intérêt, car en méprisant de parti pris et en bloc les institutions des ancêtres, on peut être sûr qu'on rejette ce qui est bon. N'oublions pas, Messieurs, que ce qui est passé a été présent, que ces institutions qui nous sont léguées ont été trouvées bonnes par les générations qui les ont établies. Les ancêtres qui ont fait les familles et les nations ont su apparemment ce qu'ils faisaient. Est-il permis de les accuser, sans preuves, d'inintelligence? Ce qu'ils ont fait, ils l'ont fait d'abord pour eux-mêmes ; pourquoi auraient-ils mis en oubli leurs propres intérêts ? Messieurs, cela ne peut être, mais voici ce qui arrive. Il y a deux choses dans une institution, l'institution elle-même et puis sa raison d'être. L'institution est toujours visible, mais le motif qui a fait établir l'institution peut s'obscurcir pour les générations subséquentes. Il subsiste, mais il n'apparaît plus ; on frappe l'institution que l'on voit, et on s'aperçoit trop tard de la raison d'être, qu'on ne voyait plus, à la ruine qu'entraîne la chute de l'institution frappée.

Dans une ville connue et que je nommerai pas, une église du genre gothique supportait le poids de huit siècles sans que son système de colonnation eût fléchi. Les colonnes étaient sveltes à un point qu'elles paraissaient devoir ployer au premier souffle : elles soutenaient des voûtes hardies, sans aucun de ces contreforts extérieurs, qu'on a dû charger d'ornements pour les empêcher de déparer nos plus belles cathédrales. L'élancement et la solidité de l'édifice passaient pour un mystère d'architecture.

Il va sans dire que presque toutes les statues avaient disparu, que bien des flèches étaient tombées, qu'on avait mutilé les fleurs de sculpture semées par les constructeurs dans les rainures de l'édifice, et qu'il fallait *réparer*. Les édiles, profitant de quelques munificences budgétaires inaccoutumées décrétèrent une restauration complète. Chose étonnante, et qui prouvait manifestement le mauvais goût de l'époque, on avait laissé debout, au milieu du chœur, une sorte de tour massive, disgracieuse, jurant avec l'entourage et allant percer une voûte, qui, sans cela, eût été le couronnement incomparable d'un incomparable édifice. On résolut de commencer les réparations par enlever ce repoussoir. A peine s'était-on mis à démolir la tour, que du chœur au porche dans toute la longueur des voûtes se produisit un effroyable écartement; la tour avait sa raison d'être, Messieurs; seulement les architectes ne l'apercevaient plus; c'était le contre-fort intérieur tenant lieu et place des contreforts extérieurs. On se hâta de reconstruire le contrefort, afin que l'écartement ne devînt pas un éboulement, mais l'écartement subsiste et apprendra pour toujours aux architectes qu'il faut y regarder à deux fois avant de démolir.

Il peut apprendre aussi aux générations présentes à commencer par respecter le passé; il leur enseigne que le passé doit être présumé bon, parce que le passé est l'œuvre d'hommes aussi intelligents que nous et ne désirant pas plus que nous se nuire à eux-mêmes. Le passé est, de plus, l'œuvre des ancêtres. Or, les ancêtres sont bienveillants, ils sont pères, ils n'ont pas voulu donner à leurs fils, suivant l'expression divine, *une pierre à la place d'un morceau de pain, un serpent au lieu d'un poisson, un scorpion pour un œuf*. C'est une loi morale, aussi universelle que peut l'être une loi morale, que les pères aiment leurs fils, qu'ils travaillent pour eux, qu'on doit plutôt se défier du cœur des fils que du cœur des pères, que si l'amour ne remonte pas toujours, à coup sûr il descend, et qu'avant tout examen on ne doit pas refuser l'héritage paternel. Cela est si vrai que les ennemis les plus systématiques d'une tradition reçue des pères sont entraînés eux-mêmes, par la force de la nature, à se constituer, autant qu'il est en eux, chefs de tradition. Messieurs, en est-il un parmi vous qui croie faire à ses fils un présent funeste en lui léguant son souvenir et ses œuvres? Non. Eh bien, ce que nous voulons pour nos fils, nos pères l'ont voulu pour nous. Etre disposé d'avance à trouver mauvais ce qu'ont fait les pères, c'est méconnaître notre propre cœur, c'est tenter le cœur de nos fils, c'est, en outrageant le cœur des pères, atteindre du même coup le cœur de Dieu, d'où découle toute paternité, par conséquent tout héritage; car la tradition est un écoulement du premier et éternel amour. Rejeter préalablement à tout examen toute tradition c'est donc, pour tous ces motifs, se priver d'un grand bien; c'est même se mettre dans l'impossibilité d'améliorer son état.

Car, Messieurs, il faut progresser, c'est la loi universelle. Tout ce que les théories modernes affirment avec le plus d'insistance sur la nécessité du perfectionnement, nous l'affirmons avec elles et avec plus de bonne foi qu'elles. C'est parce que nous voulons perfectionner que nous nous croyons obligés de conserver. Le perfectionnement ne peut avoir pour point de départ l'anéantissement; pour émonder ou greffer un arbre, on ne commence pas par l'arracher. Le progrès, bien entendu, est l'évolution d'un être qui profite des forces qu'il possède déjà pour en acquérir de nouvelles, qui tire de sa sève des branches de plus en plus robustes et feuillées. Le mouvement de progrès doit être un mouvement vital. Il doit provenir de la constitution intime de l'être. Progresser ce n'est pas recommencer à chaque instant sa vie, c'est continuer sans interruption une vie qui puise en elle-même des germes d'accroissement et d'immortalité.

Le respect de la tradition est donc le premier de nos intérêts.

VIII

C'est aussi une conséquence du respect filial; *c'est un devoir*, car on ne peut honorer les ancêtres en méprisant tout ce qu'ils aimaient, et si l'obéissance due aux ancêtres a ses limites, l'honneur qu'on leur doit n'a pas de fin. D'où vient cela? C'est que les générations humaines ne ressemblent pas aux générations animales et végétales. Une plante croît sur les restes de sa mère et nourrira de ses débris en putréfaction les feuilles de la plante que sa graine aura engendrée, et voilà tout. Un animal est placé entre deux générations, dont l'une est la proie du néant et l'autre destinée à l'être. Il n'en est pas ainsi des générations humaines. Ces générations ne sont pas tant des successions que des accumulations d'existences. Au fond, les générations humaines ne meurent point ; quand elles disparaissent, elles quittent la terre pour aller peupler les espaces supérieurs, domaine mystérieux de l'immense création. Elles ne changent pas de nature ; elles changent de place. Quand elles ont passé dans ces hauts lieux, de quelle vue jouissent-elles sur les choses de la terre ? s'intéressent-elles encore aux événements qui se produisent ici-bas ? quelle est leur puissance, leur sphère d'action, leur influence réelle sur les destinées de ce monde ? Bien qu'au point de vue naturel (et nous parlons en ce moment de la tradition naturelle), la réponse à ces questions soit difficile, il est certain que le passé est ineffaçable, que nos pères ici-bas restent nos pères après leur migration, que rien ne peut détruire ces premiers rapports, qu'il faut honorer nos ancêtres morts comme nos ancêtres vivants, et par conséquent les respecter dans leurs œuvres.

IX

Dirai-je que c'est *un besoin de la nature ?* Oui, on peut dire que mépriser les traditions c'est aller contre un penchant naturel et universel qu'on ne peut détruire complètement ; qui réapparaît au moment où on le croit mort et qui nous sauve en pratique de théories par elles-mêmes totalement subversives, mais trop contraires à la nature pour prédominer totalement. La tradition a des attraits qu'on ne peut lui enlever. La tradition répond aux aspirations de l'homme vers l'idéal ; elle évoque en nous les sentiments du beau et du sublime ; elle plane sur les antiques monuments ; elle les grandit de tous les siècles amoncelés sur eux ; elle élève les pyramides d'Egypte à des hauteurs presque infinies ; elle ajoute des profondeurs aux cloîtres assombris par le temps et embaumés par les prières des saints ; elle entoure les forteresses d'où nos pères sont partis pour la croisade de nuages aux mille couleurs, où étincellent les grandes cuirasses et où retentit le son du cor.

Surtout la tradition parle puissamment à notre cœur. C'est la tradition qui enveloppe de ses souvenirs et de ses charmes les plus humbles demeures et les fait briller dans nos âmes mieux que les feux du matin ou du couchant. C'est *la tradition* qui fait la *maison*. La maison n'est pas seulement un assemblage de pierres et de poutres ; ce n'est pas une auberge où se réunissent pour une heure des hommes qui ne se sont jamais vus, qui se rencontrent par hasard et qui se quitteront pour toujours ; ce n'est pas même l'appartement moderne pris à location et qui nous appartient à demi ; la maison, c'est le lieu où l'on naît, où l'on aime et où l'on meurt ; c'est le lieu où ont vécu les ancêtres et où vivront les fils ; c'est ce qui fut à nos pères, ce qui est à nous, ce qui sera à nos descendants.

Nous ne pouvons perdre le souvenir de cette maison-là. Il est lié au souvenir de notre enfance et au souvenir de ceux qui nous entourèrent, enfants, de tant d'amour ; l'image de cette maison nous accompagne partout. Elle voltige maintenant, mes amis, dans vos âmes, au milieu de vos études les plus austères. Plus d'une fois, elle se fixe en traits inexpérimentés sur vos cahiers de travail. Elle vous suivra dans les centres scientifiques, sur les mers, aux camps d'Afrique, jusque chez les peuplades barbares des extrémités du monde, selon que Dieu vous appellera à le servir sur les sièges de la magistrature, sous les plis du drapeau national ou aux rayons ardents de la croix des apôtres ; elle vous suivra, n'en doutez pas, et quand, plus tard encore, vous reverrez le lieu de votre berceau, il s'élèvera dans vos cœurs cette salutation attendrie qui s'est trouvée, il n'y a pas longtemps, sur les lèvres d'un poète (1) :

> Salut ! toit paternel, maison qui m'a vu naître,
> Salut, bois et chemins tant de fois parcourus,
> Lieux où je fus enfant, où je reviens en maître.
> Heureux des biens laissés, triste des biens perdus.
>
> Sous vos rameaux penchants, sous votre ombre champêtre,
> Je retrouve nichés mes souvenirs confus,
> Je les entends chanter, et je vois apparaître
> L'image et les traits chers de ceux qui ne sont plus.
>
> J'ai grandi, j'ai vécu dans cette humble retraite,
> De mon printemps fini tout m'y redit la fête,
> Les sentiers ont gardé la trace de mes pas.
>
> Là je revois le chœur de mes jeunes années,
> Qui, le front lumineux et de fleurs couronnées,
> Viennent à ma rencontre et me tendent les bras.

Enfin, Messieurs, tout est doux dans la maison. La mort même y perd quelque chose de son âpreté, et la maison la plus aimée est celle où se sont éteints le plus d'ancêtres. Pour tout résumer, la maison est un nom de puissance et de douceur : il signifie ce qu'il y a sur la terre de plus durable et de plus attrayant. Il signifie les indestructibles dynasties et les émotions du souvenir. Le roi dit : *Ma maison;* le pâtre aussi. Et cette harmonie, cette alliance entre les intérêts, les devoirs et les sentiments, vient de la tradition, qui seule donne une âme aux nations et aux familles, au marbre et à la pierre.

(1) L'*Arrivée*, sonnet de M. le comte de Ségur.

X

L'harmonie ne s'arrête pas là.

J'ai dit, Messieurs, les deux traditions. J'ai dit la tradition sacrée dont l'origine surnaturelle exige un respect absolu. J'ai dit la tradition humaine dont l'origine, moins pure, tout en admettant des réserves dans l'hommage, demande néanmoins le respect, comme moyen unique de conserver nos annales, de faire avancer la science, de progresser dans nos institutions; comme dernière résonnance du commandement : « Honora Patrem ac Matrem; » enfin comme satisfaction de la nature humaine essentiellement traditionnelle.

Entre ces deux traditions il y a harmonie. La tradition sacrée et la tradition humaine ne doivent ni se confondre ni se séparer dans nos respects.

Car elles se prêtent un appui mutuel, et chacune à sa manière éclaire l'autre. La tradition humaine prépare la voie à la tradition sacrée. Elle ressemble à ces employés d'ordre inférieur, à ces courriers que l'Orient envoie en avant des grands personnages pour les annoncer, pour abattre la poudre du chemin, pour semer les palmes sous leurs pas. C'est une sorte de *précurseur*. La tradition humaine relate les événements par lesquels Dieu s'est révélé dans l'univers; elle établit, de façon à défier toute critique, le fait extérieur par lequel Dieu s'est manifesté. Elle l'établit si bien, que quiconque refuserait de le croire devrait renoncer, par là même, aux autres annales. La philosophie étudiant le fait découvre dans le caractère merveilleux qui le distingue, le signe sacré, le doigt divin. Elle l'y découvre si bien, que pour le nier, il faudrait renoncer pour le reste à l'usage de la raison. Ainsi s'établit cette connaissance, qui est un intermédiaire entre la science purement naturelle et la foi surnaturelle, cette connaissance des préliminaires de la foi, qui de la terre indique le ciel. C'est là le rôle de la tradition humaine (1). Puis, quand tout est préparé, arrive la tradition sacrée : elle passe majestueuse, couronnée du soleil et projetant la lumière dans toutes les directions ; elle allume sur son passage un certain nombre de phares ; elle illumine différents points du monde physique, métaphysique et moral. Ces points peu nombreux, personnalité divine, acte créateur, spiritualité de l'âme, unité de la nature humaine, etc., sont culminants et tellement disposés, que quiconque s'en écarte tombe de chute en chute, d'aberration en aberration dans quelqu'un des bas-fonds sceptiques et panthéistiques, bas-fonds dont on ne relève guère, et qui feraient de la philosophie séparée le plus ridicule des spectacles, si ce n'en était le plus affligeant.

Voilà pour les croyances. Voici maintenant pour les institutions.

La tradition sacrée et la tradition humaine fondent, en se joignant, des sociétés inconnues aux temps antiques, et le monde vient à découvrir quelque chose de plus doux que la famille et de plus fort que le chrétien, à savoir la *famille chrétienne.* Messieurs, la famille chrétienne est indéfinissable. Dans la famille chrétienne, les ancêtres sont des saints protecteurs éternels et puissants de leur postérité. Le père et la mère, s'unissant par les liens sacramentels, participent au sacerdoce de Jésus-Christ. La sève est inépuisable ; la famille s'éternise sur le sol, c'est *une grande famille.* Quand la mort, de celles qu'on nomme prématurées, frappe ces familles, ce n'est pas un jeune rameau qui tombe sur la terre et s'y dessèche, c'est un ange qui déploie ses ailes et va chercher, à travers l'azur, la lumière inextinguible. Là les jouissances sont pures et les espérances intarissables. Les demeures chrétiennes s'abritent sous un ombrage plus embaumé que celui de la clématite.

(1) Nous n'examinons pas si de fait la tradition sacrée est nécessaire pour la conservation de la tradition humaine. On ne peut *tout* examiner en *un* discours.

Oui, une ombre s'étend sur toutes les demeures chrétiennes et les défend contre les ardeurs desséchantes du désespoir. C'est l'ombre du dôme qui plonge dans le ciel bleu d'Italie, qui repose sur le marbre, l'ivoire, l'or, les pierreries, et qui recouvre ce joyau de l'univers, cette petite maison de briques où retentit pour la première fois la grande salutation : « Ave, gratia plena ». Toutes les familles chrétiennes viennent de la *sainte* famille, et toutes les maisons chrétiennes reçoivent l'ombre de la *sainte* maison. A cette ombre elles s'élèvent; à cette ombre elles demeurent. Ces familles chrétiennes ainsi ennoblies forment, en se groupant, les amitiés saintes, les cités catholiques, les nations très chrétiennes, les empires perpétuellement guérissables. Alors le droit international s'affermit et s'adoucit tout à la fois. Les princes, sans abdiquer leurs droits souverains, s'inclinent sous la majesté pontificale. Les nations, sans rien perdre de leur indépendance, aiment à tempérer la rigidité du glaive par la douceur de la houlette. La trêve s'établit sur la terre de par Dieu. Les peuples chrétiens deviennent la chrétienté; la chrétienté domine le monde... Messieurs, que disons-nous? Sommes-nous dans le passé, ou dans l'avenir, ou dans le rêve?

La terre a-t-elle jamais vu un siècle d'or, un siècle où toutes les épées aient été surmontées de la croix, où toutes les croix se soient terminées en glaives; où le droit n'ait jamais manqué à la force, ni la force au droit; où tout l'Univers ait marché parfaitement docile à la conduite de ses pasteurs, et où tous les pasteurs aient obéi aux inspirations du Pasteur Éternel? Non, cela ne s'est jamais vu. Jamais la marche du monde ne fut sans difficulté et sans déviation. L'Église et l'État tantôt se combattirent et tantôt s'allièrent. L'alliance même, en ses plus heureux jours, ne cessa d'être laborieuse et tourmentée. Aujourd'hui que subsiste-t-il de l'alliance? Tout est-il perdu? On ne saurait le dire sans injustice. Les restes de l'antique alliance sont encore beaux ; ce sont des concordats réparateurs, des magistrats siégeant devant l'image du Crucifié, des armées ployant le genou devant la réalité eucharistique, des Universités renaissant de leurs cendres au souffle de la loi ; c'est surtout une foi immortelle et par suite une immortelle espérance. La Foi a été formulée dans les conciles : elle a été couronnée par le dogme de l'Infaillibilité pontificale ; elle a été acceptée de toute la terre, et il n'est pas un cœur catholique, à l'heure qu'il est, qui ne condamne avec le document précité cette proposition : « L'Église doit être séparée de l'État et l'État de l'Église. » Sur cette foi repose notre espérance, mais une espérance virile, libre de défaillance et exempte de chimères, qui ne se laissera ni enfler ni déconcerter. Nous repoussons tout excès ; nous fuyons les vains pressentiments ; ils affaiblissent également les âmes. Nous n'interrogeons pas l'avenir. Le combat que nous livrons à l'erreur nous conduira-t-il de victoire en victoire? Passerons-nous par des alternatives de succès et de revers? Y laisserons-nous nos biens et nos vies? Sortirons-nous sains et saufs de la bataille? Quel sera le triomphe? Complet ou incomplet? Est-il loin, est-il proche? Messieurs, à quoi servent ces curiosités? Tout cela est le secret de Dieu, et il n'est pas utile de chercher à le surprendre. C'est à Dieu de voir ce que sera la réalité, à nous de voir ce qu'elle doit être, à nous de poursuivre l'idéal proposé à nos efforts, c'est-à-dire l'accord complet et intime des deux traditions, de la tradition surnaturelle et de la tradition naturelle, des forces humaines et des forces divines, de la science et de la foi, de l'État et du Sacerdoce, du ciel et de la terre. A Dieu de faire triompher son droit, à nous de faire notre devoir.

Fais ce que dois,
Advienne que pourra.

Ad majorem Dei gloriam.

FIN

TABLE DES MATIÈRES

Préface v

PREMIÈRE PARTIE

LES POINTS DE DÉPART

I. — Le scepticisme	3
II. — La certitude	7
Première proposition, 10. — Seconde proposition. .	10
III. — Le monde des essences	12
Le premier principe, 14. — Les autres principes . .	15
IV. — Le monde des existences	18
L'existence personnelle, 18. — Faits personnels . .	20
V. — Le monde des existences extérieures	26

La croyance, 28. — Le doute, 31. — L'arrêt, 35. — Le fondement, 37. — Le raisonnement, 41. — Forme très générale du raisonnement, 42. — Développement du raisonnement, 44. — Première affirmation : Les sensations que nous avons de la présence du monde servent à notre vie, 44. — Seconde affirmation : Les sensations, pour servir à notre vie, supposent la présence du monde, 50. — Les sensation en elles-mêmes, 50. — Les sensations dans leurs déterminations, 52. — Les sensations dans les circonstances de leurs déterminations, 52. — Les sensations dans leur action, 54. — Extension du raisonnement, 55. — Les interstices, 56. — Difficultés tirées de l'Eucharistie, et de tous les cas semblables, 58. — Difficultés tirées des hallucinations, 59. — Difficultés tirées de la subjectivité des sensations, 59. — Difficultés tirées de la différence entre les objets tels qu'ils sont en eux-mêmes et tels qu'ils apparaissent, 59. — Les conséquences, 60. — Première conséquence, 62. — Seconde conséquence, 62. — Troisième conséquence, 63. — Quatrième conséquence, 63. — Dernière conséquence, 64. — La difficulté, 65. — La réponse. . . 67

VI. — *L'Interprétation* 74
Dernier coup d'œil sur le scepticisme contemporain, 76. — Conclusion. 80

SECONDE PARTIE

LA DÉMONSTRATION

I

AU DELA

PREMIÈRE PROPOSITION. — LE MONDE A UN CRÉATEUR . . . 87
CHAPITRE PREMIER. — *Caractères de l'Univers visible.* 89
La limite, 90. — Les corps, 91. — Les esprits, 96. — Conséquence de la finitude, 98. — Conclusion . . 102
CHAPITRE II. — *Le nombre* 103
Les nombres réels, 104. — La raison du fait, 105. — La conséquence du fait, 110. — La conséquence de l'égalité, 110. — La conséquence de l'infériorité relative. 114
CHAPITRE III. — *A travers les mondes possibles.* 115
La limite dans le nombre, 117. — La limite dans les espaces, 119. — Les deux miroirs. 122

Chapitre IV. — *Les derniers nombres*	125
Conclusion	128
Chapitre V. — *Le mouvement*	129
L'existence du mouvement, 130. — La nature du changement, 131. — La vie et ses évolutions, 134. — Les conditions du mouvement	137
Chapitre VI. — *La limite, le nombre et le mouvement.*	141
La durée, 142. — Le temps	142
Chapitre VII. — *Le commencement.*	146
La question, 149. — La solution, 150. — Solution par la limite, 150. — Solution par le nombre, 152. — Solution par le mouvement, 154. — Conclusion	156
Chapitre VIII. — *La Genèse.*	158
Chapitre IX. — *Réflexion*	166
Chapitre X. — *Conclusion générale.*	170
Profondeur de la contingence, 171. — La création, 171. — La permanence de la création	173

II

DANS LA LUMIÈRE

SECONDE PROPOSITION. — Le Créateur du monde est une intelligence	177
Chapitre premier. — *Le hasard*	178
L'esprit, 180. — Première démonstration	181
Chapitre II. — *Seconde démonstration.*	186
L'ordre, 187. — L'existence de l'ordre, 188. — Ordre interne, 188. — Ordre externe	189
Chapitre III. — *Réalité des deux ordres*	191
La nature tend à un but, 192. — Le but de la nature est toujours le même, 193. — Le but uniforme voulu par la nature est le développement de la nature, 196. — La nature tend à son but par des moyens adaptés à l'obtention de ce but	197
Chapitre IV. — *Ordre et intelligence.*	202
Effets de l'ordre sur l'intelligence, 204. — Puissance de l'intelligence pour l'ordre, 208. — Analyse de l'ordre	209
Chapitre V. — *Intelligence et nature.*	211

Les êtres inintelligents, 212. — Les êtres intelligents, 213. — Synthèse. 215
CHAPITRE VI. — *L'épisode*. 218

III

EN HAUT

TROISIÈME PROPOSITION — L'INTELLIGENCE CRÉATRICE EXISTE PAR ELLE-MÊME. 223
CHAPITRE PREMIER. — *Les hypothèses* 224
Nécessité logique, 225. — Impossibilité métaphysique, 226. — Le diallèle. 226
CHAPITRE II. — ΕΙΣ ΑΠΕΙΡΟΝ 230
La série infinie simultanée, 231. — La série infinie successive. 232
CHAPITRE III. — *Impuissance radicale*. 234
Conclusion 237

IV

LA MARCHE DE L'INTELLIGENCE

Épilogue 249

V

LE TERME

L'infinitude, 254. — L'unicité, 260. — La simplicité, 260. — L'immutabilité, 260. — L'éternité . . 261

VI

ÉLÉVATION

APPENDICES

APPENDICE I. — *Descartes dans le nouveau programme des études*. 273
APPENDICE II. — *Le respect de la tradition*. 327

ÉMILE COLIN. — IMPRIMERIE DE LAGNY.

www.ingramcontent.com/pod-product-compliance
Lightning Source LLC
Chambersburg PA
CBHW050248170426
43202CB00011B/1605